Comment juger en matière de rémunération ?

Approche comparative franco-allemande

Droit comparé
Collection dirigée par Arnaud Martin

Parce que le droit ne peut plus être considéré dans sa seule dimension nationale et que son étude doit s'ouvrir aux droits étrangers, que l'analyse comparative permet de s'échapper des déterminismes qui faussent l'étude des systèmes juridiques et que l'étude des systèmes normatifs étrangers peut faciliter la recherche de réponses aux questions juridiques, la collection Droit comparé met à la disposition des chercheurs et des praticiens du droit un ensemble de travaux destinés à alimenter leur réflexion tout en donnant aux objectifs, aux méthodes et à l'utilité de l'analyse comparative une plus grande visibilité.
Elle publie des recherches en droit comparé ou accordant une place importante au comparatisme juridique, que ce soit en droit public ou en droit privé, en droit français ou en droit étranger, que celles-ci prennent la forme d'essais, d'actes de colloques ou de séminaires ou de thèses.
Elle est naturellement ouverte à toutes les écoles de pensée juridique, ainsi qu'aux recherches pluridisciplinaires dès lors qu'elles présentent une dominante juridique.

Déjà parus :

Memduh Cemil SIRIN, *L'administration de la protection de l'enfance*, 2021.

Arnaud MARTIN (dir.), *L'enfance et le droit en Amérique latine,* 2020.

Philippe CLARET et Florian SAVONITTO, *La réforme constitutionnelle sous le quinquennat d'Emmanuel Macron. Les projets de loi pour une démocratie plus représentative, responsable et efficace,* 2020.

Mohamed Ibrahim HASSAN, *Le constitutionnalisme en Europe de l'Est et dans le monde arabe*, 2019.

Anifa HASSANI, *Le long chemin vers la légalisation de l'avortement en Irlande. Analyse du 8e amendement à la Constitution irlandaise (1983-2018),* 2019.

Arnaud MARTIN, *Président et régime présidentialiste en Amérique Latine*, 2018.

Diesteffany Gil MACHADO LEÃO TORRES, *La souveraineté de la coprincipauté d'Andorre,* 2017.

Sous la direction de

Benjamin Dabosville

Comment juger en matière de rémunération ?

Approche comparative franco-allemande

L'Harmattan

5-7, rue de l'École-Polytechnique – 75005 Paris
www.editions-harmattan.fr
ISBN : 978-2-343- 24544-7
EAN : 9782343245447

Cet ouvrage est dédié à la mémoire de Meinhard Zumfelde, juge du travail en Allemagne et professeur associé à l'Université Cergy, et de Corinne Sachs-Durand, professeure à l'Université de Strasbourg.

REMERCIEMENTS

La recherche présentée dans cet ouvrage n'aurait pu voir le jour sans le soutien du CIERA (Centre Interdisciplinaire d'Études et de Recherches sur l'Allemagne) et de la DGT (Direction Générale du Travail), à qui les plus vifs remerciements sont adressés.

PRÉSENTATION DES AUTEURS

Pierre BAILLY
Doyen honoraire de la chambre sociale de la Cour de cassation

Gerhard BINKERT
Président honoraire de la cour d'appel du travail de Berlin

Judith BROCKMANN
Professeure à l'Université HAW de Hambourg

Raphaël CALLSEN
Docteur en droit, avocat au barreau de Berlin

Bernard CHAUVET
Conseiller honoraire à la chambre sociale de la Cour de cassation

Benjamin DABOSVILLE
Maître de conférences à l'Institut du travail, UMR 7354 DRES, Université de Strasbourg, coordinateur du projet

Marie-Cécile ESCANDE-VARNIOL
Maître de conférences HDR à l'Institut d'études du travail de Lyon, Université Lumière-Lyon-2, membre du CERCRID (UMR 5137).

Marcus KAHMANN
Sociologue, chercheur à l'Institut de recherches économiques et sociales

Mathias MAUL-SARTORI
Docteur en droit, juge à la cour d'appel du travail de Berlin-Brandebourg

Nicolas MOIZARD
Professeur à l'Université de Strasbourg

Alizée PONCET
Avocate au barreau de Paris

Daniele REBER
Juge à la cour d'appel du travail de Berlin

SOMMAIRE

AVANT-PROPOS

Cet ouvrage est le fruit d'une recherche menée en 2017 et 2018 par le Groupe d'Étude Franco-Allemand sur le Contentieux du Travail (GEFACT), sous la responsabilité scientifique de Benjamin Dabosville, maître de conférences à l'Université de Strasbourg (Institut du travail, UMR 7354 DRES).

Une fois précisées l'histoire et la composition du groupe de recherche, seront exposées les raisons qui ont conduit à choisir la rémunération pour thème d'étude, avant que ne soient présentées les diverses contributions regroupées dans cet ouvrage.

Le GEFACT

Le GEFACT (Groupe d'Étude Franco-Allemand sur le Contentieux du Travail) a été fondé en 1999 par Meinhard Zumfelde, juge du travail en Allemagne et professeur associé à l'Université Cergy. Il tint sa première réunion à Strasbourg, à l'initiative de Corinne Sachs-Durand, professeure à l'Institut du travail de l'Université de Strasbourg.

L'ambition du GEFACT est de comparer les droits du travail français et allemand en partant d'une comparaison des contentieux portant sur une même question de droit.

À ce titre, les recherches effectuées par le GEFACT se singularisent à plusieurs titres.

En premier lieu, la démarche est originale. L'objectif du groupe d'étude est d'étudier la pratique contentieuse qui se noue tant en France qu'en Allemagne afin de mettre en exergue les raisonnements suivis par les juges en matière de relations de travail. Pour chaque journée d'étude, une série de questions juridiques est posée. À partir de cette base, plusieurs binômes franco-allemands recherchent des décisions de justice portant sur des faits similaires pour mettre en évidence la manière dont ces questions ont été tranchées. Lors des journées d'étude, chaque binôme présente le fruit de ses recherches, en exposant le contexte normatif propre à chaque pays (textes de loi, rôle des conventions collectives, *etc.*), en précisant le vocabulaire juridique national et en expliquant la portée de chacune des décisions présentées. L'objectif est de comprendre pourquoi certaines questions juridiques font l'objet d'une grande attention dans un pays mais pas dans l'autre ou bien encore les raisons pour lesquelles certaines solutions sont fortement contestées sur une rive du Rhin mais sont consensuelles sur l'autre rive. L'intérêt de cette démarche est d'entrer dans un droit national par une question pratique, afin de mieux comprendre l'histoire des droits nationaux et l'incidence du droit européen, tout en appréhendant de manière concrète les considérations sociales, économiques et politiques qui sont à l'œuvre derrière chacune des questions juridiques examinées. Sont ainsi dévoilées les interactions entre l'évolution des droits nationaux et les stratégies des acteurs (législateur, organisations syndicales ou associations patronales, plaideurs).

Avant de se consacrer, pour les années 2017-2018, au thème de la « rémunération », le GEFACT s'est ainsi intéressé aux sujets suivants :

- Le contrôle judiciaire du motif économique du licenciement,
- Le pouvoir judiciaire face au plan social en droit du travail allemand et français,
- L'impact de l'interdiction des discriminations sur la pratique judiciaire,
- Les licenciements abusifs non économiques,
- Les contrats de travail précaires,
- L'influence de la CJUE sur les juridictions nationales,
- Le contrôle des clauses du contrat de travail par le juge national (français et allemand),
- Le champ d'application du droit du travail dans la jurisprudence comparée allemande et française.

En second lieu, la composition du groupe d'études est atypique. Cette composition, qui évolue au fil des projets, regroupe depuis l'origine trois catégories de participants : des universitaires émanant de divers établissements français et allemands ; des jeunes chercheurs (doctorants, élèves-avocats, étudiants d'institut d'études judiciaires et étudiants de master) ; des professionnels spécialisés dans le droit du travail (avocats et juges émanant de différents degrés de juridiction : conseil des prud'hommes, cours d'appel et Cour de cassation en France ; Arbeitsgerichte, Landesarbeitsgerichte et Bundesarbeitsgericht en Allemagne).

Ont ainsi participé en 2017-2018 au projet sur la rémunération[1] :

Pierre BAILLY (conseiller doyen honoraire à la chambre sociale de la Cour de cassation française),

Gerhard BINKERT (président honoraire de la cour d'appel du travail de Berlin),

Sylvie BORREL (conseiller à la cour d'appel de Versailles),

Judith BROCKMANN (aujourd'hui professeure à l'Université HAW Hamburg),

Raphaël CALLSEN (docteur en droit, avocat au barreau de Berlin),

Bernard CHAUVET (conseiller à la chambre sociale de la Cour de cassation française),

Benjamin DABOSVILLE (maître de conférences à l'Institut du travail de l'Université de Strasbourg, responsable du projet),

[1] L'activité mentionnée correspond à celle de l'année 2017.

Isabelle DAUGAREILH (directrice de recherche CNRS),

Marie-Cécile ESCANDE-VARNIOL (maître de conférences HDR à l'Institut d'Études du travail (IETL) de l'Université Lumière Lyon 2, membre du CERCRID, UMR 5137)

Andreas FEUERBORN (professeur à l'Université de Düsseldorf)

Florence FURSTENBERGER (juriste en droit social en entreprise)

Hélène IMERGLIK (Président de chambre honoraire à la Cour d'appel de Rennes)

Karoline KETTENBERGER (avocate au barreau de Paris)

Sebastian KONSEK (doctorant à l'Université de Paris I)

Karine LAUBIE (juge au Conseil des Prud'hommes de Paris)

Sylvaine LAULOM (avocate Générale auprès de la Cour de cassation, professeure des Universités)

Maximilian LEIPOLD (doctorant à l'Université de Iéna)

Yves MANZANZA (doctorant à l'Université de Würzburg)

Mathias MAUL-SARTORI (juge au Tribunal du travail de Frankfurt s/ Oder)

Nicolas MOIZARD (professeur à l'Institut du travail de l'Université de Strasbourg)

Laëtitia MOREL (doctorante à l'Université Lumière-Lyon II)

Alizée PONCET (étudiante du M2 franco-allemand des Universités de Cergy et de Düsseldorf)

Jérôme PORTA (professeur à l'Université de Bordeaux)

Sébastien RANC (doctorant à l'Université de Bordeaux)

Daniele REBER (présidente de chambre à la cour régionale du travail de Berlin)

Gerhard REINECKE (président de chambre honoraire de la Cour fédérale du travail)

Patrick REMY (maître de conférences à l'Université Paris I Panthéon Sorbonne)

Christopher RINCKHOFF (doctorant à l'Université de Iéna)

Achim SEIFERT (professeur à l'Université de Jena)

Bruno SILHOL (maître de conférences à l'Université de Cergy-Pontoise)

Chantal VERDIN (présidente du conseil des Prud'hommes de Paris)

Christoph WEBER (professeur à l'Université de Würzburg)

Marcel ZERNIKOW (doctorant à l'Université de Paris I)

Patrick ZIMMER (doctorant à l'Université de Würzburg)

La langue de travail du projet de recherche est le français.

Choix du thème

Le thème de la rémunération est d'une grande actualité après l'entrée en vigueur, le 1er janvier 2015, d'un salaire minimum légal en Allemagne. Une comparaison des droits français et allemand sur ce point répond à plusieurs objectifs.

D'abord, elle vise à mieux comprendre la dynamique de chaque droit. Le droit allemand est aujourd'hui confronté à une série de questions juridiques qui ont été tranchées depuis longtemps en droit français et il est utile de savoir si le droit français sert ou non de référence au droit allemand pour résoudre ces difficultés. Un des droits nationaux sert-il de modèle ou de repoussoir à l'autre ou chaque ordre juridique obéit-il à des logiques différentes ?

Ensuite, si la rémunération est exclue en tant que telle des compétences de l'Union européenne, plusieurs directives européennes abordent la question du salaire à travers l'exigence d'égalité entre travailleurs. Il est, dès lors, intéressant de comparer la compréhension qu'ont les juges allemands et français des décisions de la Cour de justice de l'Union européenne relatives à ces directives. Par ailleurs, la proclamation interinstitutionnelle (Conseil de l'Union européenne, Parlement européen et Commission européenne) portant adoption du Socle européen des droits sociaux lors du Sommet de Göteborg du 17 novembre 2017 a marqué une étape importante dans le renouveau de la politique européenne en matière de rémunération. Ne s'intéressant plus uniquement à l'égalité de rémunération, l'article 6 de ce Socle affirme que « les travailleurs ont droit à un salaire juste permettant un niveau de vie décent. Des salaires minimums appropriés doivent être garantis, à un niveau permettant de satisfaire aux besoins du travailleur et de sa famille compte tenu des conditions économiques et sociales du pays, tout en sauvegardant l'accès à l'emploi et les incitations à chercher un emploi. Il convient d'éviter le phénomène des travailleurs pauvres. Tous les salaires sont fixés de manière transparente et prévisible, conformément aux pratiques nationales et dans le respect de l'autonomie des partenaires sociaux. » Cette nouvelle dynamique a trouvé une déclinaison dans la proposition de directive du Parlement européen et du Conseil relative à des salaires minimaux adéquats dans l'Union européenne[2]. Présentée le 28 octobre 2020, cette proposition a été précédée d'une série de consultation des partenaires sociaux, qui ont mis en exergue la complexité de l'articulation entre sources de droit, et plus particulièrement entre la loi et la négociation collective, en matière de rémunération[3]. Approfondir les questions que soulève en France et en Allemagne l'articulation entre l'accord collectif, la loi et le contrat de

---

[2] COM(2020) 682 final ; 2020/0310 (COD).

[3] Première phase de consultation des partenaires sociaux au titre de l'article 154 TFUE sur une éventuelle action visant à relever les défis liés à un salaire minimum équitable, 14 janvier 2020, C(2020) 83 final ; Seconde phase de consultation des partenaires sociaux au titre de l'article 154 du TFUE sur une éventuelle action visant à relever les défis liés à un salaire minimum équitable, 3 juin 2020 C(2020) 3570 final.

travail permet de mieux cerner ces difficultés liées à la multiplicité des sources de droit.

Enfin, le thème de la rémunération est à ce point central que son étude permet de s'intéresser à une série de questions juridiques transversales très importantes dans les relations de travail, tant d'un point de vue théorique que pratique (l'autonomie collective ; l'encadrement du pouvoir de l'employeur ; l'exigence d'égalité…).

La recherche sur la rémunération conduite par le GEFACT s'est déroulée en deux temps.

La première étape a été composée de trois séminaires d'études, rassemblant essentiellement des juristes. La méthode suivie a consisté à partir d'affaires jugées dans les deux pays concernant des faits proches, puis à comparer les solutions retenues par les juges. Un travail important a aussi été effectué afin de résoudre les difficultés de compréhension liées à l'utilisation d'un vocabulaire juridique différent en France et en Allemagne. Cette démarche avait pour objectif d'identifier les raisonnements judiciaires en œuvre dans chaque système. Ces derniers sont-ils le fruit d'une culture juridique nationale, ou puisent-ils leurs origines dans les particularités sociales, économiques ou managériales de chaque pays ?

Trois séminaires d'étude ont eu lieu[4]. Le premier s'est déroulé à l'Université de Cologne les 28 et 29 avril 2017 et avait pour thème « le salaire minimum légal[5] ». Le deuxième s'est tenu à l'Université de Bordeaux les 17 et 18 novembre 2017 et avait pour thème « l'articulation des sources de droit en matière de rémunération[6] ». Le troisième à l'Université de Iéna

---

[4] Les comptes-rendus complets de ces séminaires sont disponibles via les « carnets de recherche » du CIERA : https://ciera.hypotheses.org/939 ; https://ciera.hypotheses.org/942 ; http://www.ciera.fr/fr/node/13409. Le site héberge également un compte-rendu du colloque de clôture : https://ciera.hypotheses.org/1120.

[5] Ce séminaire a eu lieu à l'invitation de M. Martin Henssler, professeur à l'Université de Cologne. Étaient présents Pierre Bailly, Gerhard Binkert, Raphaël Callsen, Benjamin Dabosville, Marie-Cécile Escande-Varniol, Andreas Feuerborn, Florence Furstenberger, Sebastian Konsek, Yves Manzana, Mathias Maul-Sartori, Jérôme Porta, Alizée Poncet, Gerhard Reinecke, Patrick Remy, Bruno Silhol, Karine Laubie, Chantal Verdin, Christoph Weber, Patrick Zimmer.

[6] Ce séminaire a eu lieu à l'invitation de M. Jérôme Porta, professeur à l'Université de Bordeaux. Étaient présents Pierre Bailly, Gerhard Binkert, Judith Brockmann, Sylvie Borrel, Raphaël Callsen, Bernard Chauvet, Benjamin Dabosville, Isabelle Daugareilh, Marie-Cécile Escande-Varniol, Florence Furstenberger, Karoline Kettenberger, Sébastien Konsek, Sylvaine Laulom, Mathias Maul-Sartori, Nicolas Moizard, Alizée Poncet, Jérôme Porta, Daniele Reber, Bruno Silhol, Patrick Zimmer.

les 25 et 26 mai 2018, avec pour thème « l'égalité en matière de rémunération[7] ».

Une fois ces trois séminaires préalables effectués, un colloque interdisciplinaire a été organisé, afin de présenter les résultats des séminaires d'étude tout en approfondissant l'examen des enjeux liés au thème de recherche. À cette fin, des présentations ont été faites par des enseignants-chercheurs de diverses disciplines. Un temps substantiel d'échanges entre intervenants et participants a aussi été prévu, afin que des personnes disposant de connaissances empiriques (professionnels du monde de l'entreprise) puissent présenter leurs observations. Ce colloque s'est tenu le 30 novembre 2018, à l'Université de Strasbourg.

Présentation des contributions

La recherche s'ouvre par deux contributions visant à exposer le fonctionnement et les missions des juridictions du travail ainsi que les enjeux des questions étudiées en matière de rémunération. Ces contributions sont issues du colloque de clôture de la recherche qui s'est déroulé à l'Université de Strasbourg le 30 novembre 2018.

Les trois parties de cet ouvrage, qui correspondent aux trois séminaires d'étude qui ont eu lieu en 2017 et 2018, sont chacune composées d'un article de recherche présentant la situation et les évolutions du droit allemand, ainsi que de deux paires de commentaires de décisions de justice. Ces commentaires suivent la méthodologie utilisée par le GEFACT et illustrent les enjeux pratiques des questions étudiées.

Une synthèse générale clôt l'ouvrage.

[7] Ce séminaire a eu lieu à l'invitation de M. Achim Seifert, professeur à l'Université de Iéna. Etaient présents Gerhard Binkert, Judith Brockmann, Sylvie Borrel, Bernard Chauvet, Benjamin Dabosville, Marie-Cécile Escande-Varniol, Maximilan Leipold, Karoline Kettenberger, Mathias Maul-Sartori, Nicolas Moizard, Daniele Reber, Christopher Rinckhoff, Achim Seifert, Christoph Weber.

PRÉSENTATION GÉNÉRALE

La première contribution introductive, intitulée « être juge du travail : entre questionnements juridiques et préoccupations socio-économiques », souligne les rapports complexes que le droit entretient avec la réalité économique et sociale dont il traite. Placé au cœur de cette mécanique, le juge du travail doit s'assurer de la mise en œuvre adéquate de la règle de droit voulu par le législateur, tout en tenant compte des changements sociétaux, organisationnels ou économiques qui affectent le monde du travail. Forts de leurs expériences respectives de conseiller doyen honoraire à la Cour de cassation et de juge à la cour d'appel du travail de Berlin-Brandebourg, Pierre Bailly et Daniele Reber livrent plusieurs clefs de compréhension de leur activité, tout en montrant les similitudes et les différences pouvant exister entre les deux pays. Ce panorama complet débute par un rappel indispensable de la place qu'occupe la justice du travail dans l'organisation judiciaire française et allemande, des différences dans la composition des formations de jugement ou encore du rôle de la conciliation devant les tribunaux. Au-delà des enjeux en termes de fonctionnement de la justice, ces facteurs ont, chacun à leur manière, une incidence sur le rapport que le juge du travail noue avec un litige et sur sa façon de juger. Mais la présentation des auteurs ne s'arrête pas à ce seul constat. Elle met également en évidence les multiples enjeux qui sont à l'œuvre dans un litige. De nombreuses questions soulevées trouveront ainsi écho dans les différentes contributions proposées ultérieurement et traitant de problèmes particuliers rencontrés en matière de rémunération. Ainsi en est-il de la multitude des sources et de l'articulation à trouver entre le niveau individuel, celui du salarié, et celui de la collectivité, dont les syndicats ou les élus du personnel se font les représentants. Ainsi en est-il également de l'intervention du législateur, dont le juge doit relayer l'action tout en veillant à ce qu'elle ne dérègle pas la mécanique des relations professionnelles. À chaque fois, les auteurs alertent sur la nécessité de veiller à l'incidence pratique des règles, interrogation particulièrement importante en matière de rémunération, compte tenu de la place centrale que celle-ci occupe dans les relations de travail.

La seconde étude, consacrée à la campagne « à travail égal, salaire égal » menée par le syndicat allemand IG Metall en direction des travailleurs intérimaires dans l'industrie métallurgique, illustre le renouvellement des problématiques à l'œuvre en matière de rémunération et l'importance des changements qui peuvent en résulter pour les acteurs du monde du travail. Cette campagne, qui a débuté en 2008, a constitué une petite révolution dans le champ syndical. Traditionnellement, l'action des syndicats est marquée par une certaine ambiguïté à l'égard de la catégorie des travailleurs intérimaires, ambiguïté qui a pu contribuer à la relégation de ces derniers en termes de rémunération ainsi que dans les arbitrages d'emploi effectués dans les entreprises. Or, avec la campagne conduite par IG Metall, l'objet de la revendication s'est déplacé tandis que la perspective a été renversée : la revendication d'une égalité de rémunération a servi à rassembler les travailleurs dotés de statuts différents tout en élargissant la base d'adhérents du syndicat. Sociologue à l'IRES (Institut de recherches économiques et sociales), Marcus Kahmann met en évidence l'ensemble des conditions qui ont rendu possible l'émergence de cette nouvelle stratégie. Avec l'essor de l'emploi dit « atypique », se sont multipliés à compter des années quatre-vingt-dix les faibles rémunérations et les travailleurs pauvres, d'autant qu'aucune législation n'imposait à l'époque un salaire minimum légal. La faible rémunération des travailleurs intérimaires s'expliquait également par le fait que leur situation d'emploi atypique était mal prise en compte par le système de représentation collective. Qu'il s'agisse des schémas de pensée des acteurs syndicaux ou du cadre légal de représentation des intérêts, les intérimaires étaient en grande partie exclus des actions et règles protectrices dont s'était doté le système allemand de relations professionnelles. Si la règle « à travail égal, salaire égal » a pu finalement apparaître comme un instrument permettant de les réintroduire dans ce système, l'auteur montre qu'il a d'abord fallu une appropriation interne de cette règle par les acteurs, et notamment par les représentants élus et syndicaux des salariés, avant qu'une campagne ne vise à la mettre en œuvre en actionnant simultanément le niveau de l'entreprise, le niveau des branches et le niveau central. Sont enfin pointées les difficultés et limites d'une telle action. Avec cette étude, sont surtout mises en exergue plusieurs évolutions majeures du monde du travail que tous les acteurs, y compris les juges, doivent prendre en considération lorsqu'ils s'intéressent à la question de la rémunération. Sont également rappelées les différentes approches possibles d'un problème et la difficulté que peuvent avoir les acteurs pour sortir de leurs schémas de pensée habituels pour construire des actions, références ou notions qui soient plus en adéquation avec les nouvelles situations rencontrées.

Une fois ainsi précisé le contexte dans lequel les juges doivent exercer leur office en matière de rémunération, vient ensuite l'examen comparé des décisions franco-allemandes, lequel est articulé autour de trois thèmes majeurs : le salaire minimum (première partie), l'articulation des sources de droit (deuxième partie) et l'égalité en matière de rémunération (troisième partie).

Première partie

Comme l'illustre en Partie I la contribution d'Alizée Poncet, avocate au barreau de Paris, et de Mathias Maul-Sartori, juge à la cour d'appel du travail de Berlin-Brandebourg, la question du salaire minimum légal n'est commune aux deux pays que depuis fort récemment. Elle est le fruit d'une longue évolution qui vise à pallier les limites de la négociation individuelle en matière de rémunération sans aboutir pour autant à une forme de dirigisme étatique. Tant en France qu'en Allemagne, le choix a donc été fait initialement de privilégier la négociation collective. Si le législateur allemand s'est finalement résolu, à l'égal de son homologue français, à imposer un salaire minimum légal, ce n'est qu'en raison du constat d'une insuffisance de la négociation collective en ce domaine. Celle-ci reste cependant un instrument majeur d'amélioration de la condition des salariés et de bon fonctionnement des relations professionnelles si bien que, dans les deux pays, se pose la question de savoir comment éviter que l'instauration du salaire minimum légal ne vienne encore davantage amoindrir la place de la négociation collective. Lorsqu'ils sont confrontés à des litiges soulevant ce type d'interrogations, les juges disposent de certains repères. Comme le rappellent les auteurs, le salaire minimum légal remplit deux fonctions. Il joue le rôle d'un filet de sécurité au bénéfice des salariés ne disposant pas d'une protection conventionnelle, tout en étant un instrument leur garantissant qu'ils pourront tirer de leur travail un revenu suffisant pour subvenir à leurs besoins et s'intégrer dans la vie sociale. Le salaire minimum légal est donc un outil indispensable, mais d'utilisation subsidiaire par rapport aux minima conventionnels.

Puisque ces lignes directrices sont communes aux juges français et allemands, d'intéressants rapprochements et de subtiles différences sont identifiables dans leur mise en œuvre. Pointant le curseur sur l'assiette du salaire minimum, Pierre Bailly, conseiller doyen honoraire de la chambre sociale de la Cour de cassation et Gerhard Binkert, président honoraire de la Cour d'appel de Berlin-Brandebourg, montrent que les juges français et allemands renvoient pareillement aux négociateurs d'accords collectifs le soin de fixer l'assiette des minimas conventionnels. Quant à l'assiette du salaire minimum légal, c'est-à-dire la détermination des sommes devant être prises en considération pour contrôler que l'employeur ait bien versé le minimum fixé par la loi, elle semble là aussi devoir être fixée en fonction d'un critère similaire. La question est en effet de savoir si la prime constitue ou non la contrepartie du travail accompli. Il reste toutefois à déterminer ce que recouvre la notion de « contrepartie », ce qui peut ouvrir le champ à des divergences d'interprétation, en particulier lorsque la prime trouve sa source dans un accord collectif. L'inclure dans l'assiette risque de priver d'effet la disposition conventionnelle créant la prime, puisque le salarié sera assuré de toucher la somme attendue, soit parce qu'il remplit les conditions d'octroi prévues pour le versement de la prime, soit parce qu'il bénéficiera de l'indemnité complémentaire au titre du salaire minimum légal. À l'inverse, exclure trop aisément les primes de l'assiette du salaire minimum légal aboutit à faire de ce dernier autre chose qu'un filet de sécurité au bénéfice des salariés. Des deux côtés du Rhin, il est revenu aux juges le soin d'arbitrer entre ces deux voies, les divergences entre juges du fond ayant été tranchées par la chambre sociale de la Cour de cassation et la Cour fédérale du travail. Il sera cependant relevé que, à l'inverse de la juridiction française, la cour fédérale a pris appui sur la jurisprudence de la Cour de justice de l'Union européenne.

Les éléments de rémunération versés périodiquement et non tous les mois ont également posé des problèmes similaires aux juges français et allemands, problèmes qui sont exposés par Marie-Cécile Escande-Varniol, maître de conférences HDR à l'université Lyon II Lumière, et Raphaël Callsen, avocat au barreau de Berlin, à travers l'exemple de la prime de 13e mois. Les auteurs montrent une similitude d'analyses entre les juridictions françaises et allemandes. La première étape du raisonnement est de déterminer si cette prime s'apparente à une gratification ou à un salaire. La seconde est de connaître la période pour laquelle cette prime peut être prise en considération au regard de l'obligation de verser un salaire minimum. À ce titre, tant le droit français que le droit allemand considèrent que la prime de treizième mois ne peut être prise en considération que pour le mois sur laquelle elle est versée. Comme le soulignent les auteurs, cette règle appelle une nouvelle interrogation, qui est de savoir à quelles conditions l'employeur peut modifier la périodicité du versement de cette prime.

Deuxième partie

La partie II consacrée à l'articulation des sources en matière de rémunération s'ouvre sur une réflexion conduite par Marie-Cécile Escande-Varniol et Raphaël Callsen quant aux rôles respectifs de l'accord collectif et du contrat. Via la fixation de tarifs professionnels ou l'octroi de certaines primes, les accords collectifs jouent depuis longtemps un rôle majeur en matière de rémunération. La manière dont ces accords s'articulent avec les stipulations du contrat de travail revêt donc un enjeu majeur. Or, comme le démontrent les auteurs, les droits français et allemands ont soit effectué en ce domaine des choix forts différents, soit sont animés de dynamiques divergentes. Alors que l'autonomie des sources prédomine en France, il n'est pas rare que la force normative de la convention collective soit en Allemagne relayée par le contrat de travail. La possibilité d'une telle « intégration » dans le contrat explique qu'il soit pertinent, outre-Rhin, de différencier la « convention collective contractuelle » de la « convention collective normative ». Par ailleurs, si les deux pays connaissent l'existence d'une règle de conflit selon laquelle il convient d'appliquer la norme la plus favorable au salarié, sa signification n'est pas la même des deux côtés de la frontière et une évolution divergente est signalée. Le mode de comparaison diffère : alors qu'il s'applique à des avantages ayant le même objet et la même cause en droit français, il concerne des ensembles de règles connexes en Allemagne. De plus, tandis que la règle de faveur voit sa portée amoindrie en France en raison de l'émergence des accords dits « de performance collective », de telles atteintes ne se rencontrent actuellement pas en Allemagne.

Une partie de ces questions a été approfondie par Pierre Bailly et Gerhard Binkert, qui se sont intéressés au sort des avantages liés à la rémunération en cas de dénonciation d'une convention collective ou d'un accord collectif. Il est relevé que tant la France que l'Allemagne disposent d'un mécanisme de survie temporaire des effets de la convention collective. De plus, les règles prévues par le législateur ont pour effet d'inciter les parties, et particulièrement l'employeur, à conclure un nouvel accord collectif, l'objectif étant d'éviter que des salariés soient dépourvus de couverture conventionnelle. Les auteurs se sont intéressés plus précisément à ces règles et aux questions qu'elles ont soulevées récemment. Côté français, la notion d'avantage individuel acquis a suscité moult débats. L'analyse de décisions rendues au début des années 2000 montre que sa mise en œuvre était difficile et qu'elle ne se révélait pas si favorable aux salariés que ces derniers pouvaient le croire. Ces débats permettent en tout cas de comprendre en partie les raisons de son abandon en 2016 au profit d'une règle davantage orientée sur le maintien du montant de la rémunération. Côté allemand, c'est un mécanisme original qui attire l'attention, celui du congé-modification, également connu sous le nom de « licenciement modificateur ». Il est relevé que cette terminologie ne doit pas induire en erreur : c'est en réalité une modification du contrat qui est proposée au salarié, lequel peut éventuellement en faire contrôler la justification par un juge, comme il pourrait le faire dans le cas d'un licenciement. Ce contrôle par le juge est assez prononcé, si bien que l'employeur est en définitive souvent conduit à rechercher la conclusion d'un nouvel accord collectif plutôt qu'à emprunter la voie du congé-modification.

Ces recherches ont été poursuivies par Marie-Cécile Escande-Varniol et Raphaël Callsen dans l'hypothèse particulière d'un transfert d'entreprise. Même si le droit de l'Union européenne, et plus particulièrement la directive n° 2001/23/CE, fixe un cadre commun, il laisse toutefois certaines latitudes aux États membres en la matière. Se pose alors de manière particulièrement importante la question de la survie des règles avantageuses pour les salariés et prévues par le statut collectif applicable chez le cédant. Côté français, il est notamment relevé que la Cour de cassation a refusé de reconnaître au salarié le maintien d'une qualification professionnelle auquel il pouvait prétendre en vertu de la convention collective applicable chez le cédant mais non chez le cessionnaire. En effet, une telle qualification n'intègre pas le contrat de travail et disparaît dès lors que la convention collective cesse de produire ses effets. Il peut en résulter d'importantes pertes de rémunération pour le salarié. Côté allemand, la question se pose sous un jour différent en raison de la fréquence avec laquelle les contrats de travail prévoient eux-mêmes l'application d'une convention collective donnée. Ces stipulations continuent de s'appliquer en cas de transfert d'entreprise, mais surgit alors une interrogation liée à la diversité de ces clauses. Si des clauses dites « statiques » ne posent guère de problème, qu'en est-il des clauses dites « dynamiques » prévoyant que tant la convention collective que ses avenants ultérieurs s'appliqueront à la relation de travail ? Après un temps d'hésitation consécutif à un premier arrêt de la Cour de justice de l'Union européenne, il est relevé que la validité de telles clauses est aujourd'hui confirmée.

Troisième partie

La Partie III, consacrée à l'égalité en matière de rémunération, s'ouvre sur une étude effectuée par Judith Brockmann, professeure à l'Université HAW de Hambourg et Nicolas Moizard, professeur à l'Université de Strasbourg, et consacrée au thème de l'égalité entre femmes et hommes. Cette question, qui était déjà abordée au moment de la conclusion du traité de Rome en 1957, a depuis lors fait l'objet de nombreuses directives. Pourtant, des différences notables subsistent entre le droit français et le droit allemand. Les auteurs soulignent que, en la matière, le centre de gravité du droit allemand est celui de l'interdiction des discriminations alors que, côté français, l'attention est plutôt portée sur la règle « à travail égal, salaire égal ». Ces différences conceptuelles ont des incidences pratiques fortes. En Allemagne, le régime probatoire reste plutôt défavorable aux salariés s'estimant victimes d'une discrimination dans la rémunération en raison de leur sexe. Les décisions de justice rendues en la matière sont rares et, malgré l'adoption d'une nouvelle loi visant à assurer davantage de transparence en matière de rémunération, les auteurs doutent que cette dernière puisse réellement favoriser le succès d'actions visant à obtenir, par le biais de décisions de justice, une plus grande égalité salariale entre les sexes. En France, l'existence de la règle « à travail égal salaire égal » place à l'inverse les plaignants dans une situation plus favorable du point de vue probatoire, puisqu'il n'est pas exigé que soit prouvée l'existence d'un lien entre la différence de traitement constaté et la différence de sexe entre les salariés. Le débat judiciaire se situe donc davantage sur la comparabilité des situations et les justifications de celle-ci. Il n'en demeure pas moins que ces outils juridiques sont insuffisants pour faire disparaître les inégalités en matière de rémunération, ce que l'adoption récente d'une loi créant un index de l'inégalité salariale confirme.

Ces réflexions sont poursuivies par les contributions de Daniele Reber, juge à la cour d'appel du travail de Berlin, et de Bernard Chauvet, conseiller honoraire à la chambre sociale de la Cour de cassation. Leur champ d'étude porte sur l'égalité de rémunération en cas de transfert d'entreprise. Suite à une restructuration, changement de prestataire de services ou fusion-absorption, il est en effet fréquent que des salariés provenant d'entités différentes soient regroupés au sein d'un même ensemble. Se pose alors la question de savoir si des différences de rémunérations sont admissibles et s'il faut différencier selon que le statut collectif des salariés avait été réglé par un accord collectif ou par une décision unilatérale de l'employeur. À cet égard, il est notable que le droit allemand et le droit français adoptent des solutions de plus en plus similaires. Des deux côtés du Rhin, le contrôle des justifications avancées au soutien des différences de traitement est moins prononcé lorsque celles-ci trouvent leur source dans un accord collectif que lorsqu'elles ont pour origine une décision unilatérale de l'employeur. Cette similitude de solutions se retrouve concernant le problème juridique posé par des salariés dont le contrat de travail a été transféré à un nouvel employeur suite à l'application d'une convention collective. L'étude rappelle que la Cour de cassation, effectuant un revirement de jurisprudence, a récemment affirmé que l'employeur pouvait réserver à ces seuls salariés le bénéfice de certains avantages, rejoignant ainsi la solution déjà adoptée en droit allemand.

Quand bien même l'application de la règle de traitement en matière de rémunération ne fait guère de doute, sa mise en œuvre révèle néanmoins de nouvelles difficultés, comme l'illustre l'étude de Marie-Escande-Varniol et de Mathias Maul-Sartori à propos de l'égalité entre salariés à temps partiel et salariés à temps complet. La directive 97/81 du 15 décembre 1997 a certes inscrit l'exigence d'égalité dans les droits nationaux. Mais la règle selon laquelle « lorsque c'est approprié, le principe du *pro ratio temporis* s'applique » est d'un maniement délicat, comme l'illustre l'examen croisé de décisions de justice françaises et allemandes. Il est en effet parfois difficile de déterminer s'il est « approprié » ou non de verser aux travailleurs à temps partiel une somme proportionnée au temps de travail qu'ils effectuent ou s'il convient au contraire d'imposer un versement forfaitaire. L'interprétation de la volonté des parties à un accord collectif n'est pas toujours aisée et les situations litigieuses peuvent faire l'objet d'appréciations contradictoires. Comme pour de nombreuses autres situations, les juges doivent aussi tenir compte de l'interprétation du droit européen fournie par la Cour de justice de l'Union européenne. Au-delà des divergences d'appréciation identifiables tant entre les ordres juridiques nationaux qu'au sein de ces derniers, le dialogue instauré entre les juridictions nationales et la Cour de justice constitue un élément marquant de l'étude.

INTRODUCTION

ÊTRE JUGE DU TRAVAIL : ENTRE QUESTIONNEMENTS JURIDIQUES ET PRÉOCCUPATIONS SOCIO-ÉCONOMIQUES

Pierre Bailly
Et
Daniele Reber

Les différences dans la gestion du contentieux du travail entre la France et l'Allemagne ont-elles une incidence sur la manière dont le juge aborde cette catégorie de litiges ?

Au-delà des études thématiques de cas pratiques, qui constitue le cœur de l'activité du GEFACT, apparaissent en effet de notables différences dans le traitement juridictionnel des questions sociales qu'il paraît utile de décrire, afin de voir en quoi elles peuvent exercer une influence sur la démarche du juge du travail. Ces divergences, toutefois, n'empêchent pas l'existence de certaines convergences quant aux caractéristiques attendues des juges du travail

Différences pratiques

1 – *Pierre Bailly :* La première différence entre les deux pays est celle du paysage juridictionnel. En France, ce paysage se caractérise par la multiplicité et la diversité des juridictions qui sont appelées à se prononcer sur les différends. Car, outre les conseils de prud'hommes, au nombre de 210, il faut aussi tenir compte de la partie du contentieux qui relève des tribunaux de grande instance (relations collectives notamment), des tribunaux d'instance (élections professionnelles notamment mais aussi litiges en droit du travail maritime), des tribunaux de commerce (litiges entre les armateurs et les capitaines de navires, procédures collectives), ou encore des juridictions administratives, la compétence traditionnelle de ces dernières, relative notamment au personnel des services publics administratifs, au statut des salariés protégés ou à l'extension des accords collectifs, s'étant entendue depuis 2013 au contrôle administratif des plans sociaux. On est donc loin de ce que proposait dans les années cinquante Pierre Laroque qui voyait dans l'unification des juridictions appelées à

connaître des questions sociales une garantie de progrès[1]. Pour lui, l'autonomie acquise par le droit social, du fait de ses objectifs spécifiques de protection et de correction des inégalités inhérentes au rapport de travail, devait avoir pour corollaire la création d'un troisième ordre de juridiction autonome, composé de « magistrats sociaux » jusqu'au niveau d'une cour suprême échevinée. Ce projet ambitieux est resté sans suite et la matière sociale est toujours dispersée entre de nombreux juges. La dispersion l'emporte sur le regroupement. La chambre sociale de la Cour de cassation, de création assez récente puisqu'elle fête cette année ses 80 ans, ne se distingue pas des autres chambres dans son fonctionnement et dans sa composition et, sans trahir des secrets, on peut dire qu'elle n'est pas la plus recherchée par les nouveaux magistrats qui arrivent à la Cour et qui découvrent parfois un droit social oublié depuis longtemps... À quoi il faudrait ajouter la chambre criminelle, qui a aussi un rôle à jouer en la matière.

Daniele Reber : En Allemagne, la situation est très différente, puisque les juridictions du travail sont autonomes et spécialisées.

Cette particularité trouve ses origines dans la République de Weimar. Pour assurer une protection aux salariés, il fut décidé en 1927 d'établir des procédures autonomes et de séparer les tribunaux du travail de première instance de la justice ordinaire.

Cette autonomie fut consacrée avec l'adoption de la Loi fondamentale en 1949. Son article 95 instaure en effet cinq différentes catégories de juridictions spécialisées avec leurs propres cours fédérales respectives en dernière instance : à côté des juridictions judiciaires (en matière civile et pénale), existent ainsi des juridictions administratives, des juridictions financières, des juridictions sociales ainsi que des juridictions du travail. L'existence de la Cour fédérale du travail (*Bundesarbeitsgericht*) est ainsi consacrée par la Constitution elle-même. Enfin, la loi sur les juridictions du travail de 1953 paracheva cette autonomie des juridictions du travail.

À l'inverse de la France, le contentieux n'est donc pas éclaté entre plusieurs juridictions en première instance, les tribunaux du travail (*Arbeitsgerichte)* regroupant l'essentiel des compétences en matière de droit du travail.

Ils sont ainsi compétents pour tous les litiges individuels entre employeurs et salariés revenant du contrat de travail.

Ils décident aussi en cas de litiges collectifs entre l'employeur et le conseil d'établissement (*Betriebsrat*), notamment lorsqu'il s'agit de mettre en œuvre les droits de consultation et de codécision que la loi confère aux représentants des salariés.

---

[1] P. Laroque, « Contentieux social et juridiction sociale », *Droit social*, 1953, p. 271-280.

De plus, les tribunaux du travail sont compétents pour les litiges mettant aux prises l'employeur et le syndicat pour toutes questions touchant aux conventions collectives, à la liberté syndicale ou au droit des coalitions. Ce sont ainsi eux qui sont compétents pour trancher les litiges portant sur la possibilité, pour le syndicat, d'entrer dans l'entreprise pour tracter, pour participer à l'assemblée du personnel ou bien encore lorsqu'il est question de délits civils commis pendant une grève.

Les tribunaux du travail ont une compétence exclusive pour ces affaires attribuées. Les autres juridictions n'ont pas de compétence pour décider en cas de différends touchant le droit du travail.

Cette autonomie juridictionnelle se retrouve en appel : la décision rendue en première instance par un tribunal du travail ne peut être contestée que devant la cour d'appel de travail *(Landesarbeitsgerichte)*. Notons que les possibilités d'appel sont relativement larges, puisqu'il n'est restreint que lorsqu'il s'agit d'une action judiciaire visant à obtenir le paiement d'une somme d'argent. L'appel n'est alors possible que dans deux cas : il faut soit que la somme litigieuse dépasse les 600 euros (ce qui est presque toujours le cas en pratique), soit que le tribunal de première instance ait autorisé l'appel de sa décision.

Enfin, les arrêts des cours d'appel du travail peuvent être contestés devant la cour fédérale à Erfurt par un pourvoi en cassation indépendamment de la valeur ou de l'objet du litige, à condition que la cour d'appel ait permis le pourvoi ou que la Cour fédérale du travail ait fait droit au recours exercé par le demandeur contre ce refus d'autoriser le pourvoi.

2 – *P. B. :* La deuxième particularité française méritant d'être signalée tient à la diversité de la composition des tribunaux : il s'agit de juges non professionnels aux prud'hommes ; de juges professionnels dans les autres juridictions de première instance, d'appel et de cassation. Les juges professionnels peuvent également intervenir lorsque le litige est soumis au conseil des prud'hommes, mais cette intervention ne se fait que dans une hypothèse particulière : il faut que les conseillers non-professionnels n'aient pu réussir à s'entendre. Dans ce cas, le juge d'instance interviendra alors pour les départager.

La nomination des juges s'effectue de manière différente selon qu'il s'agit de non-professionnels ou de professionnels : dans le premier cas, l'élection des conseillers prud'hommes par les salariés a été remplacée récemment par une désignation ministérielle sur proposition des syndicats représentatifs, avec à cette occasion un renforcement de leur formation. Dans le second cas, les juges sont recrutés par concours et leur spécialisation en droit du travail est peu prononcée, sinon à la faveur de passages dans les tribunaux d'instance ou les chambres sociales des cours d'appel ou bien encore grâce à des formations spécifiques assurées par l'ENM. Ici encore, l'idée d'une « magistrature sociale » défendue par Pierre Laroque n'a eu aucune suite.

D. R. : En Allemagne, la composition est plus uniforme : à tous les niveaux coexistent juges professionnels et juges non professionnels.

Les juridictions de jugement sont, tant en première instance qu'en appel, composées de trois juges : un juge professionnel et deux juges échevins, l'un côté salarié, l'autre côté patronal.

À la cour fédérale du travail, la composition est un peu différente : trois juges professionnels siègent dans une chambre (*Senat*) avec deux juges échevins. La prépondérance des juges professionnels à ce niveau s'explique par le rôle de la cour fédérale. Celle-ci a pour rôle d'unifier le droit, de décider sur le droit et non plus sur les faits.

Au sein de cette formation de jugement, les votes des juges professionnels ou non-professionnels ont le même poids : les deux juges non professionnels des deux premières instances peuvent donc mettre en minorité le vote du juge professionnel. C'est cette influence des juges non-professionnels qui caractérise la juridiction du travail et qui la distingue de la juridiction d'ordre judiciaire.

Ces juges non-professionnels des tribunaux du travail sont désignés par les ministres du travail des Länder sur proposition des syndicats et des associations patronales.

Les juges professionnels sont eux nommés à vie, ce qui est la garantie de leur indépendance. La qualification à la magistrature est obligatoire pour leur nomination. Pour être magistrat en Allemagne il faut faire des études de droit pendant quatre ans et passer un premier examen de droit. Ensuite il est obligatoire de faire un service préparatoire de deux ans et de passer un deuxième examen de droit. Cette formation est identique pour tous les professionnels du droit. Elle est donc la même pour les avocats et pour les magistrats. La différence essentielle avec la France se situe plutôt après cette nomination : généralement, les juges font carrière au sein des juridictions du travail. Contrairement aux magistrats français, ils changent donc moins souvent de matière juridique.

3 – *P. B. :* La troisième caractéristique du contentieux du travail en France concerne l'abondance de la matière, de la base au sommet, conjuguée avec un faible taux de résolution amiable des litiges.

En 2017, près de 127 000 affaires ont été soumises aux conseils de prud'hommes (malgré une baisse de 15 % sur l'année précédente) et environ 6 000 aux tribunaux d'instance. On constate également l'existence de 70 000 affaires au niveau de l'appel (ce qui représente 35 % du contentieux des cours d'appel) et 6 202 arrêts ont été prononcés par la chambre sociale, dont 3 920 motivés (plus de dix par jour en moyenne). Par ailleurs, il faut relever, avec un taux élevé de réformation en appel (66 % des appels, c'est-à-dire les deux-tiers, contre 21 % en matière civile) et une proportion élevée de cassations totales ou partielles (44 % en ce domaine)[2].

À cet effet de nombre s'ajoute la faible proportion d'affaires qui se terminent par une conciliation (moins de 5 % des affaires prud'homales en 2017, hors désistements et radiations) de sorte que 86 600 jugements ont été rendus sur le fond en première instance, avec un taux de recours au juge départiteur de 19,5 %.

Conséquence inévitable de ces phénomènes : la durée des procédures est élevée, même si elle tend progressivement à se réduire : elle est de 15 mois en première instance (hors référés), 13 mois en appel, 16 mois en cassation.

D. R. : En comparaison, le nombre d'affaires présentées devant les juridictions du travail en Allemagne ne paraît pas moins abondant.

En 2018[3], environ 320 000 affaires individuelles ont ainsi été soumises aux tribunaux du travail en première instance, et presque 180 000 d'entre elles concernaient un licenciement. En appel, le chiffre est de 13 548 affaires relatives à des litiges individuels, dont 5 299 portaient sur un licenciement.

Contrairement à la France, cette abondance de la matière ne se traduit toutefois pas par un allongement des procédures. En première instance, environ 30 % (51 000) des affaires concernant un licenciement étaient réglés dans un délai d'un mois et environ 40 % dans un délai d'un à trois mois. Au final, 98 % des différends relatifs à un licenciement ont été réglés en première instance dans un délai d'un an. La durée de procédure est un peu plus longue en appel mais reste assez restreinte : à peu près 90 % de ces litiges ont été réglés dans un délai d'un an.

Fait notable : ces délais sont souvent plus courts que dans les affaires ayant une matière civile. Une explication de cette différence est à trouver dans les règles procédurales applicables en Allemagne. Certes, la procédure civile est, pour l'essentiel, applicable devant les juridictions du travail. Mais des particularités ont toutefois été introduites, dans le sens d'une protection effective des salariés. L'accélération de la procédure et la réduction des frais font partie de ces principes spéciaux. La loi sur la juridiction du travail (*Arbeitsgerichtsgesetz*) prévoit que le cas doit être traité le plus vite possible dans toutes les instances (§ 9 alinéa 1 ArbGG). Ce principe général est renforcé par un ensemble de règles techniques, qui visent à la simplicité et la promptitude de la procédure.

Une autre différence notable avec la France concerne l'importance de la conciliation, à tous les niveaux.

---

[2] Statistiques du ministère de la Justice.

[3] BMAS (ministère fédéral pour le travail et les affaires sociales), « Statistik zur Arbeitsgerichtsbarkeit 2018 ».

En 2018 les tribunaux du travail en première instance ont prononcé environ 23 000 arrêts motivés dans des litiges individuels (soit 8 % des affaires terminées) contre 202 000 affaires qui ont trouvé une résolution aimable[4].

En deuxième instance, les cours d'appel du travail ont prononcé 4 546 arrêts motivés (32 % des affaires terminées) contre 4 607 résolutions aimables.

Cette conciliation existe même lorsque l'affaire est traitée par la Cour fédérale du travail, même si le taux de conciliation est alors plus réduit. En 2018, ce sont ainsi 133 litiges qui ont fait l'objet d'une conciliation en cassation, contre 338 arrêts motivés[5].

Plusieurs raisons peuvent être trouvées à cette prééminence de la conciliation.

En premier lieu, il faut relever le rôle actif joué par le juge du travail dans la phase de conciliation, laquelle est obligatoire et préalable.

Le second facteur est à trouver du côté des conséquences éventuelles d'une annulation du licenciement. Contrairement à la France, un licenciement non fondé se traduit en Allemagne par une réintégration du salarié, et non par le simple octroi d'une indemnité pour absence de « cause réelle et sérieuse ». Cette règle pousse les employeurs à chercher une solution rapide au différend. Les salariés qui ne souhaitent pas de revenir en entreprise voient également sous un jour favorable la conclusion d'un accord aimable se traduisant par le paiement d'une indemnité.

Un troisième élément est à trouver du côté de la procédure applicable devant les tribunaux. Le coût d'un procès est en effet plus élevé à défaut de conciliation, ce qui incite les parties à s'entendre. Les modalités de rémunération des avocats ont aussi pour effet de les pousser à trouver un accord.

Outre ces caractéristiques, le développement de la conciliation en Allemagne repose également sans doute sur d'autres causes, qu'il est toutefois plus difficile d'identifier avec certitude. On ne peut exclure que la psychologie des parties soit différente des deux côtés du Rhin et qu'il existe, en Allemagne, une norme culturelle à laquelle employeurs et salariés pensent devoir se conformer et en vertu de laquelle ils devraient trouver un accord devant les tribunaux plutôt que laisser le juge trancher. Encore faut-il nuancer cette impression, car l'attitude conciliante paraît beaucoup varier selon la branche et la profession (ainsi qu'entre centres urbains et zones rurales).

4 – *P. B. :* Le dernier point de divergence à signaler concerne la matière elle-même, autrement le contenu et les sources du droit du travail.

---

[4] *Ibid.*

[5] *Ibid.*

Côté français, il faut relever l'abondance et la variabilité du droit d'origine législative ou réglementaire qui rend la matière incertaine et nécessite une constante attention aux évolutions comme il s'en trouve peu dans d'autres branches du droit. Le code du travail, dont la conception et la présentation ont été renouvelées, constitue certes un instrument utile de regroupement, mais il ne contient pas toutes les règles régissant les relations de travail et subit lui-même de fréquentes révisions qui peuvent bouleverser des institutions entières, comme ce fut le cas pour les ordonnances de septembre 2017. À quoi il faut évidemment ajouter l'influence des normes d'origine européenne et de la jurisprudence qui s'y rattache (que l'on songe en particulier à cet égard à tout de ce qui concerne les transferts d'entreprise ou au droit des discriminations).

D. R. : En Allemagne, le contexte juridique est différent, puisqu'il n'existe pas de code de travail. Le projet d'en rédiger un se heurte à divers intérêts politiques, syndicaux ou patronaux, si bien qu'il est douteux de le voir aboutir à moyen terme. En parallèle, existent de nombreuses lois portant sur des aspects spécifiques des relations de travail, telle la loi sur le salaire minimum, ou encore la loi pour l'égalité des salaires entre femmes et hommes.

Ces lois comportent souvent des termes juridiques imprécis et laissent irrésolus certains problèmes qu'il appartient alors au juge de trancher. C'est un devoir qui exige de la part des juges du travail des aptitudes spécifiques.

Dans les deux pays, l'incidence du droit européen est notable. En Allemagne, la Cour fédérale du travail est particulièrement attentive à ce que la jurisprudence de la Cour de justice de l'Union européenne soit mise en œuvre en droit allemand. Elle veille particulièrement à ce que cette jurisprudence soit suivie par les juridictions du travail de première instance.

Ce tour d'horizon des principales différences pratiques entre les deux pays étant effectué, il reste alors à s'interroger sur d'éventuelles convergences quant à la manière dont le juge aborde les rapports de travail individuels ou collectifs.

Convergence des approches

S'interroger sur ce qui peut rapprocher les démarches des juges du travail français ou allemands peut passer par l'examen des qualités qui sont attendues d'eux en la matière. Il s'agit, en somme, de s'interroger quant aux conditions permettant de concilier au mieux l'application de la règle de droit et le contexte dans lequel elle est mise en œuvre, ainsi que sur les difficultés que les juges peuvent rencontrer dans le règlement des litiges qui leur sont soumis.

1 – *P. B. :* La première qualité qu'on peut identifier et qu'on doit exiger de ce juge est une sensibilité particulière aux questions sociales et à la

manière dont est perçu leur règlement juridictionnel hors du prétoire. Le droit social n'est pas né *ex nihilo*. Il est le produit d'une histoire sociale souvent conflictuelle, qui a connu des allers et des retours. Il est préférable que le juge du travail en soit imprégné lorsqu'il est amené à trancher des différends, même si ça ne peut bien entendu pas suffire à fonder ses décisions. Il lui faut en particulier accepter l'idée – qui n'est pas toujours facile pour des magistrats « civilistes » – que le droit du travail s'éloigne de temps à autre du droit commun des obligations, notamment en matière probatoire (discriminations, temps de travail, *etc.*). Mais il ne faut pas pour autant céder à l'écueil d'une posture idéologique puisque la première qualité attendue d'un juge – fût-il social – est l'impartialité. Cet équilibre est parfois difficile à tenir. Certes, pour utiliser l'expression imagée d'un éminent universitaire, les magistrats ne sont pas des « invertébrés gazeux[6] » et ils ne peuvent totalement s'abstraire dans leurs tâches de leurs opinions voire de leurs préjugés ou de leurs préventions sur tel ou tel aspect du droit qu'ils appliquent ou des situations qui leur sont soumises. Ils ne peuvent échapper entièrement à l'influence de leur milieu et de leurs convictions personnelles. Cependant, il est de leur devoir de ne pas se laisser égarer par des *a priori* donnant une image faussée des réalités économiques et sociales dans lesquelles s'inscrit leur intervention.

D. R. : Tout comme en France, il est fréquent d'entendre en Allemagne que le juge du travail serait « du côté des salariés ». En réalité, le juge doit toujours s'efforcer d'être neutre. Mais il trouve souvent devant sa barre une situation déséquilibrée : le salarié est la partie « faible » du contrat de travail, il subit les décisions de l'employeur que le juge doit examiner. En cas de licenciement, le juge examine ainsi les causes de la rupture et le respect des exigences formelles. C'est donc effectivement le comportement de l'employeur qui fait l'objet d'un contrôle, souvent strict. Mais ce contrôle est le fruit d'une situation objective, non d'une attitude partiale du juge.

2 – *P. B. :* La deuxième qualité du juge social – mais elle est aussi requise de tous les juristes qui fréquentent cette matière – est la souplesse intellectuelle. Les mutations fréquentes du droit social, tributaires des alternances politiques, imposent une adaptation permanente au changement, notamment pour prendre en compte les évolutions économiques et sociales qui expliquent ces évolutions. Le recours fréquent à l'interprétation téléologique des textes en est l'un des instruments. Comprendre – ou essayer de comprendre – le sens des évolutions du droit social exige de ne pas succomber à des principes intangibles et immuables, même si les évolutions de jurisprudence doivent reposer sur de solides raisons. Le juge du travail ne peut ressembler à ce juge pénal dont Anatole France dressait un portrait

[6] J.-J. Dupeyroux, *Droit social*, octobre 2018, p. 772-773.

sévère en écrivant qu'il avait des idées inébranlables, parce qu'il ne les avait jamais remuées[7]...

Il est loin le temps où l'on pouvait lire dans des annotations du code civil Dalloz (dans son édition de 1934), sous l'article 1780 relatif au « louage des domestiques et des ouvriers », que la grève rompt nécessairement le contrat de travail (référence à des arrêts de 1902 et 1904[8]), que l'employeur peut ne pas prendre à son service des personnes faisant partie d'un syndicat, en raison de son droit de choisir librement son personnel (arrêt de 1915[9]) ou que le seul défaut de justification d'un licenciement n'ouvre pas droit à indemnisation (1926[10])... solution encore réitérée en 1956 dans le célèbre arrêt Brinon[11], auquel on doit la figure de l'employeur « seul juge » des décisions qu'il prend. Bien des évolutions se sont produites depuis dans la société et dans la jurisprudence... Il serait vain de s'accrocher à ces vestiges d'un temps révolu.

D. R. : Côté allemand, le constat est similaire ; les règles du droit du travail se sont développées au fil du temps, et le juge doit s'adapter. Mais il faut ajouter que ce n'est pas seulement le contenu des règles qui a changé, mais aussi la manière d'appréhender certains faits ou comportements. L'attitude d'un salarié qui ferait des observations ou tiendrait des propos critiques sur la manière dont est gérée l'entreprise ne serait pas appréciée aujourd'hui de la même manière qu'hier. Le ton est devenu plus libre, plus ouvert. Et le juge, s'il était appelé à se prononcer sur cette situation dans le cas, par exemple, d'un licenciement pour faute grave, doit prendre en considération ce changement des normes sociales.

3 – *P. B. :* La souplesse intellectuelle doit aller de pair avec l'ouverture d'esprit. Ouverture à la multitude contemporaine des sources de droit, nationales ou internationales. Ouverture aux critiques doctrinales ou sociales. Ouverture aux échanges avec l'extérieur, notamment avec les professionnels du droit, les agents économiques, les syndicats, etc. Ouverture sur les changements qui affectent le monde de l'entreprise ou les formes de travail, sur les situations nouvelles issues d'évolutions techniques ou sociales. Car le rôle normatif de la jurisprudence, qui est devenu une réalité face à ce qu'un auteur dénomme le « fouillis législatif » et une nécessité pour tenir compte des évolutions, suppose que le juge prenne en considération le contexte dans lequel se placent ses décisions. Un ancien premier président de la Cour de cassation assignait à cet égard à la

---

[7] Anatole France, *Crainquebille*, Paris, Calmann-Lévy, 1904.

[8] Cass. req. 18 mars 1902, *D. P.*, I, 323 ; Civ., 4 mai 1904, *DP*, I, 289.

[9] Cass. civ., 9 mars 1915, *D. P.*, 1916, I, 25.

[10] Cass. civ., 15 mars 1926, *D. P.*, 1927, I, 39.

[11] Soc., 31 mai 1956, n° 56-04323, *Bull.* V, n° 499.

jurisprudence, en 1995, la mission d'assurer l'adaptation de la loi à l'évolution des mœurs, des techniques, de la vie sociale, de l'économie, des mentalités et des cultures[12]. L'objectif n'est pas toujours facile à atteindre et il peut exister un risque d'arbitraire sous couvert d'*aggiornamento*. Mais on voit bien qu'en matière sociale il ne peut être fait abstraction des transformations sociales. C'est notamment ce qui explique la place plus grande – certains diront « trop grande » – que la Chambre sociale accorde ces temps derniers au produit de la négociation collective, par rapport à d'autres impératifs, telle la règle d'égalité salariale. Tout ceci doit bien entendu se conjuguer avec l'exigence de rigueur attendue du juriste et du juge. Il ne peut s'agir, pour ce dernier, de « noyer le texte dans le contexte », selon la formule d'un auteur[13], mais de rester à l'écoute de son temps.

D. R. : Il est effectivement nécessaire de se tenir informé de l'évolution des techniques, des mœurs ou de la vie sociale. En somme, le juge du travail doit être en prise avec son temps. Le risque d'une appréciation arbitraire des faits doit toujours être combattu, de même que le danger d'une interprétation subjective des textes, aboutissant à remplacer les règles adoptées par le législateur par ses propres idées politiques. Ce glissement se constate parfois en Allemagne en matière de droit du travail. Concernant le travail intérimaire, on a ainsi pu trouver des décisions, dans lesquelles l'analyse personnelle du juge a pris le pas sur une mise en œuvre *« lege artis »* du texte légal[14].

Pour répondre à cette exigence d'un juge du travail qui ait une pleine compréhension des enjeux concrets de la question juridique à laquelle il est confronté, il est important qu'il bénéficie d'une large compétence juridictionnelle. Le choix, fait en Allemagne, de donner compétence au juge du travail tant pour les litiges individuels que pour les questions collectives paraît judicieux. Pour adopter une solution satisfaisante à un problème juridique, il faut en effet toujours veiller à articuler les aspects individuels et collectifs, à prendre considération tant les droits du salarié que le rôle du conseil d'établissement (*Betriebsrat*).

4 – *P. B. :* L'ouverture nécessaire du juge en matière sociale va de pair avec la responsabilité qui est la sienne. S'il lui incombe de boucher les vides que laisse la loi, de recourir éventuellement à des interprétations constructives, d'innover au besoin pour que des situations nouvelles ne soient pas abandonnées aux seules forces du marché ou pour respecter des engagements internationaux ou des principes fondamentaux, ses décisions

---

[12] Guy Canivet, *De l'injuste au juste dans le jugement*, Actes du colloque des 27-28/01/1995, Paris, Dalloz, coll. « Thèmes et commentaires », 1997, p. 105.
[13] A. Supiot, *Le gouvernement par les nombres*, Paris, Fayard, 2015.
[14] BAG, 10 décembre 2013 – 9 AZR 51/13 –, BAGE 146, 384-396 Rz 23.

doivent néanmoins obéir à un impératif de cohérence du droit social. Il doit aussi s'interroger sur la portée pratique des solutions nouvelles qu'il adopte, en s'efforçant de concilier la logique de protection qui inspire le droit du travail avec les conséquences, dans l'ordre économique et social, de ses décisions novatrices. Cette démarche peut alors le conduire à renoncer à des évolutions dont il mesure les effets délétères ; à revenir sur des positions jurisprudentielles dont la mise en œuvre produit des effets non désirés ; à abandonner des règles prétoriennes qui ont donné lieu à des critiques justifiées. Elle postule aussi que, lorsque le législateur ne suit pas sa jurisprudence et la contredit à dessein, le juge, spécialement le juge de cassation, ne se livre pas à un combat d'arrière-garde, affaiblissant ainsi l'autorité nécessaire de la loi.

D. R. : En effet : les décisions du juge doivent être en adéquation avec le contexte économique et social, tout comme elles doivent garantir une certaine cohérence du droit du travail, lequel peut être assimilé à un « système », autrement dit à un ensemble structuré.

Il faut vivement rappeler à quel point le juge ne peut s'ériger en concurrent du législateur, chacun des acteurs du droit devant accomplir sa mission sans empiéter sur celles des autres. Une illustration peut être fournie de cette exigence avec un exemple récent : le législateur allemand avait ouvert la possibilité de conclure des contrats à durée déterminée (CDD) sans cause objective, mais limité à une durée de deux ans maximum et sans renouvellement possible. Cette possibilité était exclue s'il y avait eu précédemment un contrat entre les deux parties.

Cette règle était très controversée, notamment au regard de ses effets pratiques pour les jeunes travailleurs. La 7e chambre (*Senat*) de la Cour fédérale du travail avait rendu une décision[15], selon laquelle un renouvellement d'un tel contrat était possible après un délai de trois ans. Cet arrêt de la Cour fédérale du travail fut censuré par la Cour Constitutionnelle en juin 2018 au motif que « la mise en œuvre de la loi par le juge ne peut pas nier la volonté claire du législateur, ni remplacer cette volonté par ses propres règles » (« *Richterliche Rechtsfortbildung darf den klar erkennbaren Willen des Gesetzgebers nicht übergehen und durch ein eigenes Regelungsmodell ersetzen* »)[16].

*

* *

[15] BAG, 21. Septembre 2011 – 7 AZR 375/10 –, BAGE 139, 213-225.

[16] BVerfG, 6 juin 2018 – 1 BvL 7/14.

P. B. : Ces divers défis que le juge du travail doit relever se heurtent bien entendu aux obstacles qui viennent d'être mis en évidence : dispersion du contentieux social, masse des litiges à traiter, complexité du droit applicable. Il n'est pas certain que ces obstacles aient la même force en France et en Allemagne, compte tenu des différences constatées dans la résolution des litiges et dans les moyens mis en œuvre pour apaiser les conflits du travail. Mais l'intérêt de cette confrontation, qui rejoint par-là l'intérêt plus général des rencontres du GEFACT, est de permettre d'identifier les points de convergence et les points de divergence entre les juridictions des deux pays sur des questions communes, d'en chercher les raisons, de se libérer en somme des habitudes de pensée nationales, et de s'enrichir ainsi mutuellement dans le traitement du contentieux du travail.

Strasbourg, 30 novembre 2018

LA CAMPAGNE « À TRAVAIL ÉGAL, SALAIRE ÉGAL » DANS L'INDUSTRIE MÉTALLURGIQUE ALLEMANDE ET LE RENOUVEAU DES STRATÉGIES SYNDICALES FACE AU DÉFI DU TRAVAIL INTÉRIMAIRE

Marcus Kahmann

À l'image d'autres pays européens, le marché du travail allemand est marqué par la prolifération de l'emploi atypique depuis les années 1990. Selon l'Office Statistique Fédéral, en 2017, 21 % des emplois étaient « atypiques » au sens où ils ne correspondent pas à la définition d'un emploi dépendant, à durée illimitée, hors intérim et à temps plein (plus de 20h) (Seils, Baumann 2019). L'une de ses formes est le travail intérimaire. Il se concentre dans quelques secteurs où il représente la principale forme de la précarité statutaire et laborieuse. C'est le cas de la métallurgie, épine dorsale de l'économie allemande et autrefois réputée pour marier compétitivité internationale et normes collectives à un niveau élevé. Depuis le début du millénaire, la diffusion de l'intérim s'y est accélérée. En a résulté une polarisation des conditions de travail en matière de rémunération, de satisfaction, de santé au travail et de stabilité d'emploi (Barlen, 2018). Celle-ci est d'autant plus problématique que le passage des intérimaires vers l'emploi stable se fait difficilement.

La dualisation du marché du travail interpelle non seulement le législateur et l'opinion publique, qui portent depuis longtemps une attention particulière au destin de l'industrie métallurgique, mais aussi ses acteurs collectifs dans la mesure où l'intérim participe au processus en cours de fragmentation des normes collectives. Le syndicat de la métallurgie IG Metall a pris du temps pour mettre en question son attitude ambiguë consistant à condamner l'intérim pour des raisons de principe tout en ignorant la pratique récurrente par laquelle « ses » élus au *Betriebsrat* (ou « conseil d'établissement ») faisaient peser les demandes de flexibilité en priorité sur les travailleurs situés à la « périphérie » de l'entreprise. Cette attitude a convaincu certains observateurs académiques que le syndicat jouait un rôle actif dans la dualisation du marché du travail de la métallurgie. D'autres ont plutôt mis en lumière les risques liés à ces attitudes pour les syndicats et souligné leurs efforts d'évoluer vers des pratiques plus inclusives.

Cette contribution revient sur ces débats en prenant pour objet la campagne nationale « À travail égal, salaire égal » du syndicat de la métallurgie IG Metall (2,27 millions d'adhérents en 2018). Érigée en priorité entre 2008 et 2014 et considérée comme un grand succès au sein du syndicat, cette campagne visait à ramener le niveau de rémunération des intérimaires à celui des salariés en emploi standard et à révéler la montée des inégalités sociales au sein de l'industrie.[1] La contribution mettra en lumière l'émergence d'une approche plus inclusive en direction des intérimaires. Celle-ci innove par l'appropriation de la rémunération des intérimaires en tant qu'enjeu industriel et la mise en place d'une stratégie articulant différentes échelles de l'action syndicale. Sur le plan théorique, les observations plaident en faveur d'une conception plus dynamique de l'acteur syndical face à la précarité d'emploi.

L'article procède de la façon suivante : La première partie situe l'objet de l'étude dans son contexte d'évolution des relations professionnelles de la métallurgie. La deuxième partie propose des outils pour analyser l'évolution de l'attitude d'IG Metall face à l'intérim. Les deux parties suivantes sont consacrées à l'analyse de la campagne et sa mise en place.

L'intérim dans l'industrie métallurgique et le débat sur la dualisation du marché du travail

Les relations professionnelles de la métallurgie sont marquées par un processus de fragmentation des normes collectives et de décentralisation de leur centre de gravité vers les entreprises, modifiant au passage les équilibres entre les acteurs de ce système. Cela a suscité un débat académique sur le rôle des organisations syndicales dans la dualisation du marché du travail.

L'intérim dans la transformation des relations professionnelles de branche

Jusqu'aux années quatre-vingt le succès économique du secteur manufacturier repose sur des institutions assez rigides dans les domaines du droit du travail, de la négociation collective et de la représentation des salariés. L'emploi standard, norme alors incontestée, impose un niveau élevé de protection contre le licenciement. Le système de négociation collective de branche couvre presque tous les travailleurs de l'industrie et limite l'adaptation des salaires vers le bas à travers le « principe de faveur » (*Günstigkeitsprinzip*) (Müller, Schulten, 2019). Il repose sur le mode d'interaction spécifique de « partenariat conflictuel » (voir Kahmann, 2019) entre organisations syndicale et patronale, lesquelles sont fortement représentatives et capables de mobiliser leurs adhérents à l'occasion de la négociation collective de branche. Les *Betriebsräte* sont omniprésents dans

---

[1] La campagne continue à ce jour, mais avec des moyens réduits en étant intégrée dans une campagne sur le travail externalisé (*Werkverträge*).

les entreprises de taille moyenne et grande. Le niveau de flexibilité y est élevé, grâce aux relations généralement coopératives entre management et *Betriebsrat* mais chaque changement organisationnel majeur doit être négocié. L'interaction entre ces trois domaines non seulement stabilise le marché du travail mais force aussi les entreprises à miser sur l'innovation, la qualité des produits et la qualification de leurs salariés.

La crise profonde du début des années quatre-vingt-dix, qui induit la perte d'un demi-million d'emplois dans le secteur manufacturier allemand, met en avant l'enjeu de la compétitivité-prix. Les pays émergents d'Asie ainsi que les manufacturiers nord-américains et japonais ont rattrapé leur retard dans les marchés à forte valeur ajoutée. Les grandes entreprises manufacturières se lancent alors dans la réorganisation des chaînes de valeur, la production est organisée en modules que l'on peut sortir des circuits intégrés. C'est l'heure de la « désintégration verticale » des entreprises (Doellgast, Greer, 2007). Celles-ci externalisent des activités dans des secteurs à plus faible coût salarial ou vers d'autres pays, de préférence de l'Est. La pression augmente aussi sur les activités restées dans le domaine de la métallurgie. Le taux de couverture conventionnelle des travailleurs décline. Dans les entreprises, les élus du *Betriebsrat* subissent la pression du management pour concéder davantage de flexibilité (rémunération, temps de travail, emploi d'intérimaires) en échange des garanties d'emploi. Les « pactes pour l'emploi », conclus entre management et *Betriebsrat* (et syndicat) et qui permettent de s'écarter de la convention collective, se multiplient. Avec « l'Accord de Pforzheim » de 2004, qui introduit une clause d'ouverture générale aux normes de branche à des fins de compétitivité et de sauvegarde d'emploi (Hege, Dufour, 2010), IG Metall cherche à mettre fin aux dérogations sauvages. Mais l'espoir de regagner le contrôle sur le processus de décentralisation sera déçu dans l'immédiat (Müller, Schulten, 2019). La fragmentation des normes collectives et la montée des inégalités entre et au sein des entreprises se poursuivent. Elles interrogent le syndicat quant aux stratégies à adopter en tant qu'acteur de la négociation collective.

L'intérim participe pleinement à cette dynamique au sein des relations professionnelles dans la métallurgie[2]. La « Première loi sur la prestation des services modernes sur le marché d'emploi » (dite loi Hartz I) de 2003 détricote la loi sur l'intérim (*Arbeitnehmerüberlassungsgesetz ;* AÜG). Désormais, la durée maximale de 24 mois pour une mission ainsi que le délai de carence de trois mois entre licenciement et rembauche sont abrogés. La déréglementation incite les entreprises à embaucher davantage d'intérimaires. L'Allemagne passe ainsi d'environ 282 000 intérimaires (en

---

[2] Nous négligeons ici l'autre type d'emploi emblématique associé avec la précarisation de la main-d'œuvre dans la métallurgie, les contrats de louage (*Werkverträge*) (cf. Barlen, 2018).

2003) à 1 080 000 en novembre 2017 (948 000 en 2019) (BfA 2020)[3]. L'industrie métallurgique est le premier utilisateur de la main-d'œuvre intérimaire, dont plus d'un quart est employé par elle (Kahmann, 2017b). Sur des grands sites manufacturiers le personnel peut désormais être composé d'un tiers d'intérimaires. La prolifération de l'intérim depuis la réforme sera un facteur décisif de la mise en question de l'approche syndicale (Benassi, Dorigatti, 2014).

Le débat sur le rôle du syndicat dans la dualisation du marché du travail

L'extension du travail précaire dans la production des biens à haute valeur ajoutée a aussi intensifié le débat académique sur l'évolution du capitalisme allemand et le rôle qu'y joue le syndicalisme. On y distingue deux positions principales.

La première est représentée par l'économie politique comparée. À l'intérieure de celle-ci, les protagonistes de la thèse d'une « dualisation » considèrent que, dans les « économies de marché coordonnées » (Hall, Soskice, 2001) comme celle de l'Allemagne, les institutions (inclusives) résistent contre les forces de libéralisation des marchés et continuent à soutenir l'avantage compétitif de ces économies, quoique pour un nombre décroissant de travailleurs et d'entreprises situées dans des activités à très haute valeur ajoutée. Le secteur manufacturier allemand est un exemple de choix pour illustrer la thèse de la « dualisation » des conditions d'emploi dans laquelle les *Betriebsräte* auraient un rôle moteur (Hassel, 2014 ; Palier, Thelen, 2010). Elle voit, dans l'accord souvent tacite des représentants du personnel au transfert des exigences de flexibilité sur les groupes « périphériques » de l'entreprise plutôt que sur les travailleurs qualifiés formant le « centre » de celle-ci, la preuve de la formation d'alliances stables avec le management (« co-management »), alliances qui transcendent les classes sociales (*cross-class*). Affectés par le déplacement du centre de gravité au sein du « système dual de représentation » (Müller-Jentsch, 1997) vers l'entreprise et exposés aux pertes significatives d'adhérents, Hassel (2014) estime que les syndicats se sont rarement opposés à ces « pactes pour l'emploi » locaux. Pour Eichhorst (2014), la « purification » du cœur des entreprises manufacturières de la main-d'œuvre peu qualifiée est la condition de l'émergence récente d'un « nouveau modèle allemand ».

La recherche comparative en relations professionnelles s'est montrée sceptique à l'égard de la thèse dualiste. S'appuyant davantage sur des études au niveau sectoriel ou au niveau du lieu de travail, elle confirme l'existence

[3] Désormais, 2,5 % de la population active occupent un emploi intérimaire. Les jeunes, les hommes et les étrangers y sont surreprésentés. La moitié des postes ouverts pour les intérimaires ne nécessitent qu'un faible niveau de qualification (*Helfertätigkeit*), contre 20°% pour l'ensemble de l'économie. 40 % des intérimaires se trouvent dans des activités de production (*Produktionsberufe*) (BfA, 2020).

de cas où les syndicats ou les organes de représentation réagissent à la pression des directions en resserrant le cercle d'*insiders*. Mais cette réaction ne serait pas généralisée (Heery, 2009 ; Gumbrell-McCormick, 2011 ; Doellgast et al., 2018). Pour l'Allemagne, des travaux ont montré que les syndicats s'intéressent désormais aux groupes précaires tels que les travailleurs migrants (Adler, Fichter, 2014 ; Kahmann, 2017a) ou les intérimaires (Vanselow, Weinkopf, 2008 ; Benassi, 2015). Les campagnes d'*organizing*, empruntés aux syndicats états-uniens, servent d'exemple sinon d'inspiration pour atteindre les groupes sous-représentés (Rehder, 2008 ; Thomas, 2016). Après y avoir été longtemps opposé, IG Metall a fini par militer en faveur de la loi sur le salaire minimum légal interprofessionnel (introduit en 2015), lequel concerne en priorité les services mais auquel les employeurs de la métallurgie sont farouchement opposés pour des raisons de compétitivité internationale. Contre la thèse d'une stabilisation des « économies de marché coordonnées » par la dualisation de leur marché du travail, ces recherches ont plutôt souligné l'instabilité de ce nouveau modèle, liée à la menace qu'il exerce sur les effectifs stables et le syndicalisme (Benassi, Dorigatti, 2014). Face aux stratégies de segmentation des entreprises et l'affaiblissement des institutions inclusives, elle considère qu'il convient de revigorer les liens avec les militants, intégrer les groupes de travailleurs délaissés et cultiver une approche plus conflictuelle avec le management (Schmalz, Dörre, 2013).

Le syndicalisme face à la précarité d'emploi

Pour analyser les réponses syndicales à l'intérim, nous faisons l'hypothèse de l'existence d'un dilemme entre inclusion et exclusion des travailleurs précaires. Les réponses stratégiques dont le syndicat dispose comme acteur d'un système de représentation à échelles multiples doivent être adaptées en vue des exigences spécifiques de cette forme d'emploi.

Réponses syndicales à la précarité : entre inclusion et exclusion

Historiquement, les syndicats se sont développés autour des identités spécifiques des groupes sur le marché du travail. Ces identités ont façonné les intérêts avec lesquels ils s'identifient, leur façon de concevoir la représentation et le type de ressources qu'ils développent et mobilisent (Hyman, 2001). Les systèmes de relations professionnelles qui en ont résulté reflètent largement les besoins et caractéristiques de ces groupes (Gumbrell-McCormick, 2011).

Les syndicats ont répondu aux enjeux posés par les travailleurs précaires d'une façon variable au cours de leur histoire. Avec Benassi et Dorigatti (2014) nous considérons que les réponses syndicales aux travailleurs précaires se situent sur un continuum entre exclusion et inclusion. Chacune représente une réponse valable au souci syndical de maintenir un degré de contrôle sur le marché du travail. La prévalence d'une logique sur l'autre et son évolution se décide en fonction de conditions non seulement externes, mais aussi internes. Nous rejoignons en cela des auteurs tels que Voss et Sherman (2000) ou Murray et Lévesque (2010) qui estiment qu'outre des évolutions dans l'environnement institutionnel et la structure des opportunités politiques, le changement syndical résulte aussi de l'émergence d'acteurs internes aux syndicats, poursuivant des objectifs nouveaux et dotés de stratégies construites en conséquence.

Selon la typologie proposée par Heery (2009), l'attitude *exclusive* des syndicats est marquée par la volonté de pousser les formes « d'emploi atypique » hors du marché du travail (par la législation ou la pression exercée sur les employeurs), afin de protéger les travailleurs contre des emplois précaires et de protéger les syndiqués contre la concurrence exercée par les précaires. Cette stratégie ne vise pas la syndicalisation des précaires et aucun service ne leur est proposé. La représentation *subordonnée* – pointée par la thèse dualiste – accepte les précaires sur le marché du travail et en tant qu'adhérents, mais les considère peu. À l'extérieur, le syndicat se focalise sur la représentation du groupe professionnel dominant. Les intérimaires sont plutôt considérés comme un tampon de flexibilité dont l'insécurité liée au statut protège l'emploi et la rémunération des adhérents. Leur représentation au sein du syndicat est limitée, soit *de jure*, soit de fait. À l'inverse, la représentation *inclusive* accepte les travailleurs précaires en tant qu'adhérents à part entière, à égalité avec les travailleurs stables. Le syndicat leur accorde les mêmes droits de participation dans ses affaires. L'objectif poursuivi est l'égalité de traitement dans le droit du travail et les conventions collectives.

Stratégies des syndicats allemands en direction des intérimaires : le poids des institutions

Les stratégies qui structurent le rapport des syndicats aux travailleurs (précaires) sont tributaires de leurs systèmes de relations professionnelles nationaux, connus pour leur diversité persistante (McCormick, Hyman, 2013). En ce qui concerne le système allemand, celui-ci repose historiquement sur l'absence d'intervention gouvernementale dans la négociation collective (*Tarifautonomie*), un droit de grève jurisprudentiel (modéré), des droits participatifs légaux dans les entreprises (*Betriebsverfassung*) et un syndicalisme dominé par la centrale DGB (*Deutscher Gewerkschaftsbund*), avec un rôle prépondérant des syndicats industriels non-partisans. Malgré leur niveau d'adhésion moyen en comparaison internationale, les syndicats y ont pu jouer un rôle important.

Dans le répertoire de stratégies syndicales allemand (Holst et al., 2008), le rapport aux travailleurs intérimaires se joue à plusieurs niveaux (tableau 1). Le premier est celui de leur représentation à l'*intérieur* de l'organisation syndicale, visant en priorité à les impliquer, mobiliser et syndiquer. Les stratégies associées comprennent la mise en place de services spécifiques, la poursuite de campagnes d'information et de syndicalisation ainsi que la formation syndicale. Leurs cibles sont les travailleurs précaires, mais aussi les membres de l'organisation syndicale.

Le deuxième niveau concerne la représentation des travailleurs précaires à l'*extérieur* du syndicat. Elle se joue en priorité au sein du « système dual de représentation », le centre de gravité de l'activité syndicale en Allemagne. Ses deux échelles de représentation (*Betriebsverfassung* et *Tarifautonomie*) reposent traditionnellement sur une dépendance mutuelle (Schmidt, Trinczek, 1999).

L'acteur central de la *Betriebsverfassung* est le *Betriebsrat*, organe élu des salariés d'établissement ou d'entreprise de cinq salariés et plus. Il a son existence propre, formellement indépendante des syndicats dont la présence dans l'entreprise n'est pas assurée. L'enjeu de représentation se pose pour lui à travers ses droits participatifs, afin de limiter par exemple le recours à l'intérim. L'interlocuteur principal du *Betriebsrat* est le management qui ne siège pas aux réunions du *Betriebsrat*. Dans l'exercice de son mandat il sollicite fréquemment l'organisation syndicale pour le soutien technique et revendicatif. À cette échelle intervient aussi un enjeu de représentation interne avec la participation des précaires aux élections à cet organe.

La deuxième échelle au sein du système dual de représentation représente la négociation collective (*Tarifautonomie*). Elle est la prérogative des organisations syndicales (ayant le monopole de la grève), des organisations patronales et des entreprises. À cette échelle, l'instrument stratégique est la convention de branche, voire l'accord d'entreprise (*Firmen—/Haustarifvertrag*) en vue de l'égalisation des conditions de l'emploi.

Enfin, on peut identifier une troisième échelle, correspondant à une représentation externe, moins circonscrite et articulée avec le système dual. Elle s'appuie sur l'environnement politique, administratif et sociétal et comprend des activités d'entretien des réseaux avec les partis politiques au parlement et le gouvernement afin de peser sur l'évolution législative. Les coalitions avec d'autres acteurs sociaux (églises, associations caritatives), des campagnes ou manifestations font aussi partie du répertoire stratégique à cette échelle.

Tableau 1 : Stratégies syndicales en direction des travailleurs intérimaires au sein du « système dual de représentation »

Type de représentation		Échelle	Enjeu	Stratégie	Interlocuteur principal
Interne		Organisation syndicale	Syndiquer ; informer ; faire participer ; mobiliser	Campagne de syndicalisation et d'information ; mise en place des services spécifiques ; formation syndicale ; mise en place des structures de représentation spécifique	Travailleurs intérimaires ; militants et permanents syndicaux
		Betriebsrat (entreprise d'intérim et/ou utilisatrice)	Faire participer aux élections	Campagne électorale qui intègre les revendications des intérimaires	Travailleurs intérimaires
Externe	Système dual de représentation	*Betriebsrat* (entreprise d'intérim et/ou utilisatrice)	Peser sur les conditions de travail et de rémunération des intérimaires ; contenir le recours dans l'entreprise utilisatrice	Droits participatifs ; négociation d'un accord d'entreprise (*Betriebsvereinbarung*)	Management ; élus du *Betriebsrat*
		Négociation collective	Négocier en vue d'une égalisation salariale ; contenir le recours à l'intérim	Négociation d'une convention collective de branche	Organisation patronale de branche
				Négociation de convention interprofessionnelle et/ou de banche	Organisations patronales de l'intérim
Externe		Système politique ; espace public	Faire évoluer la législation et l'opinion publique	*Lobbying* ; campagne publique ; manifestations	Partis politiques ; ministère du Travail ; médias ; associations

La spécificité de l'intérim comme enjeu de représentation

En tant que type d'emploi précaire, l'intérim pose des enjeux spécifiques en termes de représentation. Ceux-ci renvoient en grande partie à la séparation que cette forme d'emploi impose entre relation de travail et relation d'emploi. Elle éloigne les intérimaires des droits économiques et sociaux associés à la relation d'emploi standard, exposant à l'inverse l'existence du travailleur aux insécurités liées au marché (Brinkmann, Nachtwey, 2014).

En ce qui concerne la *représentation interne*, l'enjeu principal est le degré potentiellement faible d'intégration sociale qui découle de la séparation de l'intérimaire de la communauté de travail et la durée déterminée de son emploi. Il est un obstacle majeur à la mobilisation et la participation (Belkacem *et al.*, 2014). Sur le plan subjectif, la faible intégration sociale se traduit par le sentiment répandu d'extériorité parmi les intérimaires à l'égard de la représentation au travail et ses institutions (Barlen, 2018). Un indicateur en est le taux de syndicalisation faible des intérimaires. Dans le domaine d'intervention de IG Metall, en 2011, seulement 4,2 % parmi d'eux étaient syndiqués contre 34 % des travailleurs à l'emploi stable (Brinkmann, Nachtwey, 2014). Un autre est le nombre très faible de *Betriebsräte* dans l'intérim (Promberger, 2006).

À la faiblesse de l'intégration sociale correspond un niveau plus faible de droits de représentation dans l'entreprise. Même si les intérimaires accèdent théoriquement aux deux espaces de représentation (entreprise intérimaire et utilisatrice), leur droit de participer aux élections du *Betriebsrat* ne devient effectif qu'après trois mois de mission. Cela exclut d'emblée une bonne partie des intérimaires de tout droit de représentation. De surcroit, dans l'entreprise utilisatrice ils ne possèdent qu'un droit de vote passif et même celui-ci n'est pas assuré puisque les intérimaires peuvent être informellement exclus des listes électorales (Brinkmann, Nachtwey, 2014).

En matière de représentation *externe*, soulignons l'enjeu qui résulte de la construction de la Loi sur l'intérim. La réforme de la *Arbeitnehmerüberlassungsgesetz* de 2003 impose le principe d'égalité de traitement et de rémunération des intérimaires, effectif à partir du premier jour de la mission. Mais elle définit en même temps une condition de dérogation à cette règle : l'existence d'une convention collective. Cette règle a ouvert la question de savoir si, à quelle échelle (interprofessionnelle ; branche ; entreprise) et avec quelles articulations il convient de réguler l'emploi intérimaire.

L'émergence d'une nouvelle stratégie syndicale en direction des intérimaires

La campagne nationale d'IG Metall « À travail égal, salaire égal » naît des limites de la négociation collective interprofessionnelle et de l'insatisfaction des militants d'IG Metall locaux avec l'attitude de leur syndicat. Le changement du leadership national créera les conditions favorables à la refonte de l'approche syndicale.

La mise en place d'une stratégie centrée sur la négociation interprofessionnelle

Contrairement à d'autres pays, l'Allemagne dispose d'une réglementation spécifique en matière d'intérim. Lors de son entrée en vigueur en 1972, la *Arbeitnehmerüberlassungsgesetz* rencontre l'opposition franche du DGB et ses fédérations. Pendant une vingtaine d'années, ces syndicats refusent catégoriquement l'intérim. En 1989 encore, le congrès d'IG Metall condamne la conclusion d'accords collectifs avec les agences d'intérim. Les intérêts des intérimaires n'étant pas légitimes, il n'est pas question de déployer des ressources pour les syndiquer ou négocier en leur nom.

À partir des années 1990, cette attitude exclusive commence à faiblir. Certains syndicalistes considèrent l'intérim comme un moyen de lutte contre le chômage montant, au moins pour certains groupes « à problème » (chômeurs de longue durée, jeunes, seniors…). D'autres expérimentent, avec peu de succès, un système de certification sociale des agences pour améliorer les conditions d'emploi des intérimaires (Vanselow, Weinkopf, 2008). L'évolution des mentalités syndicales engendre des adaptations revendicatives. En 1996, le DGB supprime de ses statuts la revendication d'interdiction du travail intérimaire. À la fin des années quatre-vingt-dix, IG Metall négocie ses premiers accords d'entreprise avec quelques agences importantes, aboutissant par la même occasion à la création de quelques *Betriebsräte*. Mais ces accords restent limités aussi bien à ces entreprises qu'au niveau régional. L'intérim est encore loin de présenter un enjeu véritable pour IG Metall.

C'est vers la fin des années 1990 aussi que se profile une approche coordonnée entre les fédérations du DGB en matière d'intérim, avec la négociation collective à l'échelle du secteur comme moyen d'action privilégié. En 1998, le DGB déclare pour la première fois vouloir réglementer l'intérim par voie conventionnelle. L'idée est de rapprocher les conditions d'emploi par la négociation d'un nouveau « statut de base » interprofessionnel des intérimaires. Celui-ci devrait, dans un deuxième tour de négociation collective entre employeurs d'intérim et fédérations DGB, être adapté aux normes spécifiques de chaque branche. Mais cette stratégie échoue puisque les employeurs de l'intérim n'ont guère d'intérêt à engager la négociation collective, d'autant plus que le manque de *Betriebsräte* et de militants syndicaux dans les agences est criant.

Ce désintérêt des employeurs évolue avec la réforme de l'AÜG de 2003. Éviter l'application du principe d'*equal pay* représente une incitation massive pour les entreprises de l'intérim à emprunter la voie conventionnelle. Fait inédit dans l'histoire du DGB, ses fédérations s'engagent alors dans la négociation d'un accord interprofessionnel. Le groupe intersyndical (DGB-*Tarifgemeinschaft*) entame la négociation avec les deux principales organisations patronales de l'intérim : *Bundesverband Zeitarbeit* (BZA) et *Interessengemeinschaft Zeitarbeit* (IZA). Son objectif est de créer « une traduction adéquate du principe légal d'égalité » (Schwitzer, Schumann, 2013 : 297) sans pour autant provoquer l'effondrement du secteur (Aust, Holst, 2006 : 307). Mais lors de ces négociations, le rapport de force initialement jugé favorable par le groupe du DGB se détériore lorsqu'une petite organisation patronale engage des négociations avec la Confédération syndicale chrétienne (*Christlicher Gewerkschaftsbund Deutschlands* ; CGB). Pour aboutir à un accord avec la BZA et l'IZA, le groupe du DGB est obligé de revoir ses revendications à la baisse et finit par conclure une convention dont les termes sont très proches de ceux du CGB.

Malgré cela, la convention interprofessionnelle de 2003 est considérée comme un succès par les fédérations du DGB, y compris IG Metall. Elle garantit désormais une couverture conventionnelle presque totale de l'intérim, mais au prix d'un niveau salarial bien en dessous des *minima* conventionnels de la métallurgie : le salaire horaire varie en fonction de la qualification, entre 6,85 euros et 15,50 euros et prévoit une décote de 13,5 % pour les *Länder* de l'Est (Aust, Holst, 2006:306), situant ainsi les salaires de la majorité des intérimaires dans les « bas salaires » (Weinkopf, Vanselow, 2008).[4] En misant sur la loi comme incitation à la négociation collective, les syndicats du DGB poursuivent une approche « désincarnée » qui contourne le problème de représentation interne. Aucune structure syndicale, y compris celles propres au DGB, ne s'adresse spécifiquement aux intérimaires ou ne vise à les mobiliser.

Cette stratégie révélera aussitôt ses limites puisqu'elle échouera à hausser significativement le niveau de rémunération des intérimaires. Lors des négociations successives de la convention d'intérim, il devient évident que les syndicats du DGB n'ont pas de levier à leur disposition pour augmenter le niveau salarial, d'autant plus qu'ils sont concurrencés sur le terrain de la négociation. L'écart avec les salaires conventionnels de la métallurgie se creuse alors.

---

[4] Pour les entreprises utilisatrices de la métallurgie, le coût salaire horaire brut s'approche, après rémunération de l'agence et frais de management, de celui des salariés directement employés. En l'occurrence, compte tenu de la part élevée des salariés bénéficiant de la protection de leur emploi, un enjeu de l'intérim pour les entreprises est l'augmentation de leur flexibilité externe en évitant les couts des plans sociaux et des indemnités de licenciement (Holst, 2009).

Impulsions et expérimentations au niveau local : un élargissement du locus de la stratégie syndicale

Des enquêtes menées au début des années 2000 montrent que la plupart des *Betriebsräte* sont – à l'image de la position syndicale – sceptiques à l'égard de l'intérim (Promberger, 2006 ; Wassermann, Rudolph, 2006). Mais, dans leur quotidien, beaucoup d'entre eux l'acceptent comme partie intégrale des politiques de ressources humaines. Il se présente à eux comme un mal nécessaire qui possède la vertu – à condition d'être utilisé d'une façon mesurée – de pouvoir sécuriser l'emploi des salariés formant le noyau de l'effectif de l'entreprise. Typiquement, le *Betriebsrat* ne se considère pas compétent quand il s'agit des conditions de travail des intérimaires. Cette ligne est d'autant plus facile à tenir que les intérimaires sont en partie exclus de la représentation et ont intégré leur position d'extériorité au collectif de travail. Une minorité de *Betriebsräte* se définit toutefois comme leur interlocuteur, au sujet des possibilités d'embauche dans l'entreprise par exemple.

Ces attitudes caractéristiques d'une inclusion subordonnée commencent à être problématisées au début du millénaire par des *Betriebsräte* proches d'IG Metall qui sont confrontés à l'importance croissante de l'intérim dans leurs entreprises et à des divisions perceptibles au sein des effectifs (Holst, Matuschek, 2011). Quelques militants – élus issus des *Betriebsräte* et intérimaires – organisent alors des groupes de travail locaux ayant pour objectif d'améliorer la représentation des intérimaires. Ils veulent agir sur les deux espaces de représentation de la relation d'emploi : dans l'intérim, il s'agit d'accompagner les travailleurs dans la création des *Betriebsräte ;* dans la métallurgie, ils visent à informer les *Betriebsräte* existants et à les mettre en capacité d'offrir un soutien aux intérimaires (Wölfle, 2008). Dès le congrès d'IG Metall de 2003 des voix réclament des ressources pour monter des projets locaux ainsi qu'un positionnement moins ambigu du syndicat (Meyer, 2013).

Le débat initié par ces militants atteindra aussitôt l'appareil syndical local. Depuis un certain temps, les permanents travaillant aux bureaux locaux d'IG Metall (*Verwaltungsstellen*) sont confrontés à un nombre croissant de sollicitations de la part des *Betriebsräte* qui se plaignent du manque de solutions et d'idées du syndicat (Wassermann, Rudolph, 2006). Tandis que certains permanents restent ancrés dans une attitude exclusive, d'autres essaient de systématiser leurs connaissances sur le phénomène et commencent à cartographier les entreprises locales qui font appel à l'intérim. La multiplication des échanges entre acteurs locaux et l'acquisition des connaissances entraînent une dynamique qui favorise le débat entre les *Verwaltungsstellen* qui finit par atteindre l'échelon régional du syndicat (*Bezirke*). Sous la pression des *Verwaltungsstellen*, entre 2004 et 2007, chacune des sept régions lance un projet dédié à l'intérim dont l'objectif est de soutenir et de coordonner les initiatives locales.

Fait décisif, à partir de leurs expérimentations, les militants vont mettre en question l'approche traditionnelle d'IG Metall à l'échelle locale qui consiste à créer des *Betriebsräte* au sein des entreprises d'intérim. Ces efforts étant rarement couronnés de succès, les militants préconisent de focaliser désormais sur l'entreprise utilisatrice. L'existence d'un *Betriebsrat* pouvant s'appuyer sur un noyau d'activistes et ayant établi des relations solides avec le management est jugée plus favorable à la prise en compte des intérêts des intérimaires (Meyer, 2013).

Le changement de leadership comme occasion de porter les expérimentations à l'échelle nationale

Les expérimentations se produisent à un moment où IG Metall est en crise (Schmalz, Thiel, 2017). En 2003, le syndicat subit une défaite historique lorsqu'il est obligé d'abandonner la grève dans la métallurgie de l'Est en faveur de la réduction du temps de travail hebdomadaire (Schmidt, 2003). Le secrétaire général, Klaus Zwickel, accuse son adjoint Jürgen Peters d'en être le principal responsable et tente – en vain – de l'empêcher de lui succéder. La crise du leadership s'inscrit dans un contexte de déclin continu du nombre d'adhérents. En 2006, le syndicat ne compte plus que 2,4 millions d'adhérents, ce qui signifie qu'il en a perdu presque 1,5 million depuis 1991. Il reste bien représenté dans ses bastions traditionnels, l'industrie automobile et l'ingénierie mécanique, mais a du mal à s'implanter dans les nouvelles activités telles que l'industrie éolienne. Il est également peu présent dans les nouveaux Länder de l'est et au sein des cadres, lesquels sont pourtant en nombre croissant. La décentralisation de la négociation collective a ouvert une brèche au sein de l'organisation entre – selon les étiquettes utilisées au sein d'IG Metall – les « traditionalistes », attachés à la défense de la branche comme garant de l'homogénéité de la régulation sociale mais en mal de réponses efficaces, et les « modernisateurs » qui estiment qu'il faut inventer des réponses nouvelles à la décentralisation (Haipeter, 2013).

Le départ de Peters et l'élection d'une nouvelle équipe de dirigeants en 2007, composée de Bertold Huber (secrétaire général) et Detlef Wetzel (adjoint), marquent la victoire du camp « modernisateur ». Tandis que Huber, homme pondéré et respecté dans le camp patronal, incarne la modernisation sur le plan des orientations du dialogue social, Wetzel est plus connu comme innovateur des pratiques syndicales. La *Verwaltungsstelle* à Siegen qu'il dirige jusqu'en 2004 est l'une des seules à renverser le déclin du nombre d'adhérents malgré un bassin industriel en déclin. Il rejoint les idées d'Huber sur un point important : il aperçoit dans la décentralisation de la négociation collective de nouvelles opportunités pour revitaliser le syndicalisme et reconstruire sa légitimité depuis la base.

En tant que responsable de l'importante région d'IG Metall Rhénanie du Nord-Westphalie, il a expérimenté en ce sens avec une approche « participative » de la négociation collective d'entreprise qui crée davantage de transparence autour des contreparties accordées à la dérogation de la convention de branche en impliquant les adhérents (Turner, 2009). La campagne régionale « Mieux au lieu de moins cher » (*Besser statt billiger*) met à disposition des salariés et des *Betriebsräte* d'entreprises en difficulté des ressources pour proposer des alternatives au projet de restructuration de la direction (Haipeter, 2013).

Wetzel sera par la suite le moteur de la réorientation stratégique en matière d'intérim, sujet sur lequel il a déjà travaillé en tant que responsable de la campagne « À Travail égal, salaire égal » en direction des intérimaires dans la région Rhénanie du Nord-Westphalie (Wölfle, 2008). Cette campagne servira, avec celle de la région Berlin-Brandebourg, de modèle de la future campagne nationale qui portera le même nom.

La campagne « À travail égal, salaire égal »

La campagne nationale « À travail égal, salaire égal » se distingue des approches antérieures par la volonté de faire de l'intérim un enjeu industriel. Cela justifie le déploiement des ressources internes conséquentes et la mise en place d'une stratégie qui articule les différentes échelles du système de représentation de branche.

L'appropriation de l'intérim comme enjeu industriel

Au congrès d'IG Metall à Leipzig en 2007, les 500 délégués décident de faire de l'intérim une priorité de la mandature du nouveau duo dirigeant. Témoignant de l'importance des expérimentations et discussions en son sein, le syndicat acte ainsi que l'intérim pose des enjeux dans son domaine qui nécessitent le développement de modes d'action spécifiques. En clôture du congrès, Wetzel prononce le « signal de Leipzig » dans lequel il s'adresse aux acteurs et destinataires de la nouvelle stratégie (Meyer, 2013 : 165).

- À l'intérieur du syndicat, il appelle les membres des *Betriebsräte* et les permanents récalcitrants à prendre en compte le sujet.
- Auprès des intérimaires, il positionne le syndicat comme organisation qui les représente et les syndicalise. À ce titre, les statuts seront changés.
- Auprès du législateur, il revendique la réforme du cadre réglementaire, en particulier l'introduction d'un salaire minimum et l'abrogation de la clause d'ouverture conventionnelle dans l'AÜG afin de rendre applicable le principe d'*equal pay* sans possibilité de dérogation.

- Aux employeurs d'intérim, il signale la volonté d'agir plus offensivement dans la négociation de la convention collective interprofessionnelle.
- Auprès des employeurs de la métallurgie, il affirme que la nouvelle stratégie les cible désormais en priorité : à travers l'intégration des revendications des intérimaires dans la négociation de branche mais aussi la limitation du recours à l'intérim et la négociation d'accords d'entreprise spécifiques qui visent l'égalité salariale avec les travailleurs stables.

L'ambition de représenter les intérimaires aux différentes échelles du système de représentation de branche est la pierre angulaire de la nouvelle stratégie. Elle implique une rupture à l'égard de la stratégie consistant à considérer le secteur et les entreprises de l'intérim comme (seul) espace approprié d'action syndicale. Sur le plan symbolique, les conséquences ne sont pas moins importantes puisqu'elle repose sur l'extension des limites du groupe à représenter[5].

La mise en place des ressources internes

La campagne « À travail égal, salaire égal » coïncide avec une restructuration du syndicat qui est menée depuis la centrale à Francfort. À partir de 2009, Wetzel met en place un processus qui vise à réorganiser la division du travail entre les trois échelons de l'organisation (central, régional, *Verwaltungsstellen*), consistant en une réduction du niveau central tandis que s'effectue un transfert de ressources vers les *Verwaltungsstellen*. Un fonds d'innovation doté d'un budget annuel de seize à vingt millions d'Euros sera destiné aux projets de syndicalisation. 200 postes sont supprimés à la centrale, dans les centres de formation et les *Bezirke* afin

[5] Benassi et Dorigatti (2014) y voient une réaffirmation de l'identité inclusive d'IG Metall, liée au principe organisationnel du syndicalisme industriel (IG=*Industriegewerkschaft* ; syndicat industriel), contre son identité beaucoup plus latente, celle d'un syndicalisme d'entreprise en éclosion à travers les alliances (exclusives) des *Betriebsräte* avec le management. Pourtant, cette idée est prône aux malentendus puisque l'affirmation d'une « identité de syndicalisme industriel » se fait sur des bases renouvelées : désormais, la nouvelle doxa syndicale accepte la différenciation plus forte entre les entreprises à condition qu'au sein des « communautés de travail » les différences soient réduites (Wetzel et al., 2008). Elle place – au détriment de la branche comme élément constituant de l'identité du syndicalisme industriel – l'entreprise au centre de la stratégie, à la fois comme lieu de régulation et de reconstruction du pouvoir syndical. Là où auparavant la convention de branche a pu égaliser les différences entre ses entreprises, la production des normes sociales devient plus contingente, dépendant davantage de la performance économique de l'entreprise et la capacité de chaque communauté de travail à se mobiliser.

d'augmenter les subventions accordées aux *Verwaltungsstellen*, pierre angulaire du projet de systématiser la syndicalisation.

Pour la nouvelle équipe dirigeante, la tactique de campagne joue un rôle important dans le processus de renouveau du répertoire des actions syndicales (Wetzel, 2014). Ayant fait le constat que les campagnes passées en direction des entreprises étaient inefficaces car morcelées et sans impact réel sur la vie au travail, il est décidé de créer le secteur « management de campagne et projets de syndicalisation », situé à la centrale à Francfort. Doté de quinze permanents, il est dirigé par Joerg Weigand, ancien collaborateur de Wetzel à Siegen et responsable opérationnel du projet « intérim » du *Bezirk* Rhénanie du Nord-Westphalie. Quelques permanents du secteur ont participé aux campagnes d'*organizing* du syndicat états-unien SEIU (*Service Employee International Union*), connu notamment pour ses succès de syndicalisation des agents de nettoyage (Rehder, 2008). Ce n'est pas un hasard : depuis le milieu des années 2000 IG Metall s'intéresse aux expériences américaines (Wetzel et al., 2008). Il coopère au sujet des campagnes avec le bureau européen de la confédération *Change to Win* à laquelle appartient SEIU et qui incarne le courant *organizing* au sein du syndicalisme états-unien (Thomas, 2016). Dès le début, la direction garde pourtant ses distances avec l'idée d'évoluer vers un « syndicalisme de mouvement social ».

L'objectif de la direction est de faire de « À travail égal, salaire égal » la plus importante campagne en direction des entreprises jamais faite par IG Metall. À l'image des campagnes d'*organizing* très centralisées des syndicats américains, elle est entièrement coordonnée et planifiée par le secteur.[6] Celui-ci n'hésite pas à chiffrer les objectifs : 200 nouveaux accords d'entreprise sur l'intérim ainsi que 10 000 nouveaux adhérents intérimaires. Suivant la méthodologie élaborée en Berlin-Brandebourg et en Rhénanie du Nord-Westphalie, la campagne prend racine dans les entreprises de la métallurgie bien syndiquées.

À des fins de préparation et d'accompagnement, la centrale met à disposition des *Betriebsräte* et des permanents syndicaux du matériel d'information tel que des modèles d'accord d'entreprise, des checklists et des guides d'action. Pour les intérimaires, le syndicat crée une hotline téléphonique gratuite. La formation syndicale, destinée aussi bien aux permanents qu'aux *Betriebsräte*, intègre désormais des modules sur l'intérim. Le syndicat multiplie aussi des conférences régionales. Ces échanges entre praticiens doivent garantir une souplesse dans la mise en place des actions car le profil des entreprises varie d'une *Verwaltungsstelle* à l'autre. Pour soutenir les acteurs locaux, la centrale utilise aussi ses pouvoirs

---

[6] Sur l'impact de la mouvance d'*organizing* sur le syndicalisme allemand et IG METALL plus spécifiquement cf. Rehder (2008), Thomas (2016), Kahmann (2017b).

gestionnaires pour placer stratégiquement les permanents en charge de la mise en œuvre de la campagne (Meyer, 2013).

Une campagne multiéchelle

Lancée en février 2008, la campagne « à travail égal, salaire égal » est rapidement confrontée à la crise des marchés financiers. Fin 2008, les entreprises de la métallurgie enregistrent un recul des commandes de 35 % en moyenne (Haipeter, 2012). Pendant que l'instrument du chômage partiel protège les emplois stables de la métallurgie, les entreprises se séparent en priorité des intérimaires. La crise rappelle alors la fragilité de ce type d'emploi, ce qui jouera en faveur de l'objectif de la campagne de susciter une prise de conscience l'égard de la situation des intérimaires. Elle permettra aussi à IG Metall de redorer son blason grâce au rôle joué dans la sécurisation de l'emploi en concertation avec le gouvernement et le patronat.[7]

« À travail égal, salaire égal » est conçue comme une campagne qui articule différentes échelles, associées avec le répertoire stratégique d'IG Metall, en adressant à la fois les enjeux de représentation interne et externe des intérimaires. L'échelle centrale de la campagne est celle de l'entreprise. L'action syndicale y a pour condition l'existence des *Betriebsräte* qualifiés et informés sur leurs moyens d'action[8]. Selon la méthodologie préconisée par IG Metall, les droits d'information et d'investigation prévus par la loi (*Betriebsverfassungsgesetz* ; BetrVG) doivent être mis au service d'une recherche approfondie sur le volume et l'impact de l'intérim dans l'établissement. Une fois que le *Betriebsrat* a accompli son analyse, de préférence avec le soutien d'un permanent-expert en lien avec le secteur « syndicalisation et campagnes », la décision peut être prise d'organiser un

[7] La crise financière de 2008 marque le retour temporaire du corporatisme à travers plusieurs « sommets de crise » auxquels le gouvernement convoque les organisations syndicales et patronales (Haipeter, 2012). La concertation produit des résultats tangibles en termes de soutien des pouvoirs publics pour l'industrie métallurgique (prime à la casse ; allongement du chômage partiel).

[8] Après un jugement de la Cour fédérale du travail de 2013, les droits de codétermination du *Betriebsrat* les plus forts (§ 87 BetrVG ; 1-3, 6-8, 12, 13) s'appliquent aussi à l'égard de l'emploi intérimaire, ce qui ouvre un champ important de régulation des conditions de travail des intérimaires. Quelques commentateurs estiment même que les droits de codétermination sur les critères d'embauche (§ 95 BetrVG) s'étendent aux intérimaires. Un moyen de contenir le recours à l'intérim concerne le droit de participation aux politiques de ressources humaines. Avant que l'intérimaire ne puisse travailler dans l'établissement, la direction doit avoir obtenu l'accord préalable du *Betriebsrat* (§ 99 BetrVG). Tant que l'employeur ne respecte pas les obligations réglementaires ou conventionnelles (par ex. un accord collectif qui prévoit des quotas pour l'emploi d'intérimaires), l'organe peut refuser son accord (Ales *et al.*, 2017).

processus délibératif avec les intérimaires et les salariés. L'éventualité d'un conflit social avec la direction est explicitement prévue, à la fois comme condition d'aboutissement de la mobilisation et moyen de renforcement des liens entre salariés ayant des statuts différents. L'accompagnement de ce type de mobilisation par une campagne publique de dénonciation des conditions de travail des intérimaires est explicitement prévu. Dans une de ces actions, le *Betriebsrat* de l'usine BMW à Munich demande le soutien d'IG METALL dans les négociations avec la direction sur les conditions d'emploi des intérimaires. La *Verwaltungsstelle* menace alors de placer un camion devant le musée de l'entreprise sur lequel on pouvait lire le slogan « BMW – temple d'esclavage ». Soulignons qu'il s'agit là d'un mode d'action nouveau pour des acteurs habitués à régler les conflits à l'intérieur des entreprises.

L'instrument décisif à cette échelle est l'accord d'établissement ou d'entreprise (facultatif) sur l'intérim. Il vise l'amélioration, voire l'alignement des conditions salariales des intérimaires (*Besservereinbarung*) dans l'entreprise utilisatrice. Via ces accords, IG Metall incite les *Betriebsräte* non seulement à fixer la rémunération des intérimaires, mais aussi à définir les conditions et quantités de l'appel au travail intérimaire. Cette nouvelle stratégie connaît un succès considérable : en 2013, on dénombre 1 200 *Besservereinbarungen* (Schwitzer, Schumann, 2013), dépassant largement l'objectif initial. Leur contenu varie en fonction des établissements. Dans le meilleur de cas, ils garantissent l'application du principe d'égalité à partir du premier jour de la mission. Les processus sociaux entre salariés sur lesquels reposent ces accords sont considérés comme ayant une importance stratégique : ils démontrent la valeur de la démarche syndicale et, *in fine*, l'adhésion que celle-ci recueille. Sur ce plan, la campagne peut être considérée comme un succès puisqu'elle permettra à IG Metall de tripler le nombre d'adhérents intérimaires entre 2010 et 2013 et d'asseoir sa légitimité de les représenter.

L'action à l'échelle d'entreprise a pourtant d'importantes limites. La conclusion d'une *Besservereinbarung* dépend de l'existence d'un *Betriebsrat,* alors que les entreprises qui recourent le plus massivement à l'intérim tendent à ne pas en avoir (Artus, 2014). De même, le niveau du contenu de l'accord varie en fonction de l'engagement du *Betriebsrat*, de la nature des relations sociales et l'état du marché du travail régional (Benassi, 2015). L'enquête plus récente d'Artus (2014) dans dix établissements de la métallurgie montre la persistance de la diversité des pratiques de représentation par les *Betriebsräte*.[9] Même les élus les plus militants peuvent

[9] Dans plusieurs cas le *Betriebsrat* ignore ou exclut sciemment les besoins spécifiques des intérimaires. On y trouve des ententes informelles avec le management dont les conditions ne dépassent guère le niveau légal ou

s'épuiser dans un bras de fer avec la direction, surtout quand l'engagement n'est pas valorisé par les intérimaires et les salariés.

Compte tenu de ces limites, IG Metall mise aussi sur l'échelle de la négociation collective de branche en y engageant une démarche complémentaire à celle de la négociation interprofessionnelle. Le raisonnement est similaire à celui de la *Besservereinbarung* : en négociant pour les intérimaires présents dans son champ, le syndicat arrivera à dépasser les normes minimales de la convention d'intérim et démontrera ainsi sa valeur aux intérimaires. Une première convention collective du type « majoration de branche » (*Branchenzuschlag*) est conclue avec les organisations patronales de l'intérim en 2010 pour la sidérurgie, prévoyant l'obligation d'*équal pay*. En suit une autre en 2012 pour la métallurgie qui fixe les majorations applicables aux intérimaires en les différenciant en fonction de la durée de missions[10]. Selon IG Metall, la majoration correspond à un montant entre 186 et 621 euros par mois pour un intérimaire en bas de la grille salariale (Bispinck, 2013). D'autres fédérations du DGB ont depuis adopté la stratégie de négociation du type majoration.

La même année, IG Metall intègre le sujet aussi dans la négociation collective avec le patronat de la métallurgie. La nouvelle convention collective sur l'intérim précise les conditions de recours des directions à l'intérim et établit le principe de l'accord préalable nécessaire du *Betriebsrat*. Désormais, l'entreprise soumise à la convention ne peut faire appel à l'intérim que pour des motifs objectivement justifiables (*sachgerecht*) et pour une durée déterminée. En aucun cas ne peuvent être mis en péril l'emploi ou les conditions de travail et de rémunération. La convention stipule par ailleurs qu'après 18 mois de mission, l'entreprise utilisatrice doit considérer l'embauche de l'intérimaire. Après 24 mois, elle est obligée de l'embaucher. Enfin, cette convention prévoit explicitement la possibilité de conclure des accords d'entreprise qui règlent des questions telles que le volume, la rémunération et la durée maximale de mission (Bispinck, 2013)[11].

---

conventionnel. Le cas-type du *Betriebsrat* engagé en faveur des intérimaires est plus rare.

[10] La modulation fixe une augmentation graduelle de la majoration de 15 à 50 % du salaire conventionnel de l'intérim entre le 3e et le 9e mois de la mission (Bispinck, 2013). La majoration s'applique aussi aux entreprises non-soumises à la convention collective.

[11] Cette convention a été révisée en 2017 en réaction à la réforme de l'AÜG de 2017 et l'introduction du salaire minimum légal en 2015. Elle permet désormais aux entreprises d'utiliser un intérimaire pendant une période maximale de 48 mois pourvu qu'il existe un accord d'établissement (loi prévoit que la mission ne dure que 18 mois au maximum). Sans accord, cette période se réduit à 24 mois. La même convention repousse le moment du déclenchement de l'*equal pay* (majoration de

Dans la mesure où la couverture conventionnelle des entreprises est loin d'être complète et les moyens légaux d'agir du *Betriebsrat* sont limités, la stratégie d'IG Metall doit aussi viser législateur. Les liens d'IG Metall avec le gouvernement et en particulier le parti social-démocrate sont notoires quoique non-documentés pendant la période en question. L'aspect le plus innovateur concerne la façon dont la campagne s'adresse au public (non-syndical) en puisant dans le répertoire d'action des syndicats nord-américains. La tactique adoptée du *naming and shaming* des entreprises fait écho au répertoire de l'*organizing* et les expérimentations du syndicat de services ver.di chez Lidl. IG Metall publie ainsi deux « livres noirs de l'intérim » (accessibles gratuitement en ligne) qui dénoncent les conditions de travail et d'emploi des intérimaires (Wetzel, Weigand, 2012). Ils mélangent des témoignages d'intérimaires, des analyses sur l'emploi et des revendications syndicales. Il s'agit là d'un registre inhabituel pour un syndicat dont les campagnes historiques le mettent en scène comme coproducteur des normes sociales à travers la négociation collective. En 2010 un camion de campagne sillonne les grandes villes allemandes. Des cartes postales (électroniques) sont distribuées à cette occasion, pour envoi aux élus locaux et nationaux en faveur d'une meilleure réglementation de l'intérim. Sans supposer un lien de causalité directe entre la campagne et les activités du législateur, on constate en tout cas un mouvement concomitant de ré-réglementation de l'intérim. Les premières modifications de l'AÜG adoptées en 2011 renforcent les droits des intérimaires sous impulsion de la directive européenne. Le salaire minimum pour l'intérim est adopté en 2012. La réforme de l'AÜG d'avril 2017 impose le principe d'*equal pay* à partir du neuvième mois, tout en permettant une dérogation par une convention du type majoration de branche. Elle limite aussi la durée des missions d'intérim à dix-huit mois, avec possibilité là aussi de dérogation par voie conventionnelle.

Conclusion

En prenant pour objet la campagne « À travail égal, salaire égal » d'IG Metall, l'article contribue au débat sur le rapport des syndicats à la prolifération de la précarité laborieuse, dont la rémunération est un aspect crucial dans le contexte allemand. Là où les analyses sur la dualisation du marché du travail soulignent le rôle plus au moins actif des organisations syndicales dans ce processus, le matériau à notre disposition invite à complexifier le regard sur elles, imposant une vision assez éloignée d'un acteur homogène, unifié et doté de puissance d'action issue de son assise institutionnelle au sein du « corporatisme de branche ». En effet, IG Metall

---

65 %) du 9e au 15e mois en échange d'une modulation de l'alignement salarial à partir de la 6e semaine.

apparaît plutôt comme un objet d'évolutions dont la maîtrise tend à lui échapper. Ce constat vaut aussi bien pour la diffusion de l'intérim depuis la déréglementation de l'*Arbeitnehmerüberlassungsgesetz* que le comportement des *Betriebsräte* engagés dans les alliances de co-management. À regarder de plus près, même les attitudes des *Betriebsräte* à l'égard de l'intérim sont moins homogènes que ce que suggèrent quelques analyses effectuées au niveau national. Le rôle moteur de certains représentants élus du personnel dans le développement d'une stratégie syndicale plus inclusive en témoigne. Au plan théorique, ces observations confirment la nécessité d'une conception à la fois plus dynamique (dilemmatique) de l'attitude syndicale face au développement de la précarité, pouvant faire l'objet de contestation interne et aboutissant à des inflexions significatives, et moins déterministes de la précarité au travail. Revendiquer des marges d'action du syndicalisme revient aussi à reconnaître que les attitudes syndicales inclusives sont, en principe, réversibles, d'autant plus que les entreprises continuent à recourir massivement à cette forme d'emploi. Dans une telle perspective, il serait intéressant d'interroger l'évolution les pratiques d'IG Metall plus récentes. La question de la réglementation de l'intérim reste en tout cas posée car il ne faut pas surestimer la capacité syndicale à contrer par ses propres forces les effets de la segmentation de la main-d'œuvre.

Le matériau renseigne aussi sur les conditions nécessaires au développement d'une stratégie plus inclusive. Il pointe d'abord l'augmentation du nombre d'intérimaires suite à la déréglementation de l'intérim comme facteur décisif de déclenchement de recherches d'adaptation ; à partir d'un certain seuil, les acteurs n'étaient plus en mesure d'ignorer le phénomène et ses effets. Sur le plan des conditions internes, le matériau souligne l'importance du réseautage des différents types d'acteurs militants (élus de *Betriebsrat* ; intérimaires ; permanents syndicaux). Si la campagne est menée d'une façon très centralisée, on constate qu'une partie essentielle de ses principes et méthodes a été définie en amont dans des expérimentations d'abord locales puis régionales. Le syndicat démontre ainsi une vitalité interne dont une certaine autonomie des échelons d'organisation inférieurs semble la condition. Cela met aussi en perspective le rôle du leadership central. Plus que le confectionneur ingénieux de l'innovation, celui-ci apparaît comme son porte-parole, dont le rôle essentiel consiste à mettre en œuvre cette nouvelle stratégie à travers l'autorité que lui procure son mandat. Mais l'appétence du leadership pour jouer ce rôle d'agent de changement n'a rien d'évident. Elle est, comme dans d'autres cas, conditionnée par une crise politique interne du syndicat qui présente l'occasion pour des candidats au profil éloigné de l'orthodoxie syndicale d'accéder aux responsabilités.

Dans le contexte du changement de leadership, la signification de la campagne dépasse l'enjeu de l'intérim. En faire une priorité de la mandature revient à interroger l'identité et les réflexes syndicaux. L'appropriation de l'intérim comme enjeu industriel rompt avec la distance aux intérimaires qu'implique la négociation collective interprofessionnelle. Dans l'ombre de celle-ci, un mode d'inclusion subordonnée a pu se maintenir, fondé à la fois sur le refus de prise en compte par l'appareil syndical et la relégation des intérimaires dans les entreprises. Pour les intérimaires, la campagne a facilité l'accès à la représentation interne. Selon IG Metall, plus de 40 000 intérimaires l'ont rejoint depuis le début de la campagne. Avec la *Besservereinbarung*, il existe un instrument d'égalisation de rémunération et de limitation de l'appel à l'intérim qui repose sur la prise compte des intérêts des intérimaires dans les entreprises. D'autres recherches sont encore nécessaires pour mieux comprendre leur rôle dans les processus délibératifs, d'autant plus que leur mise à l'écart institutionnelle au sein des *Betriebsräte* persiste. Du côté de la négociation collective, l'appropriation de l'intérim comme enjeu industriel a eu pour effet de responsabiliser les permanents syndicaux et membres des *Betriebsräte*. À travers les conventions collectives conclues avec le patronat de l'intérim et de la métallurgie, IG Metall réitère sa préférence pour une régulation négociée. Cela lui permet de conjuguer un pouvoir de contrôle sur le recours des entreprises utilisatrices à l'intérim avec un mécanisme d'égalisation salariale, tout en fournissant aux entreprises des marges de flexibilité en termes de rémunération. L'innovation consiste ici plus dans la façon dont les enjeux de représentation des intérimaires sont intégrés et articulés dans le répertoire stratégique existant que dans son élargissement vers d'autres modes d'action, empruntés aux mouvements sociaux par exemple. D'une certaine façon, la campagne atteste donc de la pertinence persistante des ressources fournies par ce système pour formuler des réponses inclusives en direction des précaires aux yeux de l'acteur syndical.

Bibliographie

Adler L. H., Fichter M. (2014), « Success at the Core, Unresolved Challenges at the Periphery », *in* Adler L. H., Tapia M., Turner L. (eds.), *Mobilizing Against Inequality: Unions, Immigrant Workers, and the Crisis of Capitalism*, Ithaca, Cornell University Press, p. 86-105.

Ales E., Deinert O., Kenner J. (2017), *Care and Contingent Work in the European Union: A Comparative Analysis*, Oxford and Portland, Hart Publishing.

Artus I. (2014), « Mitbestimmung und Leiharbeit », *WSI Mitteilungen*, n° 2, p. 113-121.

Aust A., Holst H. (2006), « Von der Ignoranz zur Organisierung? Gewerkschaftliche Strategien im Umgang mit atypisch Beschäftigten am Beispiel von Callcentern und Leiharbeit », *Industrielle Beziehungen*, vol. 13, n° 4, p. 291-313.

Barlen V. (2018), *Zwischen zwei Arenen. Betriebliche Mitbestimmung bei Leiharbeit und Werkverträgen*, Wiesbaden, Springer.

Belkacem R., Kornig C., Nosbonne C., Michon F. (2014), « Mobiliser, défendre les intérimaires. Les difficultés de l'action syndicale », *La Revue de l'IRES*, 2014/4, n° 83, p. 3-28.

Benassi C., Dorigatti L. (2014), « Straight to the core – explaining union responses to the casualization of work: the IG Metall campaign for agency workers », *British Journal of Industrial Relations*, vol. 53, n° 3, p. 533-555.

Benassi C. (2015), « From Concession Bargaining to Broad Workplace Solidarity: The IG Metall Response to Agency Work », *in* Drahokoupil J. (ed.), *The Outsourcing Challenge: Organizing Workers Across Fragmented Production Networks*, Bruxelles, ETUI, p. 237-254.

BfA (2020), *Aktuelle Entwicklungen in der Zeitarbeit*, Nürnberg, Bundesagentur für Arbeit.

Bispinck R. (2013), « Tarifpolitischer Jahresbericht 2012: Höhere Tarifabschlüsse und Erfolge bei der Leiharbeit und Ausbildung », *WSI Mitteilungen*, n° 2, p. 117-125.

Brinkmann U., Nachtwey O. (2014), « Prekäre Demokratie? Zu den Auswirkungen atypischer Beschäftigung auf die betriebliche Mitbestimmung », *Industrielle Beziehungen*, vol. 21, n° 1, p. 78-98.

BfA (2020), *Aktuelle Entwicklungen in der Zeitarbeit*, Nürnberg, Bundesagentur für Arbeit.

Doellgast V., Greer I. (2007), « Vertical desintegration and the disorganisation of German Industrial Relations », *British Journal of Industrial Relations*, vol. 45, n° 1, p. 55-76.

Doellgast V., Lillie N., Pulignano V. (2018), *Reconstructing Solidarity: Labour Unions, Precarious Work, and the Politics of Institutional Change in Europe*, Oxford, Oxford University Press.

Dufour C., Hege A. (2010), *Évolution et perspectives des systèmes de négociation collective et leurs acteurs : six cas européens*, Noisy-le-Grand, IRES.

Gumbrell-McCormick R. (2011), « European Trade Unions and 'Atypical' Workers », *Industrial Relations Journal*, vol. 42, n° 3, p. 293-310.

Haipeter T. (2012), « Sozialpartnerschaft in und nach der Krise: Entwicklungen und Perspektiven », *Industrielle Beziehungen*, vol. 9, n° 4, p. 387-411.

Haipeter T. (2013), « Strategic Codetermination of Works Councils and the Campaign 'Not cheaper, better' of the German Metalworkers' Union », *International Business Research*, vol. 6, n° 3, p. 40-57.

Hall P. A., Soskice D. (2001), *Varieties of Capitalism: The Institutional Foundations of Comparative Advantage*, Oxford, Oxford University Press.

Hassel A. (2014), « The Paradox of Liberalization – Understanding Dualism in the Recovery of the German Political Economy », *British Journal of Industrial Relations*, vol. 52, n° 1, p. 57-81.

Heery E. (2009), « Trade Unions and Contingent Labour : Scale and Method », *Cambridge Journal of Regions, Economy, and Society*, vol. 2, n° 3, p. 429-442.
Holst H., Aust S., Pernicka S. (2008), « Kollektive Interessenvertretung im strategischen Dilemma – Atypisch Beschäftigte und die 'dreifache Krise' der Gewerkschaften », *Zeitschrift für Soziologie*, vol. 37, n° 2, p. 168-176.
Holst H. (2009), « Disziplinierung durch Leiharbeit? Neue Nutzungsstrategien von Leiharbeit und ihre arbeitspolitischen Folgen », *WSI Mitteilungen*, 3/2009, p. 143-149.
Holst H., Matuschek I. (2011), « Sicher durch die Krise? Leiharbeit, Krise und Interessenvertretung », *in* Haipeter T., Dörre K. (eds.), *Gewerkschaftliche Modernisierung*, Wiesbaden, VS Verlag, p. 167-193.
Hyman R. (2001), *Understanding European Unionism: Between Market, Class and Society*, Londres, Sage.
Gumbrell-McCormick, Hyman R. (2013), *Trade Unions in Western Europe. Hard Times, Hard Choices*, Oxford, Oxford University Press.
Kahmann M. (2017a), « Accueil des réfugiés : quelles modalités et priorités de l'action syndicale ? », *Chronique Internationale de l'IRES*, n° 158, p. 40-55.
Kahmann M. (2017b), « Stratégies de renouveau syndical envers les travailleurs précaires : le cas des intérimaires dans la métallurgie », *Chronique Internationale de l'IRES*, n° 160, p. 52-69.
Kahmann M. (2019), « Partenariat sans conflit ? Conflit sans partenariat ? Un débat sur l'état des relations professionnelles allemandes », *Chronique Internationale de l'IRES*, n° 165, p. 19-33.
Meyer D. (2013), *Gewerkschaften und Leiharbeit. Über den aktiven Umgang mit der Leiharbeit bei der IG Metall*, Bielefeld, Transkript.
Müller T., Schulten T. (2019), « Germany: parallel universes of collective bargaining », *in* Müller T., Vandaele K., Waddington J. (eds.), *Collective Bargaining in Europe: Towards an Endgame*, Bruxelles, ETUI.
Müller-Jentsch W. (1997), *Soziologie der industriellen Beziehungen*, 2e éd., Frankfurt, Campus.
Murray G., Lévesque C. (2010), « Understanding union power: ressources and capabilities for renewing union capacity », *Transfer*, vol. 16, n° 3, p. 333-350.
Palier B., Thelen K. (2010), « Institutionalizing Dualism: Complementarities and Change in France and Germany », *Politics & Society*, vol. 38, n° 1, p. 119-148.
Promberger M. (2006), « Leiharbeit – Flexibilität und Prekarität in der betrieblichen Praxis », *WSI Mitteilungen*, 5/2006, p. 263-269.
Rehder B. (2008), « Revitalisierung der Gewerkschaften? Die Grundlage amerikanischer Organisierungserfolge und ihre Übertragbarkeit auf deutsche Verhältnisse », *Berliner Journal für Soziologie*, vol. 18, n° 3, p. 432-456.

Schmalz S., Dörre K. (2013), « Der Machtressourcenansatz: Ein Instrument zur Analyse gewerkschaftlichen Handlungsvermögens », *Industrielle Beziehungen*, vol. 21, n° 3, p. 217-237.
Schmalz S. Thiel M. (2017), « IG Metall's Comeback: Trade Union Renewal in Times of Crisis », *Journal of Industrial Relations*, vol. 59, n° 4, p. 465-486.
Schmidt R., Trinczek R. (1999), « Der Betriebsrat als Akteur der industriellen Beziehungen », *in* Müller-Jentsch W. (ed.), *Konfliktpartnerschaft: Akteure und Institutionen der industriellen Beziehungen*, 3e éd., München, Rainer Hampp Verlag, p. 103-128.
Schmidt R. (2003), « Der gescheiterte Streik in der ostdeutschen Metallindustrie », *Prokla*, vol. 33, n° 3, p. 493-509.
Schwitzer H., Schumann D. (2013), « Tarifverträge über Branchenzuschläge », *WSI Mitteilungen*, 4/2013, p. 297-300.
Seils E., Baumann H. (2019), *Trends und Verbreitung atypischer Beschäftigung. Eine Auswertung regionaler Daten.* WSI Policy Brief n° 36, Düsseldorf, WSI.
Thomas A. (2016), « The Transnational Circulation of the 'Organizing Model' and its Reception In France and Germany », *European Journal of Industrial Relations*, vol. 22, n° 4, p. 317-333.
Turner L. (2009), « Institutions and Activism: Crisis and Opportunity for a German Labor Movement in Decline », *Industrial & Labor Relations Review*, vol. 62, n° 3, p. 294-312
Voss K., Sherman R. (2000), « Breaking the Iron Law of Oligarchy: Union Revitalization in The Amercian Labor Movement », *American Journal of Sociology*, vol. 106, n° 2, p. 303-349.
Wassermann W., Rudolph W. (2007), *Leiharbeit als Gegenstand betreiblicher Mitbestimmung. Anforderungen und Ressourcen von Betriebsräten in Betrieben mit hohem Leiharbeitnehmeranteil.* Arbeitspapier n° 148 der Hans-Böckler-Stiftung, Düsseldorf, Hans-Böckler-Stiftung.
Weinkopf C., Vanselow A. (2008), *(Fehl-) Entwicklungen in der Zeitarbeit? Expertise im Auftrag der Friedrich-Ebert-Stiftung,* Bonn, Friedrich-Ebert-Stiftung.
Wetzel, D. et al. (2008), *Die mitgliederorientierte Offensivstrategie für die IG Metall. Acht Thesen zur Erneuerung der Gewerkschaftsarbeit,* miméo, https://www.rosalux.de/fileadmin/rls_uploads/pdfs/Veranstaltungen/2011/IG_Metall_Thesen_Wetzel_Organizing.pdf.
Wetzel D., Weigand J. (2012), *Schwarzbuch Leiharbeit*, Frankfurt, IG Metall.
Wetzel D. (2014), « Die Mitgliederoffensive: Kopernikanische Wende in der deutschen Gewerkschaftspolitik », *in* Schroeder W. (ed.), *Handbuch der Gewerkschaften in Deutschland*, Wiesbaden, Springer, p. 47-58.
Wölfle T. (2008), « Gewerkschaftliche Strategien in der Leiharbeit », *WSI Mitteilungen*, 1, p. 38-44.

PREMIÈRE PARTIE

LE SALAIRE MINIMUM

Approche comparative du salaire minimum légal en France et en Allemagne : Genèse, caractéristiques, fonction

Alizée Poncet[1]
et
Mathias Maul-Sartori[2]

Parmi les nombreuses thématiques traitées par le droit du travail, le salaire minimum légal se hisse aisément au sommet des préoccupations populaires, aussi bien en France qu'en Allemagne. De part et d'autre du Rhin, le nombre de salariés concernés est relativement similaire : 1,4 millions de salariés allemands référencés en juin 2018 contre 1,6 millions de salariés en France[3], pour l'année 2018. Mais l'existence d'un salaire minimum n'a pas pour seul effet de fixer le niveau de rémunération de millions de salariés. Elle a aussi des incidences sur l'économie d'un pays et constitue un sujet de discussion important dans la sphère politique.

La présente étude en droit comparé était pourtant, jusqu'à très récemment encore, dénuée de sens en ce qu'elle était dépourvue d'objet commun. En effet, si l'introduction du salaire minimum légal en France remonte au début des années cinquante – d'abord dénommé SMIG[4], puis SMIC depuis 1970 – son homologue allemand, le Mindestlohn, n'a vu le jour qu'en 2015[5].

Toutefois, ce décalage ne veut pas dire que les deux pays ont suivi une évolution divergente. Au contraire, dans les deux pays le développement du système légal encadrant la fixation du taux de salaire a – dès la fin du 18éme siècle – parcouru les mêmes étapes : libéralisme d'abord avec un rejet marqué de toute intervention syndicale ou étatique dans la négociation

---

[1] Avocate au barreau de Paris.

[2] Docteur en droit, juge à la Cour d'appel du travail de Berlin-Brandebourg.

[3] Pour des indications sur la répartition des salariés recevant le minimum, voir, pour la France : en 2018 : 1,65 millions (Insee Références : Emploi, chômage, revenus du travail, édition 2018) ; pour l'Allemagne : en 2018 : 1,4 millions (Destatis : Pressemitteilung du 27 décembre 2018).

[4] Salaire minimum interprofessionnel garanti, introduit par un décret du 23 août 1950 (*JO* 1950, P. 9061)

[5] La « loi relative à un salaire minimum », aussi dénommée MiLoG (Mindestlohngesetz), entrée en vigueur le 16 août 2014, instaure un salaire minimum de 8,5 euros bruts à compter du 1er janvier 2015.

individuelle, puis émergence et admission de la négociation collective, et enfin intervention générale de l'État par la fixation d'un taux minimal imposé par la loi.

Cette similarité s'étend également aux objectifs poursuivis. En effet, les deux systèmes convergent vers une finalité commune, à savoir assurer un minimum vital aux salariés par le biais de l'instauration d'un seuil minimal de rémunération applicable à tous les secteurs économiques auquel ni l'employeur, ni même la négociation collective ne peuvent déroger. Le salaire minimum, en raison de sa normativité législative, intervient dans l'intérêt collectif. À ce titre, il bénéficie d'une protection renforcée et d'un contrôle qui pourrait entraîner, en cas de non-respect, des sanctions pénales.

Les deux minimums légaux, s'ils peuvent se différencier sur certains points, revêtent ainsi des caractéristiques communes sur le plan technique. L'évolution du système de fixation des salaires permet néanmoins d'expliquer le cheminement de l'un et l'autre des systèmes, jusqu'à leur convergence. Dans cette évolution vers un minimum « légal », les législateurs des deux pays ont pris soin de ne pas empiéter sur le rôle des partenaires sociaux. SMIC et Mindestlohn assument la même fonction : la fixation d'un seuil minimal impératif et absolu d'origine légale afin d'assurer aux salariés un minimum de revenus pour vivre décemment.

L'évolution du système de fixation des salaires et des principes y afférents

Le SMIC et le Mindestlohn n'ont pas pris forme à partir d'un vide juridique, mais bien à partir d'un système préexistant. L'adoption d'un salaire minimum, que ce soit en France ou en Allemagne, ne constitue que l'étape d'un processus lancé des années et même des siècles auparavant et qui marque une rupture avec la libre fixation du prix par les parties au contrat de travail.

Si, après-guerre, le législateur français a très vite assorti la négociation d'un salaire minimum garanti, il faut toutefois noter que son homologue allemand lui a préféré un système basé sur la négociation collective afin de fixer des minima sectoriels. Depuis 2015 et l'entrée en vigueur du Mindestlohn, les systèmes français et allemands sont de nouveau largement analogues. Le minimum légal entend fixer une protection pour l'ensemble des salariés, mais la fixation de salaires réels plus élevés reste confiée à la négociation collective. La négociation de la rémunération entre les parties au contrat de travail est ainsi restreinte, et ne peut porter qu'à la hausse les minima légalement imposés à l'employeur.

La négociation du salaire, un élément de la liberté individuelle et contractuelle

S'imposant au tournant du XVIIIe et XIXe siècle, le libéralisme a voulu attribuer la fixation du salaire exclusivement à la liberté contractuelle exercée par les individus parties à la relation de travail. Cependant, au cours du 19ème siècle, la négociation collective a pu s'établir. Celle-ci est progressivement devenue une source majeure de fixation des salaires : les partenaires sociaux déterminent les minima sectoriels différenciés, dont l'effectivité est – depuis des réformes intervenues après la Première Guerre mondiale – assurée par la loi et l'effet contraignant de la convention collective applicable. La négociation individuelle n'intervient alors plus qu'à titre subsidiaire.

L'exaltation de la liberté contractuelle dans la fixation des salaires

Si le principe de la détermination contractuelle du salaire – par le biais du contrat de travail – apparaît de nos jours être une évidence, il n'en a pas toujours été ainsi. Au Moyen-Âge et jusqu'au XVIIIe siècle, les salaires attachés aux professions corporatistes étaient réglementés à l'échelle de chaque ville.

En France, l'avènement de la liberté contractuelle est amorcé par la Révolution française. À cette période, le décret d'Allarde et la loi Le Chapelier[6] marquent la fin du système corporatiste de l'Ancien Régime.

Dans un premier temps, la consécration, par le décret d'Allarde, de la liberté de commerce et de l'industrie, exercée dans le respect de l'ordre public, libère l'exercice des professions de l'emprise des corporations.

Adoptée la même année, en 1791, la loi Le Chapelier constitue une prolongation du décret d'Allarde, comprenant un versant répressif notable : la loi, en instaurant un délit de coalition, interdit non seulement à des assemblées de procéder à des négociations sur les salaires ou sur les prix, mais empêche également les collectivités publiques de tenir compte de leurs revendications, d'accepter leurs pétitions, ou même d'engager le dialogue avec les chefs de file de ces mouvements, sous peine d'être condamnées au paiement de 1 000 livres d'amende et à 3 mois de prison. L'objectif poursuivi par le législateur révolutionnaire est la fixation, entre individus, du

[6] Sur ce point, v. F. Soubiran-Paillet, « De nouvelles règles du jeu ? Le décret d'Allarde (2-17 mars 1791) et la loi Le Chapelier (14-17 juin 1791) », *in* J.-P. Le Crom, (dir.), *Deux siècles de droit du travail, l'histoire par les lois*, Paris, Éditions de l'atelier, 1998, p. 17 et s. ; S. L. Kaplan et P. Minard (éd), *La France, malade du corporatisme ? XVIIIe-XXe siècles*, Paris, Belin, coll. « Socio-histoires », 2004, p. 81-95.

salaire journalier des salariés[7]. Dans les mots de son rapporteur, la philosophie portée par la loi Le Chapelier était la suivante : même si le taux de salaire devait être assez élevé pour que les salariés soient « hors de cette dépendance absolue que produit la privation des besoins de première nécessité », une intervention d'associations d'ouvriers ou de l'État était inadmissible, puisque par principe le taux de salaire ne devait dépendre que « des conventions libres d'individu à individu[8] ».

En Allemagne, la suppression des corporations et l'affirmation de la liberté contractuelle s'effectuèrent un peu plus tardivement. En Prusse, une loi générale de 1794 prévoyait ainsi que la rémunération des compagnons serait fixée par les autorités publiques. La libre détermination des taux de rémunération était réservée notamment au travail dans les usines[9] c'est-à-dire les lieux de production à grande échelle, lesquels étaient encore rares à l'époque[10]. Ce n'est qu'avec l'invasion napoléonienne que s'effectua une rupture. D'une part, le droit français fut appliqué à certains États allemands. D'autre part, des réformes importantes furent engagées en Prusse dans un contexte de modernisation générale suite aux défaites contre les armées de Napoléon. Il fut mis fin au système des corporations obligatoires, tandis que la liberté contractuelle fut érigée en pierre angulaire des relations de travail en 1811. La loi prussienne reconnut alors la liberté de l'entrepreneur « d'employer des apprentis, des aides et des commis », dont « la durée de la formation ou du service ainsi que […] le salaire seront uniquement déterminés par convention libre[11] ».

L'installation progressive du rôle de la négociation collective dans la fixation du salaire

Au début du XIXe siècle, le libéralisme prédomine.

Le contrat de travail apparaît sur la scène juridique sous l'apparence du contrat de louage et les rédacteurs du Code civil adoptent la théorie du « travailleur marchandise » : la force du travail est un bien comme un autre, et le salaire est régi par la loi de l'offre et de la demande.

C'est donc le droit commun de la liberté contractuelle qui, à travers le Code civil, va régir la relation de travail. Or, l'interprétation faite de celle-ci

---

[7] Buchez/Roux, *Histoire parlementaire de la Révolution française, ou Journal des Assemblées nationales depuis 1789 jusqu'en 1835*, t. 10, Paris, 1834, p. 193, 195.

[8] F. Soubiran-Paillet, *op. cit*, p. 21.

[9] Preußisches Allgemeines Landrecht 2. Teil,8. Titel Abschnitt 8 § 423.

[10] Voir Steindl, Entfesselung der Arbeitskraft, in *Wege zur Arbeitsrechtsgeschichte* (Steindl, éd.), 1984, p. 29 et s.

[11] « Gesetz über die polizeilichen Verhältnisse der Gewerbe » du 7 septembre 1811, par. 7s, Gesetz-Sammlung für die Königlichen Preußischen Staaten, Berlin, 1811, p. 263.

va aboutir au rejet de toute fixation du salaire par accords collectifs[12]. À ce titre, on peut ironiquement noter que la lésion dont pourrait être victime un salarié à qui l'on aurait versé un salaire dérisoire n'apparaît pas dans ce contrat de louage de service, contrairement aux dispositions régissant les loueurs d'immeubles.

Le volet répressif de la loi Le Chapelier s'exporta dans les États allemands intégrés dans le système napoléonien. Les délits instaurés par le Code pénal de Napoléon subsisteront après les guerres napoléoniennes dans la Rhénanie devenue partie de la Prusse, puis seront appliqués à partir de 1845 sur tout le territoire contrôlé par le royaume de Prusse[13].

Toutefois, de telles interdictions n'empêchèrent pas l'apparition de la négociation collective. La révolte en 1831 à Lyon des ouvriers qualifiés de la soie, les « canuts », qui militaient pour l'établissement d'un tarif minimum à leur travail, illustre la prégnance de cette demande en faveur d'une reconnaissance juridique de la négociation collective. Côté allemand, cette attente n'est pas moindre, comme l'illustre une pétition avant-gardiste de l'association des typographes de Berlin lancé en 1864. Celle-ci revendique l'abrogation du délit de coalition afin de « contrebalancer, dans la mesure du possible, la prépondérance du pouvoir patronal sur les salariés[14] ». Ces propos montrent que la force collective est vue comme l'instrument d'une négociation équilibrée, alors même que les relations individuelles de travail demeurent principalement soumises à l'arbitraire de l'employeur, le contrat – et particulièrement le salaire – étant rarement négocié entre les deux parties.

La première étape de ce processus de reconnaissance de la négociation collective est l'abrogation du délit de coalition, qui intervient d'abord en France en 1864[15], puis en Allemagne en 1869[16] (« *Koalitionsfreiheit* »), introduisant la licéité des grèves et des coalitions visant à l'amélioration des conditions de travail.

L'impulsion donnée par l'ouverture de ces nouveaux droits va progressivement rééquilibrer les rapports de force et faire de la négociation collective la nouvelle clef de voûte du système de fixation des salaires. Après l'abrogation de l'ancien article 1781 du Code civil en 1868, la loi relative à la création des syndicats professionnels en France, autorisée en 1884, abroge la loi Le Chapelier[17]. Ce texte, qui vise tous les groupements

---

12 F. Soubiran-Paillet, *op. cit*, p. 17.

13 Par les par. 181ss Preußische Gewerbeordnung de 1845, GS p. 46.

14 Citation de Kittner, *Arbeitskampf*, 2005, p. 212.

15 Loi du 25 mai 1864. Au sujet de cette loi : G. Aubin, J. Bouveresse, *Introduction historique au droit du travail*, Paris, PUF, 1995, § 194 et s.

16 § 152 s Reichsgewerbeordnung des Norddeutschen Bundes du 21 juin 1869, étendue au reste de l'Allemagne en 1871.

17 Loi Waldeck-Rousseau, 21 mars 1884.

professionnels et non les seuls syndicats de salariés, permet aux revendications des salariés de se matérialiser en une multitude d'accords collectifs fixant des minimas salariaux sur des bases mensuelles ou annuelles, sous la forme de grilles de salaires tenant compte du niveau de classification et d'ancienneté du salarié. L'évolution du système allemand est parallèle au système français : abrogation du délit de coalition – en Prusse par une loi de 1969 mais maintien d'un droit d'association plutôt restrictif[18]. Il faut attendre la République de Weimar pour voir la liberté de réunion et de coalition admise parmi les droits fondamentaux protégés par la Constitution[19].

L'effet contraignant des minimas conventionnels

Au cours du XIXe siècle, la négociation collective, ainsi que les potentiels conflits associés, constituaient de simples faits sociaux, et le droit se limitait à en interdire ou punir les avancées jugées excessives.

Ce n'est qu'après la Première Guerre mondiale que furent conceptualisés, tant en Allemagne qu'en France, les effets de la négociation collective sur les relations de travail. En effet, les législateurs des deux pays adoptèrent, en 1918 et en 1919, des mesures visant à reconnaître l'effet direct et contraignant de la convention collective sur la relation de travail individuelle[20].

Pour parvenir à ce résultat, il était nécessaire qu'une passerelle soit établie entre les parties à la convention collective et les parties à la relation individuelle de travail. Si les modalités varièrent de part et d'autre du Rhin, les deux pays adhérèrent donc à l'idée selon laquelle une convention collective ne peut trouver à s'appliquer que si l'employeur y a, d'une manière ou d'une autre, consenti. Cet assentiment de l'employeur est, encore aujourd'hui, majoritairement matérialisé par l'adhésion à une organisation patronale[21]. L'existence d'une telle condition réduisait cependant la portée des accords tarifaires : l'effet impératif d'une convention collective ne concernait qu'une partie des employeurs et des salariés d'un secteur économique et géographique.

Le mécanisme de l'extension des conventions collectives permit de lever cet obstacle, dès 1919 pour l'Allemagne[22], et en 1936 pour la France[23]. La

[18] Kittner, *Arbeitskampf*, 2005, p. 227 et s., 271 et s.

[19] Articles 159 et 165 WRV (Weimarer Reichsverfassung, 1919).

[20] § 1 Tarifvertragsordnung, RGBl n° 6605, 23 décembre 1918 ; article 31 q Code du travail dans la version de la « Loi relative aux conventions collectives de travail » du 25 mars 1919, *JORF*, 1919, p. 3181.

[21] Ajoutons qu'en Allemagne, mise à part certaines situations particulières, l'application suppose en plus l'adhésion du salarié au syndicat.

[22] § 2 Tarifvertragsordnung, RGBl n° 6605, 23 décembre 1918.

précocité de l'Allemagne en la matière ne doit toutefois pas faire oublier que la « déclaration de l'application générale », c'est-à-dire l'extension de la convention collective, reste soumise à certaines conditions procédurales qui soulignent la place prépondérante des syndicats dans le processus de négociation et de conclusion d'une convention collective.

Cette intervention, certes indirecte, de l'État sur les conventions collectives, permit de mettre à disposition des partenaires sociaux un système effectif de détermination de minima salariaux sans pour autant s'immiscer dans leur fixation, dont les partenaires sociaux restent les principaux acteurs.

Les parties au contrat de travail ne furent pour autant pas complètement écartées de la fixation des salaires. Un équilibre fut trouvé puisqu'un employeur et un salarié ont toujours la possibilité de convenir d'une rémunération plus favorable que le minimum conventionnel négocié par les partenaires sociaux. Si les notions et techniques juridiques des deux pays ont évolué et se sont éloignées de celles de l'entre-deux-guerres, leurs effets subsistent encore de nos jours au travers du principe de faveur. Les minima salariaux conventionnels prévalent ainsi sur les dispositions du contrat de travail qui leur seraient moins favorables.

Du point de vue étatique, l'interventionnisme fut en tout cas relativement limité jusqu'à l'entre-deux-guerres. La crise économique marqua à cet égard une rupture[24]. En Allemagne, la fin de la République de Weimar et, surtout, la période nazie furent frappées d'un fort dirigisme étatique ainsi que d'un déclin de la négociation collective, qui aboutit à sa disparition : dès 1933, le régime nazi prononça la dissolution des syndicats. En France à compter de 1939, un dirigisme étatique s'imposa également dans un contexte d'économie de guerre. Ce n'est, finalement, qu'à compter du début des années 1950 qu'une nouvelle articulation entre négociation collective et intervention de l'État se mit en place. Elle prit cependant un visage différent de chaque côté du Rhin, si bien que les divergences entre les deux pays apparurent plus marquées.

---

[23] G. Aubin, J. Bouveresse, *Introduction historique au droit du travail*, 1995, § 355 ; C. Didry, La nouvelle jeunesse des conventions collectives : la loi du 24 juin 1936, in J.-P. Le Crom, (dir.), *Deux siècles de droit du travail, l'histoire par les lois*, Editions de l'atelier, 1998, p. 129ss.

[24] Pour le droit français cf. G. Lyon-Caen, *Les Salaires*, Paris, 1967, § 18, p. 17ss ; pour le droit allemand Kittner, *Arbeitskampf*, 2005, 487ff ; Wiedemann/Oetker, 7. Aufl ; A. Seifert, « L'emploi décent : le débat sur un salaire minimum en Allemagne », *in Droits du travail, Emploi, Entreprise. Mélanges en l'honneur du professeur François Gaudy*, Paris, IRJS, 2014, p. 47 et s., spéc. p. 50.

L'établissement d'une protection généralisée et étatique de minima salariaux

Le retour à la démocratie et corrélativement à la liberté contractuelle confronta les législateurs français et allemand à la nécessité de rétablir un cadre propice à la négociation collective et à la fixation des minima salariaux, tout en tenant compte des lacunes constatées par le passé. Afin d'étendre cette protection à tous les salariés, les approches des deux pays ont cependant longtemps divergé. Si le droit français s'orienta très tôt vers la création d'un salaire minimum légal, celui-ci n'intervint que plus tardivement en Allemagne.

Les lacunes antérieures de la négociation collective

Malgré l'existence d'un consensus autour du rôle de la négociation collective, le législateur fut néanmoins forcé de constater que certaines relations de travail échappaient au bénéfice des minima conventionnels.

Certes, le mécanisme de l'extension de la convention collective permettait aux salariés de bénéficier du taux de salaire correspondant à la classification établie, et ce, même lorsque l'employeur n'avait pas adhéré à l'association patronale signataire de ladite convention.

Néanmoins, dans certains secteurs économiques, faute d'accords collectifs sur les minima conventionnels, l'extension ne pouvait constituer une solution permettant d'assurer à tous les salariés un minimum salarial.

Plus délicate encore était la problématique d'une fixation trop basse des salaires par les accords collectifs, fruits d'une négociation déséquilibrée.

Ces multiples limites ont poussé les pouvoirs publics à mettre en place un niveau de protection plus général sous la forme d'un minimum absolu, qui, lorsque cela s'avérerait nécessaire, pouvait pallier les lacunes de la négociation collective. La temporalité de cette intervention fut toutefois différente en France et en Allemagne.

La réaction française de 1950 : la création du salaire minimum national interprofessionnel garanti (SMIG)

En France, la fin de la fixation étatique des salaires initiée pendant la Seconde Guerre mondiale prit fin par une loi du 11 février 1950[25]. Cette loi relative aux conventions collectives rétablit la liberté de fixation des salaires, tout en posant dans le Code du travail les fondements de l'instauration d'un salaire minimum légal. L'article 31x de cette loi octroyait au conseil des ministres le pouvoir de fixer par décret le salaire minimum national interprofessionnel garanti (SMIG). Cette possibilité fut mise en œuvre la même année, par un décret du 23 août 1950[26].

---

[25] *JO* du 12 février 1950, p. 1688.

[26] *JO* 12 février 1950, p. 1690 et s.

L'objectif du SMIG était de fixer un salaire « en dessous duquel aucun travailleur salarié compris dans le champ d'application du présent projet ne pourra être rémunéré, en aucun lieu de territoire[27]. Comme l'exprime la généralité des termes utilisés, l'objectif est de lutter » contre les effets néfastes de la libre discussion en matière salariale pour toutes les catégories de salariés[28].

La détermination du SMIG s'effectuait à partir d'un budget-type[29] fixé par une commission supérieure des conventions collectives. Cette commission paritaire était composée de représentants salariés et employeurs, chargés d'étudier les principales dépenses des foyers de l'époque[30]. Près de 160 ans après les débats parlementaires autour de la loi Le Chapelier, la notion de « besoins de première nécessité » réapparaît. Cependant, le législateur prend en 1950 une décision contraire à celle de 1791. La liberté contractuelle, si chère aux révolutionnaires, sera écartée afin de prévoir un salaire de subsistance, destiné à couvrir les besoins élémentaires des travailleurs. Ce minimum, qui varie selon des critères sectoriels, professionnels ou géographiques, est destiné à pallier les lacunes de la convention collective, mais également à encadrer la liberté contractuelle, notamment dans des secteurs où l'employeur pouvait aisément imposer ses conditions en termes de salaire.

Il devint ainsi impossible aux organisations syndicales et patronales ou aux parties au contrat de travail de déroger au minimum fixé par décret, à moins de convenir de stipulations plus favorables[31].

Par la suite, le SMIG de 1950 fut modifié, notamment quant à son champ d'application et son système de réévaluation. En 1952, une loi instaura la revalorisation automatique alignée sur l'index de la hausse des prix. En 1968, les clivages qui existaient entre différentes zones régionales ainsi que le traitement défavorable dont les salariés agricoles faisaient l'objet furent abandonnés[32]. En 1970, le SMIG prit sa forme actuelle : en intégrant le développement général des salaires parmi les critères de revalorisation du taux, il devint le « salaire minimum interprofessionnel de croissance » (SMIC)[33].

Toutefois, les caractéristiques développées précédemment ont perduré : le SMIC reste un salaire minimal déterminé par le pouvoir exécutif qui s'insère

---

[27] Projet de loi, annexe n° 844, *JO* Documents parlementaires, 1949, p. 1982.

[28] P. Durand, « La loi du 11 avril 1950 sur les conventions collectives de travail », *Droit Social* 1950, p. 93 (1e partie) ; p. 155 (2e partie) ; p. 185 (3e partie).

[29] Cf. *infra*.

[30] Article 31x du Code du travail de l'époque, *JO* 12 février 1950, p. 1690 et s.

[31] P. Durand, précité, p. 161, pt. 22.

[32] Décret n° 68-498 du 31 mai 1968, décret n° 68-504 du 1er juin 1968, *JO* 1968, p. 5378.

[33] Loi n° 70-7 du 2 janvier 1970, *JO* 1970, p. 141.

dans un système de fixation des salaires à trois niveaux. Le minimum légal constitue le premier niveau et instaure un plancher minimal absolu. Le second, celui de la négociation collective, tient compte du secteur économique dans lequel l'activité est exercée et fait varier le montant de la rémunération en fonction des différentes catégories professionnelles. Enfin, le troisième niveau se situe à l'échelle du contrat individuel, qui peut toujours déroger dans un sens plus favorable aux deux autres[34].

La création tardive du Mindestlohn en Allemagne

À l'inverse de la France, un minimum légal n'a pas été introduit en Allemagne après la guerre. La loi relative aux conventions collectives adoptée en 1949 n'y fait nullement référence. Elle laisse au contraire aux partenaires sociaux le soin de fixer les salaires adéquats, le cas échéant à l'aide d'extensions.

Une loi de 1952[35] (*Mindestarbeitsbedingungengesetz* - MiArbG) avait pourtant déjà souligné le caractère problématique de certains secteurs économiques qui restaient en marge de la négociation collective, en introduisant une procédure destinée à instaurer des conditions de travail obligatoires, dont un minimum salarial par type de secteur économique ou d'emploi[36]. Des commissions paritaires furent mises en place, constituant ainsi un cadre de rencontre entre les partenaires sociaux qui y assumaient la fonction de « syndicats rudimentaires ». Ces derniers y déterminaient, dans un premier temps, le niveau de protection sociale et les conditions de travail minimales nécessaires, que le pouvoir exécutif reprenait ensuite à l'identique, leur conférant une position supérieure dans la hiérarchie des normes[37]. Le législateur voulait ainsi éviter un salaire dit politique[38], c'est-à-dire un salaire déterminé par le Parlement et donc soumis à l'influence des partis politiques.

Cette loi de 1952 est toutefois restée sans importance pratique, car la procédure introduite n'a jamais été mise en œuvre[39]. À l'époque de son adoption, une incertitude existait en effet quant au développement ultérieur de la négociation collective. Celle-ci serait-elle assez puissante pour que le pouvoir exécutif puisse s'abstenir d'intervenir ? Aux yeux des

---

[34] G. Lyon-Caen, *Les Salaires*, Paris, Dalloz, 1e éd., 1967, § 20, p. 19.

[35] 11 janvier 1952, BGBl. I 1952, p. 17.

[36] Mindestarbeitsbedingungengesetz (MiArbG) du 11 janvier 1952, BGBl. I 1952, p. 17.

[37] Cf. Bundesverfassungsgericht, 27 février 1973 - 2 BvL 27/69 au sujet de la procédure comparable s'appliquant au travail à domicile.

[38] Plenarprotokoll 1/177, du 23 novembre 1951, p. 7303s.

[39] Riechert/Nimmerjahn, *Mindestlohngesetz*, 2. Aufl. 2017, Einführung, Rn 1. Une réforme entreprise en 2009 (BGBl. I 2009, p. 818) non plus n'a eu d'effets pratiques.

gouvernements successifs, la réponse était plutôt positive : c'est ce qui explique l'absence d'utilisation du mécanisme instauré en 1952.

L'extension des conventions collectives est donc longtemps demeurée le seul instrument permettant de lutter contre l'existence de faibles taux de salaire. La question des bas salaires prit cependant une importance toujours plus marquée.

En 1998, le législateur allemand introduit un nouvel instrument pour agir contre la menace d'un abaissement de salaires provoqué par le détachement des salariés sur le territoire allemand. En réponse, il modifia les règles d'extension des conventions collectives de droit commun (jugées trop restrictives). Dans les années qui suivirent, cette approche, d'abord restreinte au secteur de la construction, a été élargie à d'autres secteurs avant de finalement couvrir l'ensemble de l'économie. En 2010, le Gouvernement estimait que la nouvelle procédure d'extension, décidée par le pouvoir réglementaire, permettait à environ 8 % de salariés de profiter d'un salaire minimal[40]. En dehors des secteurs protégés, les salariés ne pouvaient fonder un salaire minimal que sur des dispositions du Code civil allemand (BGB), qui prohibait « l'usure de salaire ». Cette possibilité était néanmoins restreinte aux seuls salaires dont le niveau était bien en deçà de celui pratiqué par le marché du travail[41].

Ces deux mécanismes, quoiqu'utiles, n'ont finalement pas permis d'empêcher l'accroissement des bas salaires à partir des années 2000[42], en raison de l'affaiblissement des organisations syndicales. Les débats relatifs à l'instauration d'un minimum légal général se multiplièrent donc au sein des organisations syndicales[43], avant d'être repris par la plupart des partis politiques[44]. Ce nouveau consensus politique aboutit à la création du Mindestlohn, entré en vigueur en 2015 et qui constitue un changement majeur à l'échelle du droit allemand.

Certes, l'introduction du salaire minimal ne s'est pas faite contre les syndicats. De même, la fixation de son taux à 8,50 € brut de l'heure était conforme à certaines revendications syndicales[45]. Il n'en reste pas moins que la loi l'instituant (*Mindestlohngesetz* - MiLoG) introduit un minimum étatique de source légale, au détriment du système de fixation des minima salariaux jusqu'alors exclusivement confié aux partenaires sociaux.

---

[40] Maul-Sartori/Mückenberger/Nebe, *Revue de Droit Comparé du Travail et de la Sécurité Sociale*, 2012, p. 61-69.

[41] Par sa décision du 22 avril 2009 - 5 AZR 436/08 – le Bundesarbeitsgericht a fixé un seuil d'alerte de 66 % du salaire conforme au minimum conventionnel pratiqué pour un travail comparable.

[42] Nielebock, FS Kempten, 2013, p. 181, 182s. ; BT-Drs. 18/1558, p. 28.

[43] Nielebock, FS Kempten, 2013, p. 181, 183s.

[44] Riechert/Nimmerjahn, *Mindestlohngesetz Kommentar*, 2. Aufl. 2017, Einführung points 25ss.

[45] BT-Drs. 18/1558, p. 27.

En outre, son caractère interprofessionnel est une véritable rupture avec le système antérieur, basé sur une approche sectorielle.

Le législateur allemand a néanmoins pris en compte certaines préoccupations déjà présentes lors de l'adoption de la « MiArbG » de 1952, à savoir la volonté d'éviter un salaire politique. La procédure de réévaluation a, par conséquent, été façonnée de manière à limiter le rôle du pouvoir exécutif. Bien que, comme en France, la réévaluation résulte d'un décret pris par le pouvoir réglementaire, elle s'effectue tous les deux ans et son taux est déterminé par une commission paritaire composée de représentants salariés et employeurs, sans que le gouvernement ne puisse décider d'un taux divergent. Ce dernier ne peut qu'accepter la proposition qui lui est faite ou refuser de réévaluer le montant du salaire minimum légal[46]. Le deuxième règlement de ce type a été adopté en 2018. Il fixe le taux du Mindestlohn à 9,19 € de l'heure pour 2019 et à 9,35 € pour 2020.

Avec l'adoption du Mindestlohn, la convergence des systèmes français et allemand s'est donc enclenchée. Dorénavant, les deux pays encadrent légalement la fixation des salaires par le biais d'un plancher en dessous duquel ni les partenaires sociaux, ni les parties au contrat, ne peuvent descendre, sans pour autant les priver de leurs rôles respectifs dans le processus de négociation individuelle et collective du salaire. Cette convergence des systèmes fait ainsi primer, au nom de l'exigence d'une équité fondamentale, un minimum légal « sécurisant » les résultats de la négociation.

La fonction du salaire minimum légal : un plancher général garantissant un minimum absolu et encadrant la négociation

La finalité du salaire minimum légal ne diffère guère entre les deux pays : tant le législateur français que le législateur allemand ont souhaité assurer aux travailleurs la possibilité de vivre « dignement » des fruits de leur travail. Ces similitudes se retrouvent concernant le régime juridique de ce dispositif : de part et d'autre du Rhin, les minima légaux ont ainsi été façonnés de manière à assurer une applicabilité quasi universelle et une protection renforcée.

Les fonctions systémiques et sociales du salaire minimum : entre filet de sécurité et minimum économique vital

L'introduction d'un salaire minimum général avec un taux fixé par l'État s'accompagne nécessairement de changements sur les plans économique et social. Lors de l'introduction du Mindestlohn, les discussions relatives à la portée et aux objectifs d'une telle mesure furent denses et firent émerger certaines craintes face à d'éventuels effets pervers. Naquit alors un débat

---

[46] Par. 9, 11 MiLoG.

éclectique soulevant aussi bien des interrogations en matière économique que relatives aux relations professionnelles et au respect de l'individu, tout en se préoccupant de la sauvegarde de la politique sociale.

En vue d'expliciter la majorité des éléments nourrissant ce débat, les différentes finalités du salaire minimum légal seront développées sous deux angles. Il est tout d'abord question de s'intéresser à la fonction systémique du salaire minimum, aussi appelée « filet de sécurité », et qui se réfère aux interactions avec les autres mécanismes et principes présents dans la fixation des salaires. Vient ensuite la fonction sociale du salaire minimum, caractérisée par la fixation d'un « minimum de subsistance », tendant à garantir une justice distributive assurant aux salariés la certitude de vivre dignement et librement du fruit de leur travail.

La fonction systémique : le salaire minimum légal, un « filet de sécurité »

Afin de permettre la protection de tous les salariés, la fixation du salaire par le biais d'une source légale devient nécessaire lorsque la protection conventionnelle ne suffit plus à garantir un salaire suffisamment haut pour que les salariés puissent en vivre décemment. Les objectifs de la loi introduisant le Mindestlohn mettent en évidence l'interdépendance entre les systèmes légal et conventionnel, ce dernier constituant en principe le moyen habituel de protection des salariés.

D'un côté, l'utilité d'un salaire minimum légal dépend fortement du dynamisme de la négociation collective. Ni en France ni en Allemagne l'introduction du salaire minimal légal n'aurait eu lieu si la négociation collective avait permis de garantir un salaire suffisant à tous les salariés[47].

D'un autre côté, en tant que « filet de sécurité », le minimum légal laisse, en pratique, la possibilité aux partenaires sociaux de fixer un salaire minimum tenant compte des particularités sectorielles ou géographiques. Le minimum légal intervient à titre subsidiaire, là où la négociation collective aurait abouti à des salaires excessivement bas. À cet égard, il convient de rappeler que le SMIG a été introduit par une loi réformant le droit relatif aux conventions collectives[48]. Le même constat peut être fait pour le Mindestlohn. Les dispositions de la loi sur le salaire minimum légal (MiLoG) indiquent que celui-ci n'est pas destiné à se substituer à la négociation collective : cette dernière reste en effet nécessaire pour arriver à une protection plus complète des salariés[49]. La MiLoG est ainsi intégrée

[47] Cf. Durand, *Droit social*, 1950, p. 93, 95 ; BT-Drs. 18/1558, p. 26.
[48] Article 31 g du Code du travail dans sa version du 11 février 1950.
[49] BT-Drs. 18/1558, p. 28.

ensemble législatif plus général, comprenant une série de mesures visant à redynamiser la négociation collective[50].

De manière plus globale encore, et en s'intéressant au fonctionnement même du marché du travail, l'existence d'un salaire minimum légal a pu être critiquée comme contenant un risque de perte d'emploi. Se voulant un « filet de sécurité », un tel dispositif n'aboutirait-il pas à priver d'emploi les salariés très peu qualifiés, dont la productivité ne suffirait pas à dégager suffisamment de profits pour couvrir le coût salarial ?

Cette théorie a eu un certain impact sur les débats parlementaires. En France, lors du passage du SMIG au SMIC, le ministre du Travail de l'époque a reconnu la nécessité de modérer le taux du salaire minimum afin que cela ne freine pas l'embauche des travailleurs les moins qualifiés[51].

C'est la raison pour laquelle la France et l'Allemagne ont confié aux acteurs impliqués dans la procédure de réévaluation du salaire minimum la tâche d'éviter que ne se concrétise ce risque de perte d'emploi. En vertu du § 9 MiLoG, la Commission responsable des adaptations bisannuelles doit veiller à ce que le taux fixé ne nuise pas à l'emploi. En France, la situation sur le marché du travail est un des objets du rapport du groupe d'experts qui intervient dans la procédure de réévaluation[52].

De plus, la fixation du salaire minimum en tant que « filet de sécurité » doit aussi être conjuguée avec celle des minima sociaux. En France, SMIC et Minimum Social Garanti (R.S.A) servent d'étalon de valeur en vue de la fixation de diverses prestations sociales[53]. En Allemagne, l'interaction entre minimum salarial et action sociale a été prise en compte dans l'élaboration de la MiLoG, mais sous un aspect spécifique : celui des primes d'activité. En effet, depuis 2005 et l'introduction du « Arbeitslosengeld II » (réforme des allocations chômage), des primes d'activités accompagnant le retour à l'emploi ont entraîné des dysfonctionnements sur le marché du travail. Des

---

[50] Cf. le titre de la loi comprenant le MiLoG qui est : « Tarifautonomiestärkungsgesetz », que l'on peut traduire par « loi sur le renforcement de l'autonomie des partenaires sociaux ».

[51] *JORF* Débats parlementaires, 1969, p. 4771.

[52] Ce groupe d'experts a été créé par la Loi n° 2008-1258 du 3 décembre 2008 en faveur des revenus du travail (article 24). Ces rapports sont annuels. Publié généralement en novembre, ce rapport est destiné à éclairer la Commission nationale de la négociation collective (CNNC) qui se réunit en décembre.

[53] A. Bouilloux, « Salaire : fixation, montant », *Rep. Trav.*, 2011, n° 394 et s. Cette fonction est ancienne. Elle existait déjà au temps du SMIG et avait pris progressivement une forte ampleur, à tel point qu'on a pu affirmer que, en 1968, le SMIG avait perdu l'essentiel de sa fonction initiale d'amélioration du niveau de vie des salariés les moins payés au profit d'une fonction complémentaire consistant à servir de « salaire de référence » ou d'« étalon de valeur » pour l'attribution ou le calcul de diverses prestations à caractère social (J.-P. Courthéoux, *Le salaire minimum*, Paris, PUF, 1978, p. 61.

salaires très bas étaient proposés aux travailleurs, qui avaient la possibilité, par l'attribution des primes d'activité, de compléter le manque à gagner[54]. Il en résultait le danger d'un dumping concurrentiel auquel le minimum légal souhaite mettre un terme[55].

Outre la fonction systémique du salaire minimum légal, c'est la fonction sociale de ce dispositif qui, en France comme en Allemagne, a attiré l'attention du législateur.

La fonction sociale : assurer les besoins de première nécessité

La fonction sociale du salaire minimum est une idée ancienne. Comme nous l'avons vu, l'importance d'un salaire décent pour l'ouvrier en vue d'assurer sa subsistance avait déjà été discutée lors des débats parlementaires de la loi Le Chapelier. Les « besoins de première nécessité » font référence aux besoins de la personne et à son intégration dans la vie sociale.

Cette préoccupation trouve sa source dans la théorie du juste prix de Saint Thomas d'Aquin, destinée à promouvoir la justice distributive : « Ce qui est institué pour l'intérêt commun ne doit pas être plus onéreux à l'un qu'à l'autre. Il faut donc établir le contrat de manière à observer l'égalité entre eux[56]. » L'objectif est donc, par intervention étatique, d'éviter le développement de la spéculation et de l'usure aux dépens de la partie la plus faible.

La théorie économique classique a, quant à elle, développé une autre conception, basée sur la loi d'airain des salaires. Suivant celle-ci, le salaire devait, à long terme, être fixé au niveau permettant à la force de travail de se reproduire. En d'autres termes, il devait s'établir au niveau nécessaire pour assurer la subsistance du travailleur et de sa famille.

Ces idées ont largement influencé les débats sur l'évolution des minima salariaux. Le SMIG a d'abord été fixé en référence à un budget-type. La liste des dépenses nécessaires a été ainsi établie pour un célibataire vivant en région parisienne et comprenait les dépenses d'alimentation, d'habitation, d'habillement et les soins personnels, ainsi qu'une rubrique dite « dépenses diverses » consacrée, entre autres, aux activités de loisirs[57]. Ainsi, le premier taux du SMIG a été fixé très concrètement sur des besoins de première nécessité.

La fonction distributive du salaire minimum est aussi présente dans les dispositions actuellement en vigueur qui règlent la réévaluation de son taux. Pour que le SMIC assure la participation au développement économique de la nation, la loi française impose un accroissement annuel qui ne peut être

---

[54] Waltermann, *Abschied vom Normalarbeitsverhältnis*, Gutachten B zum 68. Deutschen Juristentag, München, 2010, p. B 89.

[55] BT-Drs. 18/1558, p. 28.

[56] Saint Thomas d'Aquin, *Somme théologique*, IIa, IIae, q77, a1 re.

[57] J.-P. Courthéoux, *op. cit.*, p. 44 et s.

inférieur à la moitié de l'augmentation du pouvoir d'achat des salaires horaires moyens enregistrés par l'enquête trimestrielle du Ministère chargé du travail[58]. Bien que moins concrète, la réglementation s'appliquant au Mindestlohn va dans le même sens. Pour établir sa recommandation quant à une éventuelle réévaluation du minimum légal, la commission compétente doit ainsi tenir compte de l'évolution des minima conventionnels résultant de la négociation collective[59], qui eux reflètent la négociation collective sur une participation adéquate du salariat à la croissance économique.

Ces similitudes quant aux fonctions du salaire minimum légal ont pour conséquence l'existence de traits communs entre les dispositifs français et allemands du point de vue du régime juridique.

Une protection renforcée et étendue

SMIC et Mindestlohn font l'objet de mesures spécifiques afin d'assurer leur rôle de protection envers les salariés concernés par leur champ d'application. Ces mesures sont d'autant plus importantes qu'elles s'étendent à tous les secteurs économiques ainsi qu'à l'immense majorité des salariés.

La double protection du salaire minimum

Afin d'assurer le respect des exigences légales, une double protection est prévue. D'un côté, le salaire minimum s'apparente à un droit du salarié, lequel peut ainsi avoir recours au juge afin d'exiger le respect de son application. De l'autre, le respect du salaire minimum est une obligation qui s'impose à l'employeur, et dont la violation peut entraîner des sanctions pénales et administratives.

Le droit du salarié à l'application du salaire minimum

Le salaire minimum est protégé en tant que droit conféré au travailleur salarié, qui peut alors en réclamer l'application. L'article D. 3231-5 du Code du travail prévoit que le différentiel entre le salaire minimum et le salaire contractuel soit versé au salarié sous forme d'un complément, calculé de manière à porter la rémunération au niveau légal. En Allemagne, le principe est réaffirmé au § 1 MiLoG : tout salarié est ainsi titulaire d'une créance de salaire envers son employeur, celle-ci s'élevant au moins au montant fixé par le salaire minimum.

Les litiges afférents à la mise en œuvre de ce droit relèvent de la compétence des juridictions du travail, à savoir les Conseils de Prud'hommes en France ou les « *Arbeitsgerichte* » en Allemagne.

---

[58] Article L3231-2, L3231-8 Cdt.

[59] Paragraphe 9 alinéa 2 MiLoG.

Le salaire minimum, une obligation sujette à sanctions pénales et administratives

La protection du salaire minimum est renforcée par des sanctions pénales, mais aussi administratives.

En France, le fait de verser des salaires inférieurs au SMIC constitue une contravention de 5ᵉ classe, susceptible d'entraîner une amende de 1 500 euros appliquée autant de fois qu'il y a de salariés concernés. Ce montant peut être doublé en cas de récidive. Enfin, en cas de pluralité de contraventions entraînant des peines de récidive, l'amende est appliquée autant de fois qu'il a été relevé de nouvelles contraventions[60].

Depuis le 1er janvier 2016[61], sur rapport des agents de contrôle de l'inspection du travail, des sanctions administratives peuvent être prononcées par les directeurs régionaux des entreprises, de la concurrence, de la consommation, du travail et de l'emploi (DIRECCTE) en cas de non-respect du salaire minimum légal et conventionnel. Cette amende administrative peut être prononcée sous réserve de l'absence de poursuite pénale. Pour fixer le montant de l'amende, la DIRECCTE prend en compte le contexte, la gravité des infractions commises, le comportement de l'auteur, ses ressources et ses charges. Le montant maximal de l'amende est de 2 000 euros et peut être appliqué autant de fois qu'il y a de travailleurs concernés par ladite violation et peut être doublé en cas de récidive constatée dans l'année suivant la notification de la précédente amende. Sous certaines conditions, la DIRECCTE pourra proposer aux employeurs en infraction de transiger et de conclure une transaction pénale.

Pour le droit allemand, c'est le § 20 MiLoG qui oblige les employeurs à respecter les dispositions du salaire minimum, dès lors que les salariés effectuent leur travail sur le territoire de la République fédérale. La sanction pénale associée peut aller jusqu'à 500 000 euros (cf. § 21 MiLoG). Le montant de la sanction est déterminé en vertu des règles générales des contraventions et en fonction de plusieurs critères : l'importance de la contravention et l'incidence économique potentielle, les torts de l'employeur et la situation économique de ce dernier[62]. En 2016, pour toute la République fédérale allemande, la somme totale des amendes prononcées s'élève à 19,5 millions d'euros[63].

L'obligation de respecter le minimum légal existe indépendamment d'une éventuelle requête des salariés, d'où une déconnexion entre cette dernière et les sanctions associées. Le contrôle du respect du salaire minimal dans les entreprises est confié à des administrations spécialisées :

---

[60] Article R. 3233-1 du Code du travail.

[61] Article L. 8115-1 et suivants du Code du travail, créé par l'ordonnance n° 2016-413 du 7 avril 2016 – article 5, Circ. min. 18 juillet 2016.

[62] Riechert/Nimmerjahn, MiLoG, *Kommentar*, 2. Aufl. 2017, § 21 pt 60 ss.

[63] BT-Drs. 18/11475, p. 9.

l'inspection du travail et la DIRECCTE en France, le service des douanes en Allemagne au travers d'un service spécialisé, la « *Finanzkontrolle Schwarzarbeit* ».

La portée générale du salaire minimum

Le caractère général du SMIC et du Mindestlohn se révèle au regard de leur champ d'application extrêmement large. Ils constituent des minima interprofessionnels, applicables à tous les secteurs économiques et à tous les salariés. Quelques exceptions subsistent cependant : les mineurs et très jeunes adultes, les personnes en formation professionnelle, ainsi que, pour le droit allemand, les chômeurs de longue durée. Surtout, ces dispositifs sont applicables à tous les travailleurs sur les territoires français et allemand, y compris s'il s'agit de travailleurs détachés.

Un minimum légal « supra-sectoriel »

Les minima légaux des deux pays concernent tous les salariés, indépendamment du secteur économique et des particularités de leur emploi.

En droit français, ce sont les articles L. 3211-1 et L. 3231 du Code du travail qui étendent le champ d'application du SMIC à toutes les entreprises de droit privé, ainsi qu'aux personnels de droit privé des établissements administratifs et des établissements publics à caractère industriel et commercial.

En Allemagne, le § 1 MiLoG accorde le droit au salaire minimum légal à toute personne salariée, sans aucune référence à des secteurs économiques ciblés.

Les quelques exceptions prévues par la loi française n'ont eu souvent qu'un caractère transitoire ou temporaire. Tel fut le cas du minimum sectoriel agricole (SMAG) qui fut intégré au salaire minimum général en 1968[64]. Le salaire minimum est également applicable au personnel de maison, jadis exclu[65], depuis 1982[66]. Pareil constat vaut aussi pour l'Allemagne. Les mesures transitoires pour certains secteurs d'activités, dont la création du Mindestlohn a été accompagnée[67], ont été levées à la fin de l'année 2017.

Les rares salariés exclus du champ d'application du minimum légal

La portée générale du salaire minimum est visible au regard de la liste limitée des personnes aujourd'hui encore exclues de son application. Il s'agit

---

[64] Décret n° 68-504 du 1er juin 1968, *JORF* 1968, p. 5378.

[65] Décret n° 51-435 du 17 avril 1951, *JORF* 1951, p. 3920 ; Cass. soc. 23 juillet 1969, *Bull. civ.* V n° 502.

[66] Cass. soc. 31 mars 1982, *Bull. civ.* V n° 242.

[67] Cf. § 24 MiLoG.

principalement des personnes en formation professionnelle. En France, les travailleurs titulaires d'un contrat d'apprentissage sont exclus du SMIC par l'article D. 3211-1 du Code du travail, leurs salaires étant fixés à un certain pourcentage du SMIC[68]. Des dispositions analogues existent pour les salariés de moins de 26 ans ayant conclu des contrats de professionnalisation : le montant de la rémunération peut alors varier en fonction de l'âge du bénéficiaire et du niveau de sa formation[69]. Les stages d'une durée de moins de deux mois n'ont pas de salaire minimum, tandis que, si la durée du stage excède deux mois, la gratification minimale du stagiaire est revalorisée chaque année en même temps que l'augmentation du plafond horaire de la sécurité sociale. Il est toutefois à noter que certaines branches d'activités fixent un montant de la gratification pouvant se révéler supérieur au montant minimum légal[70]. Pour le droit allemand, le § 22 MiLoG a longtemps exclu les apprentis ainsi que certaines formes de stage de l'application du Mindestlohn, sans qu'un minimum alternatif ne soit actuellement imposé[71]. Toutefois, suite à un vote du Bundestag, a été finalement adoptée une loi qui prévoit un salaire minimal (fixé à 515 euros par mois pour 2020) au profit des apprentis qui ont commencé leur apprentissage après le janvier 2020[72].

En sus des personnes en formation professionnelle, une autre catégorie d'exception concerne les salariés de moins de 18 ans. En Allemagne[73], cette exception révèle une stratégie du législateur consistant à éviter que les jeunes rentrent prématurément dans le monde du travail, attirés par la promesse d'un salaire minimum, au détriment de la formation professionnelle, moins lucrative[74]. En droit français, les salariés de moins de 18 ans sont exclus du droit au salaire minimum, qui se traduit sous forme d'abattements forfaitaires de 10 à 20 % du salaire minimum en fonction de l'âge des mineurs concernés. Cette disposition comporte néanmoins une exception, qui est la justification d'une expérience professionnelle de 6 mois dans la branche d'activité dont ils relèvent[75].

Une particularité du droit allemand s'ajoute à ces exceptions : les chômeurs de longue durée (supérieure à 1 an) sont, en application du § 24 MiLoG, exclus du droit au Mindestlohn. Par cette disposition, le législateur a voulu en faire une mesure d'attractivité pour les employeurs, afin d'aider à la réinsertion les travailleurs dits « Hartz 4 »[76]. Les premières études

---

[68] Article D. 6222-26 et suivant du Code du travail.

[69] Article L. 6325-8 du Code du travail.

[70] Lettre-circ. ACOSS n° 2015-0000042, 2 juill. 2015.

[71] Le paragraphe 17 de la loi sur la formation professionnelle (*Berufsbildungsgesetz*) exige uniquement que la rémunération de l'apprenti soit adéquate.

[72] BT-Drs 19/10815, p. 17.

[73] § 22 MiLoG.

[74] BT-Drs. 18.1558, p. 42.

[75] Article D. 3231-3 et 3231-5 du Code du travail.

[76] BT-Drs. 18/1557, p. 43.

d'impact relatives à cette mesure ne semblent toutefois pas encore démontrer son efficacité[77].

L'application du salaire minimum légal aux salariés détachés

Mindestlohn et SMIC sont applicables aux salariés détachés sur le territoire allemand ou français[78]. Ainsi, ils priment sur les règles classiques de loi applicable au contrat, tel que définie par les parties ou par le lieu de conclusion du contrat : nonobstant l'applicabilité du droit du travail de l'État où le travail est habituellement accompli, les salariés qui travaillent temporairement en Allemagne ou en France bénéficient du salaire minimum[79].

Cette particularité commune est issue du droit de l'Union européenne[80], qui souhaite concilier la protection des droits des travailleurs détachés pour les prestations transfrontalières de services, notamment l'exécution des conditions de travail et d'emploi applicables dans l'État membre où le service doit être fourni, tout en facilitant l'exercice de la liberté de prestation de services pour les prestataires et en favorisant une concurrence loyale entre ces derniers. Les mesures législatives ont été renforcées par la jurisprudence de la Cour de justice de l'Union européenne (CJUE), qui s'est notamment prononcée sur la nécessité du caractère contraignant de ces dispositions. Elle a également affirmé l'impossibilité d'y déroger par convention collective[81], et a précisé l'étendue de son assiette[82]. En sont exclues les primes, ces dernières n'étant pas prises en compte dans l'évaluation du salaire minimum[83].

Ainsi, par le biais du détachement, et bien que les rémunérations soient exclues de la compétence à légiférer accordée à l'Union par l'article 153 TFUE (Traité sur le fonctionnement de l'Union européenne), le droit de l'Union ne manque pas de superviser indirectement les droits nationaux quant à l'application du salaire minimum. Certes, les États membres pourraient à loisir déconnecter la définition et le régime du « salaire minimum » national des règles relatives au « taux de salaire minimal » prévu par les dispositions européennes relatives au détachement[84]. Toutefois, il résulterait d'une telle approche un traitement différent des situations

[77] Vom Berge ea, IAB Forschungsbericht 8/2016, p. 125 ss.
[78] Article L. 1262-4 du Code du travail ; § 20 MiLoG.
[79] Article L. 1262-4 du Code du travail ; § 20 MiLoG.
[80] Directive 96/71/CE et directive d'exécution 2014/67/UE.
[81] CJUE 24 janvier 2002 – C-164/99 *Portugaia Construçoes*, point 34 s.
[82] CJUE 12 février 2015 – C-396/13, *Sähköalojen ammattiliitto ry*, pts 27ss.
[83] CJUE 7 novembre 2013 – C-522/12 *Isbir*.
[84] Article 3, sous 1 c) de la directive 1996/71.

impliquant un détachement[85]. Les juridictions nationales peuvent éviter de tels effets en appliquant la jurisprudence associée au contrôle du paiement de la rémunération due en vertu de la directive concernant le détachement de travailleurs à des faits purement internes. Ainsi les juges allemands, lorsqu'ils ont été confrontés à la question de savoir si des primes payées annuellement ou destinées à contribuer à la constitution d'un capital au profit du salarié sont à prendre en compte pour vérifier le respect du salaire minimal, se sont prononcés en s'inspirant du raisonnement de la CJUE, nonobstant que les faits se situaient en dehors du champ d'application du droit de l'Union[86].

*

* *

En conclusion, SMIC et Mindestlohn occupent une place équivalente dans ces deux systèmes juridiques : ils assurent un salaire minimum dans un système basé sur la libre négociation conventionnelle et contractuelle.

De cette convergence de façade, il conviendra, par l'étude de la jurisprudence, de comparer leur application. Les juges allemands ne manqueront certainement pas de regarder avec intérêt les jurisprudences façonnées par leurs confrères européens pour permettre la mise en œuvre du minimum légal. À ce titre, la France, désormais ancrée dans une pratique cinquantenaire, pourrait également profiter de la richesse et de la profondeur des débats récents qui ont eu lieu à l'occasion de la création du Mindestlohn. Cette mise en perspective réciproque pourrait en effet enrichir le débat sur le salaire minimal légal, son objectif, sa place et son application, aussi bien en France qu'en Allemagne.

---

[85] Vgl. Greiner commentaire sous BAG 21 décembre 2016 – 5 AZR 374/16, AP MiLoG § 1 Nr. 3, III 2.

[86] V. CJUE 7 novembre 2013 – C-522/12 *Isbir*, point 25.

SALAIRE MINIMUM LÉGAL ET SALAIRE MINIMUM CONVENTIONNEL (FRANCE)

Pierre Bailly

L'essentiel

Le régime des primes dues en vertu d'un accord collectif ou du contrat de travail constitue l'une des difficultés que soulève la vérification du respect du salaire minimum obligatoire, que cette obligation résulte de loi ou qu'elle trouve son origine dans un accord — de branche, le plus souvent — déterminant le montant d'une rémunération minimale par catégorie d'emplois. Il s'agit en effet de savoir si ces primes doivent ou non être prises en compte pour déterminer si la rémunération versée par l'employeur est au moins égale au minimum légal ou conventionnel (sachant bien évidemment que le minimum légal est impératif, un accord collectif ne pouvant y déroger). Le critère principal mis en œuvre tient à l'objet de la prime en cause : si elle constitue la contrepartie du travail fourni, elle devra être prise en compte. Mais ce critère n'est pas toujours évident à mettre en œuvre et il doit par ailleurs se combiner avec l'application des dispositions conventionnelles, lorsqu'elles définissent la composition du salaire minimum ou lorsqu'elles excluent certains éléments.

Contexte

Le code du travail définit, pour le salaire minimum interprofessionnel de croissance (SMIC), ce qui doit être comparé à ce minimum légal (à partir de son taux horaire) pour vérifier qu'il est correctement appliqué : il faut tenir compte des avantages en nature et des majorations diverses qui ont en fait le caractère d'un complément de salaire, à l'exclusion des sommes versées à titre de remboursement de frais, de majorations pour heures supplémentaires légales ou de prime de transport, en région parisienne (article D.3231-6). Cela recouvre donc en principe toutes les sommes qui sont dues en contrepartie ou à l'occasion du travail fourni par le salarié. Mais la mise en œuvre de ce critère peut soulever des difficultés lorsque l'objet de la prime est incertain ou controversé. En outre, pour le salaire minimum conventionnel, ce critère doit être combiné avec les clauses de la convention collective qui définissent le contenu du salaire minimum ou qui en excluent certains éléments.

Parmi de très nombreuses décisions de la chambre sociale de la Cour de cassation, deux arrêts peuvent être évoqués parce qu'ils sont révélateurs de cette problématique.

Cour de cassation, chambre sociale, arrêt du 4 février 2015, n° 13-18523. Salaire minimum légal (prime de bonus)

Sur le premier moyen :

Vu les articles L. 3231-1, L. 3231-2, D. 3231-5 et D. 3231-6 du code du travail ;

Attendu, selon l'arrêt attaqué, que M. X... a été engagé le 1er novembre 1999 par la société JSP ; que soutenant que sa rémunération était inférieure au SMIC dès lors qu'elle incluait une prime de bonus, l'intéressé a saisi la juridiction prud'homale pour obtenir le paiement d'un rappel de salaire et de dommages-intérêts ; que le salarié a démissionné en cours de procédure ;

Attendu que pour dire que la prime de bonus ne doit pas être prise en compte au titre du SMIC et condamner en conséquence l'employeur au paiement de rappels de salaire, l'arrêt retient que la prime de bonus litigieuse n'avait aucun caractère prévisible, son montant étant fort variable, que le barème selon lequel elle était calculée n'était pas défini par un accord collectif, et que son montant ne dépendait pas uniquement de la production du salarié dès lors que le tonnage produit était aussi fonction de contraintes imposées par d'autres services ;

Qu'en statuant ainsi alors qu'il résultait de ses constatations que la prime était déterminée en fonction du tonnage produit auquel participait le salarié, de sorte qu'elle constituait la contrepartie d'un travail, la cour d'appel a violé les textes susvisés ;

Et attendu que la cassation prononcée du chef des dispositions de l'arrêt relatives au paiement d'un rappel de salaire, entraîne par voie de conséquence, en application de l'article 624 du code de procédure civile, celle des dispositions relatives au paiement de dommages-intérêts pour préjudice subi et à la rupture du contrat de travail ;

PAR CES MOTIFS : CASSE ET ANNULE

FAITS

Le salarié exerçait une activité de tourneur-soudeur, dans une entreprise de découpe de métaux. Il percevait en plus de son salaire de base un bonus, dénommé prime de tonnage, dont le montant dépendait du tonnage global produit par l'équipe dont il faisait partie. Soutenant que le salaire versé par l'employeur — prime de tonnage exclue — était inférieur au SMIC, le salarié avait saisi le conseil de prud'hommes pour demander paiement d'un solde de rémunération et de dommages-intérêts, avant de démissionner.

QUESTION JURIDIQUE

Les primes qui dépendent des résultats économiques de l'entreprise, indépendamment du travail fourni par le salarié, ne font pas partie en principe du salaire à comparer au minimum légal parce qu'elles ne sont pas la contrepartie du travail fourni (par exemple : Soc. , 7 avril 2004, n° 02-41616, qui exclut une prime de résultat parce qu'elle repose sur les seuls résultats financiers de l'entreprise). Le lien qui existe ici entre le travail du salarié, au sein d'une équipe, et le critère d'attribution de la prime (la production de l'atelier) conduit-il à voir dans cet avantage un élément du salaire perçu ?

PROCÉDURE

La cour d'appel avait fait droit à la demande salariale du travailleur.
Un pourvoi est formulé.

RAISONNEMENT JURIDIQUE

La cour d'appel avait fait droit à la demande salariale, en considérant que la prime de tonnage ne devait pas être prise en considération, aux motifs que son montant était variable, que le mode de calcul de la prime n'était pas défini par la convention collective et que le tonnage dépendait de contraintes imposées par d'autres services de l'entreprise. Elle avait donc considéré que la prime de tonnage ne devait pas être intégrée au salaire versé, pour vérifier le respect du salaire minimum légal.

La motivation de la cour d'appel pouvait être rapprochée de précédents qui avaient exclu du salaire à prendre en compte des primes versées en fonction de critères ne dépendant pas directement du travail du salarié, tels que les résultats financiers de l'entreprise, liés à d'autres facteurs (Soc. , 7 avril 2004, précité).

L'avocat général concluait donc dans cette affaire au rejet du pourvoi de l'employeur.

L'employeur soutenait pour sa part que la prime était directement liée à la quantité de matière produite par l'équipe dont faisait partie le salarié et, par-là, qu'elle constituait bien une contrepartie du travail, peu important que son montant soit variable, que son mode de calcul ne soit pas précisé dans un accord collectif et que la quantité produite dépende de l'activité d'autres services fournissant la matière.

C'est cette argumentation que retient l'arrêt de la chambre sociale. Il relève en effet que la prime était fonction du tonnage produit grâce au concours du salarié. Il en déduit qu'elle constituait la contrepartie du travail de l'intéressée et qu'elle devait être prise en compte pour vérifier que le SMIC avait été respecté.

Mise en perspective

Cet arrêt conduit à faire la distinction entre les primes qui dépendent du travail du salarié (y compris lorsqu'il s'inscrit dans l'activité d'une équipe de production) et celles qui ne sont fonction que des résultats globaux de l'entreprise et font intervenir d'autres paramètres, indépendants du travail fourni, tels que l'évolution du marché, la rentabilité de l'entreprise dans son ensemble ou la qualité de sa gestion. Un arrêt plus récent, du 8 février 2017 (n° 15-20631) a d'ailleurs repris cette jurisprudence à propos du respect du salaire minimum conventionnel, en cassant une décision qui avait exclu du salaire de comparaison une prime de tonnage versée dans le secteur de la plasturgie, alors que la convention collective n'excluait que les primes « générales » (de vacances, de Noël, *etc.*).

La difficulté qui subsiste porte sur la mise en œuvre du critère tenant à la contrepartie du travail, lorsque la prime versée, tout en étant en partie liée à l'importance ou à la qualité du travail fourni, est également fonction d'autres éléments davantage liés à la vie de l'entreprise et à ses résultats d'ensemble. Il faudrait alors, en ce cas, déterminer ce qui constitue le principal critère d'attribution et de calcul d'une telle prime.

Cour de cassation, chambre sociale, arrêt du 24 avril 2013, n° 12-10219. Salaire minimum conventionnel

Sur le premier moyen du pourvoi de l'employeur

Mais attendu que le principe d'égalité de traitement ne s'oppose pas à ce que l'employeur fasse bénéficier, par engagement unilatéral, les salariés engagés postérieurement à la dénonciation d'un accord collectif d'avantages identiques à ceux dont bénéficient, au titre des avantages individuels acquis, les salariés engagés antérieurement à la dénonciation de l'accord ;

Et attendu que la cour d'appel, qui a constaté, sans dénaturer les bulletins de paie, que le salarié avait effectivement perçu, au mois de décembre de chaque année, la gratification de fin d'année prévue par l'accord du 19 décembre 1985, et retenu à bon droit que l'engagement unilatéral pris par la caisse de faire bénéficier les salariés engagés postérieurement à la dénonciation de l'accord collectif d'une prime de treizième mois identique à la gratification de fin d'année payée en tant qu'avantage individuel acquis aux salariés engagés antérieurement à la dénonciation n'avait pas eu pour effet de supprimer le dit avantage, a, par ces seuls motifs, légalement justifié sa décision ;

Sur le deuxième moyen du pourvoi de l'employeur :

Vu l'article 2 de l'accord collectif national de la Caisse nationale des caisses d'épargne et de prévoyance sur la rémunération annuelle minimale du 11 décembre 2003 ;

Attendu qu'aux termes de ce texte, la rémunération brute annuelle, en dehors des sommes éventuellement versées au titre de la participation, de l'intéressement ou de la part variable de chaque salarié à temps complet, doit être au moins égale à la rémunération brute annuelle minimale du niveau de classification de l'emploi occupé ;

Attendu que pour dire que le salarié avait, pour la période en litige, perçu une rémunération inférieure à la rémunération annuelle minimale prévue par l'accord du 11 décembre 2003 et correspondant à sa classification, et condamner l'employeur au paiement d'un rappel de salaire à ce titre et de dommages-intérêts, l'arrêt retient que les avantages individuels acquis résultant des accords dénoncés et non suivis, dans les délais prévus à l'article L. 2261-13 du code du travail, d'accords de substitution, et le complément de rémunération dont bénéficient les salariés, lesquels sont des éléments de rémunération qui ne sont pas la contrepartie directe de la prestation de travail, doivent, sous peine de voir remettre en cause leur existence, être exclus de l'assiette de comparaison avec la rémunération annuelle minimale ;

Qu'en statuant ainsi, alors que les avantages individuels acquis et le complément de rémunération ne font pas partie, dans l'accord instituant une rémunération annuelle minimale conventionnelle, des éléments exclus de l'assiette de comparaison pour déterminer ladite rémunération, la cour d'appel a violé le texte susvisé ;

FAITS

Un accord collectif applicable au personnel des caisses d'épargne précisait qu'étaient exclues de la rémunération minimum annuelle garantie les sommes versées au titre de la participation, de l'intéressement ou de la part variable versée à chaque salarié employé à plein temps. Des salariés bénéficiaient de primes versées à l'occasion des vacances ou en fonction de critères familiaux ou encore en considération de l'expérience acquise. Ces avantages particuliers trouvaient leur origine dans un accord collectif antérieur qui avait été dénoncé sans qu'un accord de remplacement soit ensuite conclu. Ils constituaient de ce fait des avantages individuels acquis auxquels les salariés engagés par la suite n'avaient pas droit. Les salariés qui en bénéficiaient soutenaient que ces primes devaient être écartées pour vérifier le respect du salaire minimum conventionnel.

QUESTION JURIDIQUE

En ce qui concerne le salaire minimum conventionnel, le critère à mettre en œuvre est en principe le même qu'en matière de minimum légal. Il s'agit donc de déterminer si l'avantage en cause est ou non lié au travail fourni. Mais il faut aussi tenir compte des clauses conventionnelles qui définissent la consistance du salaire à prendre en compte et qui excluent ainsi certains éléments de la comparaison. La règle de solution est alors celle rappelée notamment dans un arrêt du 14 novembre 2012 (n° 11-17667) qui prescrit de tenir compte de toutes les sommes perçues en contrepartie ou à l'occasion du travail, sauf exception expressément mentionnée par les dispositions conventionnelles relatives au salaire minimum. Autrement dit, dans cette affaire, la question était de savoir si les primes en cause étaient ou non exclues, par la convention collective, des éléments à comparer au salaire minimum. En l'absence d'exclusion conventionnelle, leur rattachement au salaire n'aurait pas été douteux, dès lors qu'elles constituaient des contreparties au travail, s'ajoutant au salaire de base.

PROCÉDURE

Le salarié, parmi bien d'autres (car cette question concernait un grand nombre de salariés), soutenait que les primes de vacances, d'expérience et familiale ne devaient pas être comprises dans le salaire comparé au minimum conventionnel, de sorte qu'il restait de ce fait créancier d'un solde de rémunération. La cour d'appel avait fait droit à cette demande.

RAISONNEMENT JURIDIQUE

Pour la cour d'appel, dès lors que ces primes étaient dues à la suite de la dénonciation de l'accord collectif qui les instituait et qu'elles étaient devenues, en raison de cette dénonciation, des avantages individuels acquis, elles ne constituaient pas une contrepartie de la prestation de travail mais une forme de compensation du préjudice occasionné par la dénonciation de l'accord. De ce fait, elles devaient être exclues de la rémunération à comparer au minimum conventionnel.

Cette motivation est censurée par la chambre sociale, par application des dispositions conventionnelles qui n'excluent de la rémunération à comparer au salaire minimum garanti que les sommes versées au titre de la participation, de l'intéressement ou de la part variable versée aux salariés à temps complet. Dès lors que cette exclusion doit être interprétée de manière restrictive, elle ne s'applique pas à d'autres éléments de rémunération, peu important leur origine. Les primes dues au salarié devaient donc être prises en compte pour contrôler le respect du salaire minimum garanti.

Mise en perspective

La règle mise en œuvre dans cette affaire trouve à s'appliquer chaque fois que la discussion porte sur un minimum conventionnel : ce n'est que dans la mesure où un élément de rémunération versé à l'occasion du travail est expressément exclu par la convention collective qu'il doit être écarté du salaire comparé au minimum conventionnel. En l'occurrence, la clause conventionnelle était assez précise pour que l'exclusion qu'elle prévoyait ne puisse concerner les primes en cause. Mais il se peut aussi qu'une telle clause conventionnelle conduise, en sens inverse, à exclure un élément de rémunération qui aurait été pris en compte en son absence. Ainsi a-t-il été jugé que, lorsqu'une convention collective définit la consistance du salaire mensuel en excluant tout autre mode de rémunération des travaux accomplis par les salariés, une prime « d'atelier » qui constitue en réalité une prime de présence, doit être exclue de la rémunération comparée au minimum conventionnel parce qu'elle ne peut être considérée comme un élément de rémunération, au regard de la définition conventionnelle (Soc. , 4 février 2015, n° 13-20879).

SALAIRE MINIMUM LÉGAL ET SALAIRE MINIMUM CONVENTIONNEL (ALLEMAGNE)

Gerhard Binkert

L'essentiel

Quels sont les éléments qui font partie du salaire minimum, tant légalement que conventionnellement ?

En Allemagne, la réglementation du salaire minimum légal – et également dans la plupart des cas du salaire minimum conventionnel – prend appui sur une base horaire ; en d'autres termes, un « salaire horaire » est fixé. Pourtant, le versement du salaire se fait sur une base mensuelle, et ce revenu mensuel comprend d'autres éléments de rémunération, tels que des primes, gratifications, etc. Il en résulte une question fondamentale qui savoir quels sont, parmi ces multiples éléments de rémunération, ceux qui doivent être inclus lors de la vérification du paiement du salaire minimum.

À ce titre, le Tribunal fédéral du travail a souligné dans sa décision du 21 décembre 2016 que le salaire minimum légal a pour objectif premier de garantir à chaque salarié un revenu mensuel lui permettant de subvenir à ses besoins. Correspond à cette définition tout élément de rémunération qui demeure acquis au salarié, quelles que soient l'heure, les circonstances ou la qualité du travail effectué. Tous les éléments de rémunération perçus « en contrepartie du travail effectué » sont donc compris dans « l'assiette » du salaire minimum légal.

De leur côté, les parties à la convention collective peuvent fixer des dispositions autonomes sur ce qui doit être inclus dans le salaire minimum.

Contexte

En Allemagne, le salaire minimum a été instauré en quelque sorte « par des voies détournées ». En effet, à partir de 1998, des salaires minimums conventionnels ont été mis en place, tout d'abord dans l'industrie du bâtiment, par le biais de la Loi sur le détachement des travailleurs (*Arbeitnehmerentsendegesetz*) et étendus ensuite à l'ensemble du secteur par décrets gouvernementaux. Conçue à l'origine pour les travailleurs détachés à l'étranger, cette réglementation est devenue le premier pilier du salaire minimum – fixé par convention collective – en Allemagne, englobant désormais des secteurs d'activité tels que celui du nettoyage, des soins et de l'industrie de la viande. Ce n'est toutefois qu'à partir du 1er janvier 2015 qu'un salaire minimum légal de 8,50 € brut[1] a été introduit.

Le législateur allemand a choisi de définir le salaire minimum sur la base de l'heure de travail effectif ; les salaires minimums conventionnels sont également fixés sur cette base. La rémunération du travail est, quant à elle, versée régulièrement sur une base mensuelle. Or, le salaire mensuel se compose non seulement des heures de travail à rémunérer, mais souvent aussi de majorations, de primes, etc., si bien que la question se pose de savoir quels sont, parmi les différents éléments évoqués, ceux dont il faut tenir compte pour déterminer si le salaire minimum a réellement été versé. En effet, l'employeur argumentera qu'en versant une majoration ou une prime il fournit une prestation qui doit également être prise en compte dans l'appréciation du salaire minimum. La question s'est donc vite posée de savoir quels étaient les éléments du salaire versés par l'employeur qui devaient entrer dans le calcul du salaire minimum.

Cour fédérale du travail, arrêt du 16 avril 2014 - 4 AZR 802/11

[Paragraphe 39] (...) la finalité du salaire minimum prévu par une convention collective, dont se prévaut le salarié, doit être comparée à l'objectif de l'élément de rémunération versé par l'employeur

[Paragraphe 40] Afin d'évaluer s'il existe une « « équivalence fonctionnelle », il est nécessaire de déterminer la « fonction » que remplit réellement la prestation monétaire versée par l'employeur, afin de déterminer ensuite si elle se rapporte au travail effectué ou à effectuer par l'employé, pour lequel un minima est prévu par la convention collective. En tout état de cause, la volonté subjective de l'employeur n'est pas déterminante (...)

FAITS

Le salarié était employé comme « trieur de vieux papiers en travail posté de 4 équipes » au sein d'une entreprise de traitement de déchets. Son salaire horaire brut s'élevait à 6,73 €, majoré d'une indemnité respective de 25 % pour travail de nuit et du soir et de versements au titre de l'épargne salariale (parts patronales pour l'épargne). Après l'entrée en vigueur d'une convention collective sur le salaire minimum qui prévoyait un salaire minimum de 8,02 € pour la relation de travail en question, le salarié réclame le paiement de celui-ci en invoquant que les indemnités pour travail de nuit

[1] À compter du 1er janvier 2019 : 9,19 € bruts, à compter du 1er janvier 2020 : 9,35 € bruts.

et du soir et les versements au titre de l'épargne salariale ne doivent pas être pris en compte dans le calcul du salaire minimum.

QUESTION JURIDIQUE

Sur la base du salaire minimum prévu par les conventions collectives, une première jurisprudence s'est développée en Allemagne quant à la question de savoir quels éléments de rémunération sont des composantes du salaire minimum, c'est-à-dire quels paiements doivent être pris en compte pour savoir si l'employeur a effectivement rempli ses exigences conventionnelles et payé le minimum attendu au salarié. Le salaire minimum se réfère-t-il (uniquement) au salaire de base ou tous les paiements de l'employeur doivent-ils être pris en compte ?

PROCÉDURE

Le tribunal du travail avait estimé que l'indemnité pour travail du soir et les versements au titre de l'épargne salariale (parts patronales pour l'épargne) devaient être inclus dans l'assiette du salaire minimum, mais non l'indemnité pour travail de nuit (en raison d'une disposition légale particulière de la Loi sur le temps de travail (*Arbeitszeitgesetz*). La Cour d'appel du travail s'est ralliée à ce point de vue. La Cour fédérale du travail a quant à elle confirmé la prise en compte de l'indemnité pour travail du soir, mais rejeté celle de l'indemnité pour travail de nuit et des versements au titre de l'épargne salariale (parts patronales pour l'épargne).

RAISONNEMENT JURIDIQUE

La Cour fédérale du travail a considéré que « l'indemnité pour travail du soir » entretenait une « relation d'équivalence fonctionnelle » avec la prestation de travail et en constituait la contrepartie. Elle l'a donc reconnue comme un élément constitutif du salaire minimum. Les parties à la convention collective avaient défini le salaire minimum sur la base de l'heure de travail, indépendamment du moment précis – de la journée – où celle-ci était accomplie. Les indemnités pour travail du soir rémunéraient le travail effectué. Il en allait autrement de l'indemnité pour travail de nuit (prime de travail de nuit), celle-ci faisant l'objet d'une disposition distincte et explicite au § 6, alinéa 5 de la Loi sur le temps de travail (*Arbeitszeitgesetz*) et étant donc régie par la loi. En l'espèce, vu qu'un régime conventionnel de compensation faisait défaut pour le travail de nuit, la prestation de l'employeur avait lieu sur la base d'une obligation légale. En revanche, les versements au titre de l'épargne salariale (parts patronales pour l'épargne) répondaient à une finalité essentiellement différente de la contrepartie du travail effectué. Il s'agissait d'une constitution de patrimoine à long terme pour les salariés. Par conséquent, ces versements ne devaient pas être intégrés dans l'assiette du salaire minimum.

Cour fédérale du travail, arrêt du 25 mai 2016 - 5 AZR 135/16

[Paragraphe 29] Selon l'article 1, paragraphe 2 phrase 1 de la loi MiLoG, le salaire minimum est de 8,50 EUR brut « par heure de travail ». La loi ne fait pas dépendre cette exigence du temps de travail effectué, ni des circonstances dans lesquelles s'accomplit la prestation de travail, ni du résultat de celle-ci. La normalisation de ce que doit être un rapport approprié entre prestation de travail et rémunération du travail vise à garantir l'existence de l'individu grâce au revenu du travail en tant qu'expression de la dignité humaine (article 1,1, première phrase de la Loi fondamentale)

[Paragraphe 32] La notion de rémunération doit donc être comprise de manière globale, et toutes prestations en espèces versées par l'employeur en contrepartie du travail sont adaptées pour satisfaire le droit au salaire minimum de l'employé (...)

FAITS

Le contrat de travail écrit d'une demanderesse prévoyait, en sus du salaire mensuel, des suppléments de salaire particuliers ainsi que des primes de vacances et de Noël. L'employeur conclut avec le conseil d'établissement un accord d'entreprise concernant le versement des primes spéciales annuelles ; depuis lors, l'employeur versait chaque mois à la demanderesse, outre son salaire brut, un douzième des primes de vacances et de Noël, soit un montant total brut de 1 507,30 euros par mois. L'employeur estimait avoir ainsi respecté le droit au salaire minimum de la salariée.

RAISONNEMENT JURIDIQUE

La Cour fédérale du travail a confirmé le point de vue de l'employeur. La Cour s'est fondée sur une « notion de rémunération au sens large du terme » et a constaté que le droit de la demanderesse au salaire minimum, calculé d'après les heures de travail effectivement accomplies, avait été satisfait, car les primes spéciales annuelles versées de manière inconditionnelle et irrévocable chaque mois à raison d'un douzième du montant global ont un « effet exécutoire ». Seuls n'ont pas d'« effet exécutoire » les versements effectués par l'employeur indépendamment d'une prestation de travail effective ou sur la base d'une finalité légale particulière.

Cour fédérale du travail, arrêt du 21 février 2016 – 5 AZR 374/16

Rn. 23. L'objectif premier du salaire minimum légal est de garantir à chaque salarié un revenu mensuel lui permettant de subvenir à ses besoins (Documentation officielle du Bundestag 18/1558 p. 28 ; BAG 25 mai 2016 - 5 AZR 135/16 – Rn n° 29). Toute rémunération versée par l'employeur restant au salarié peut servir à cette fin, indépendamment du moment de la journée, des circonstances ou de la qualité du travail effectué. Par conséquent, seules sont à exclure, parmi les rémunérations de l'employeur versées dans le cadre de la relation d'échange inhérente au contrat de travail, les paiements que l'employeur effectue sans tenir compte des prestations de travail effectives du salarié ou qui répondent à une exigence légale particulière (par exemple, § 6, alinéa 5, ArbZG sur la rémunération du travail de nuit ou du travail posté) sont dépourvus d'effet d'exécution (voir BAG 25 mai 2016 - 5 AZR 135/16 – marge n° 32). Cette interprétation de la notion de salaire minimum orientée vers l'objectif de la norme répond à la transparence requise par la CJCE, car elle permet également aux employeurs et aux employés étrangers de s'adapter à la loi allemande sur le salaire minimum de manière juridiquement sûre.

FAITS

Une téléphoniste avait droit, en vertu de son contrat de travail et en application d'un accord d'entreprise, à un salaire horaire, une prime de travail posté, une prime de rendement et une prime liée à l'utilisation d'une certaine fonction d'une touche de clavier. L'employeur lui versait un montant global mensuel composé du salaire horaire et des primes. La téléphoniste fit valoir que le salaire minimum ne lui était pas payé, car les primes devaient être exclues de l'assiette de vérification du salaire minimum.

RAISONNEMENT JURIDIQUE

À la suite d'un arrêt de la Cour d'appel du travail qui avait donné raison à la demanderesse, la Cour fédérale du travail rejeta la demande. Un employeur respecte le droit au salaire minimum légal du travailleur si la rémunération brute versée pour un mois civil atteint le montant résultant d'une multiplication du nombre d'heures de travail effectif par le taux horaire de 8,50 euros durant ce mois. L'objectif premier du salaire minimum légal est de garantir à chaque travailleur un revenu mensuel suffisant pour lui permettre de subvenir à ses besoins vitaux. Toute rémunération due au salarié et versée par l'employeur répond à cet objectif, indépendamment du moment de la journée durant lequel le travail a été réalisé, des circonstances et de la qualité de celui-ci.

Cour fédérale du travail, arrêt du 17 janvier 2018 – 5 AZR 69/17

[Paragraphe 17] Les primes pour le travail le dimanche et les jours fériés sont à prendre en considération au titre de la législation sur le salaire minimum Elles constituent une rémunération pour le travail effectué dans le cadre de la relation d'échange contractuelle et sont accordées pour le travail effectivement accompli. Les primes du dimanche et des jours fériés ne répondent pas à une exigence légale particulière. Contrairement aux heures travaillées pendant la nuit, la loi sur le temps de travail n'établit pas

d'obligations de paiement particulières de la part de l'employeur pour le travail effectué le dimanche et les jours fériés.

FAITS

La demanderesse était depuis des années employée à temps partiel dans une maison de retraite. Le contrat de travail convenu entre les parties prévoyait un salaire horaire brut de 6,60 euros dû « le dernier jour du mois ». La demanderesse percevait en outre une indemnité horaire pour travail du dimanche et des jours fériés de 2,00 euros bruts. Depuis le mois de janvier 2015, la défenderesse versait à la demanderesse un salaire brut mensuel correspondant au produit des heures travaillées au taux horaire de 8,50 euros. La demanderesse estimait que la prise en compte des indemnités dans l'assiette du salaire minimum n'était pas justifiée.

RAISONNEMENT JURIDIQUE

La Cour fédérale du travail rejeta la demande. Les indemnités pour travail du dimanche et des jours fériés doivent être prises en compte dans l'assiette du salaire minimum. Elles constituent la rémunération du travail versée dans le cadre de la relation d'échange régie par le contrat de travail et sont octroyées précisément pour la prestation de travail effective. Les indemnités pour travail du dimanche et des jours fériés ne sont pas subordonnées à une finalité légale particulière (à la différence des indemnités pour travail de nuit en vertu du § 6, alinéa 5 de la Loi sur le temps de travail (*Arbeitszeitgesetz*).

Mise en perspective

La jurisprudence de la Cour fédérale du travail se réfère de manière déterminante à l'objectif poursuivi par la loi. L'introduction d'un salaire minimum légal avait pour objectif de protéger[2] les travailleurs contre des salaires inappropriés et de leur procurer un revenu mensuel leur permettant de subvenir à leurs besoins vitaux[3]. Il ressort précisément de ce dernier point que le salaire minimum ne saurait avoir uniquement une fonction « se référant à l'heure » et qu'il s'agissait seulement de fixer un « salaire horaire » déterminé.

La Cour fédérale du travail a déduit de cette « fonctionnalité » du salaire minimum en tant que « moyen de subsistance » que toutes les rémunérations versées par l'employeur dans le cadre d'un contrat synallagmatique devaient être prises en compte dans l'assiette du salaire minimum. De fait, l'ensemble de ces rémunérations versées constitue le revenu « mensuel » devant permettre au salarié de subvenir à ses besoins vitaux.

---

[2] Document du Bundestag n° 18/1558.

[3] BAG du 21/12/2016 – 5 AZR 374/16.

La Cour fédérale du travail s'est penchée de très près – notamment dans son arrêt du 21/12/2016 – sur l'exposé des motifs et les débats parlementaires, lesquels n'étaient pas sans contradiction. La Cour s'est également fondée sur la jurisprudence de la CJUE et a pris en considération l'arrêt *Sähköalojen*[4]. Selon celui-ci, « toutes les contreparties de l'employeur fixées de manière contraignante et transparente » pour la prestation de travail du travailleur sont des « éléments faisant partie du salaire minimal ». La CJUE en avait notamment déduit que les frais de logement et les bons d'alimentation n'étaient pas à considérer comme faisant partie du salaire minimum, vu qu'ils étaient versés « à titre de compensation du coût de la vie effectivement encouru par les travailleurs à cause de leur détachement ».

Après quelques divergences d'opinions sur ce point entre les juridictions d'instance dans les premiers temps de l'application de la loi, la jurisprudence actuelle de la Cour fédérale du travail est restée depuis lors incontestée. Les litiges ayant trait à la prise en compte d'éléments de rémunération dans l'assiette du salaire minimum sont désormais plus rares.

Les récents litiges ayant trait au salaire minimum portaient sur des questions liées aux délais de forclusion. Tout accord qui voudrait exclure le droit au salaire minimum est nul en vertu du § 3, phrase 1 MiLoG (*Gesetz zur Regelung eines allgemeinen Mindestlohns* - Loi portant réglementation d'un salaire minimum général). La question qui se posait dans ce contexte était de savoir si une large clause d'exclusion fixée au contrat de travail et qui ne se rapportait pas explicitement à l'exception du salaire minimum était, ou non, nulle dans son ensemble, c'est-à-dire également en ce qui concerne les autres éléments de la rémunération. La Cour fédérale du travail a répondu par l'affirmative à cette question pour des contrats qui avaient été conclus après l'entrée en vigueur de la loi (MiLoG au motif d'un manquement à l'obligation de transparence[5].

[4] CJUE du 12/2/2015 – Affaire C-396/13 ayant trait au domaine du détachement des travailleurs et à l'application de la directive 96/71/CE.
[5] BAG du 18/9/2018 – 9 AZR 162/18.

TREIZIÈME MOIS ET SALAIRE MINIMUM (FRANCE)

Marie-Cécile Escande-Varniol

L'essentiel

Le treizième mois (ou prime de fin d'année) est un élément de rémunération versé de manière périodique. Il pose d'abord un problème de qualification :

- nature juridique de salaire ou gratification supplémentaire ? La réponse à cette question se trouve généralement dans la source qui crée cet avantage (contrat ou convention collective).

- s'il est assimilable à du salaire, comment le prendre en compte dans le calcul du salaire minimum ? La réponse ici se heurte à un conflit lié à la périodicité des paiements. Des dispositions légales imposent, sous peine de sanctions pénales, que le salaire minimum soit payé au plus tard à la fin du mois pour les salariés qui relèvent d'un accord de mensualisation (pour les autres, la périodicité est inférieure). Ces règles amènent la Cour de cassation à considérer que le treizième mois ne peut être pris en compte pour le calcul du SMIC que pour le mois de son versement. L'employeur ne peut opérer une compensation entre les mois où le salarié gagne moins que le salaire minimum (légal ou conventionnel) et ceux où il gagne plus, notamment grâce au versement d'un treizième mois.

Contexte

Certains compléments de salaire prennent la forme de versements périodiques : le treizième mois, mais également les primes de vacances ou de fin d'année, ce qui pose un problème de qualification. S'agit-il de primes périodiques à prendre en compte uniquement pour le mois du versement, ou d'un salaire différé qui peut donner lieu à un découpage *prorata temporis* ?

En matière de salaire minimum, la prime de 13e mois doit-elle être intégrée ou non dans le calcul de cette obligation légale ou conventionnelle ? La Cour de cassation, de manière constante depuis plus de 30 ans considère que la prime de 13e mois ne peut être assimilée au salaire que pour le mois du versement (Cass. soc. 3 mars 1988, n° 86-40001 et 86-40219, Crim. 29 nov. 1988, n° 86-92449, *Bull. crim.* n° 405 ; Cass. soc. 7 mai 1991, n° 90-

44.817 ; Cass. soc. 8 nov. 1994, n° 90-44.817 ; Cass. soc. 29 janv. 2002, n° 99-44.842, *Bull. civ.* V n° 36, *Dr. soc.* 2002, 460, obs. C. Rade).

Cour de cassation, Chambre sociale, arrêt 3 mars 1988, n° 86-40001 et 86-40219

Vu la connexité, joint les pourvois n° 86-40-001 et 86-40.219 ;

Mais attendu qu'ayant constaté que le treizième mois était accordé par la société à l'ensemble du personnel, les juges du fond ont retenu à bon droit que l'employeur, qui, sans dénoncer l'accord d'entreprise, avait complété le salaire de base de certains salariés par un « acompte » sur le treizième mois, de façon à porter leur rémunération au montant du salaire minimum de croissance venant d'être relevé, n'avait pas satisfait à l'obligation mise à sa charge par l'article D. 141-2 du Code du travail, en pénalisant les salariés dont les rémunérations étaient les plus faibles ; qu'il s'ensuit que le moyen ne saurait être accueilli en sa première branche ;

FAITS

La société Ateliers Mécaniques du Velay, versait à son personnel depuis le 10 novembre 1973 un treizième mois qui était réglé par moitié fin juillet et fin décembre ; à la suite de l'augmentation du SMIC, la société a payé à certains salariés des acomptes mensuels sur le treizième mois afin que ces sommes entrent en compte dans la comparaison du salaire de base et du salaire minimum.

QUESTION JURIDIQUE

À la suite d'une augmentation du SMIC l'employeur peut-il modifier unilatéralement la périodicité du versement de la prime de treizième mois, issue d'un accord d'entreprise et dont le caractère de complément de salaire n'était pas contesté, afin que le montant du salaire mensuel soit équivalent au SMIC ?

PROCÉDURE

Jugement du Conseil de prud'hommes du Puy du 27 novembre 1985 qui avait jugé illicite la méthode de calcul de l'employeur et l'avait condamné à verser des compléments de salaire afin que les salariés bénéficient effectivement de l'augmentation du SMIC tout en continuant à percevoir le 13e mois.

RAISONNEMENT JURIDIQUE

La Cour de cassation approuve le Conseil de Prud'hommes, considérant qu'« ayant constaté que le treizième mois était accordé par la société à l'ensemble du personnel, les juges du fond **ont retenu à bon droit que l'employeur**, qui, sans dénoncer l'accord d'entreprise, avait complété le salaire de base de certains salariés par un « accompte » sur le treizième mois, de façon à porter leur rémunération au montant du salaire minimum de croissance venant d'être relevé, **n'avait pas satisfait à l'obligation mise à sa charge par l'article D. 141-2 du Code du travail, en pénalisant les salariés dont les rémunérations étaient les plus faibles ».**

En l'occurrence, il faut remarquer que la solution adoptée par l'employeur créait une inégalité entre les salariés. En effet, comme le remarque la Cour de cassation, les plus faibles rémunérations étaient « pénalisées » car leur 13e mois servait à compenser le différentiel entre l'ancien taux du SMIC et le nouveau, alors que les salariés dont la rémunération était supérieure au SMIC continuaient à bénéficier entièrement de ce 13e mois. Cette méthode neutralisait de fait l'augmentation voulue par le législateur.

Cour de cassation, chambre sociale, arrêt du 8 novembre 1994, n° 90-44817, inédit

Vu la convention collective nationale des jardiniers et jardiniers gardiens ;

(....)

Attendu, cependant, que, pour déterminer le rappel de salaires éventuellement dû à M. X..., il appartenait à la cour d'appel de comparer, mois par mois, le salaire versé par l'employeur et le salaire minimum mensuel garanti tel qu'il était déterminé par la convention collective, le 13ème mois perçu en fin d'année par le salarié n'ayant à être pris en considération que pour évaluer, pour le mois au cours duquel il avait été perçu, le montant du salaire versé par l'employeur ;

FAITS

M. X... engagé par Mme Y... le 1er mars 1969 en qualité de jardinier et d'ouvrier d'entretien de sa propriété, a été licencié le 30 novembre 1987 pour motif économique ; il a saisi le Conseil de prud'hommes d'une demande en rappel de salaires et d'indemnités de congés payés.

QUESTION JURIDIQUE

Pour déterminer le montant des indemnités dues au salarié, les juges devaient d'abord fixer le salaire de référence à prendre en compte. En effet, les indemnités de licenciement, comme les indemnités de congés payés (et bien d'autres) sont calculées en pourcentage du « salaire » habituel. Celui-ci est souvent constitué de diverses sommes dont il faut qualifier la nature juridique. Ici, l'employeur considérait que le treizième mois devait être pris en compte pour le calcul global du salaire, tant pour le calcul de ces indemnités, que pour calculer le salaire minimum conventionnel dû au salarié.

La question était donc celle de savoir si l'on peut faire un calcul global sur l'année en ajoutant, aux salaires réguliers des douze mois, le treizième mois versé périodiquement, pour ensuite diviser le total par douze et le comparer au montant minimum dû au salarié ?

PROCÉDURE

En l'occurrence la cour d'appel avait constaté que le salarié percevait régulièrement, à titre de supplément de salaire, un treizième mois et **qu'il convenait de réintégrer ce treizième mois « non seulement dans les salaires effectivement perçus par l'intéressé, mais encore dans les salaires dus selon le minimum conventionnel »** et qu'en conséquence, « la différence entre ces deux sommes constituait le rappel de rémunération à allouer »

RAISONNEMENT JURIDIQUE

Sur le fondement de la convention collective des jardiniers gardiens de propriété, la Cour de cassation casse cette décision de la Cour d'appel de Reims, considérant que « pour déterminer le rappel de salaires éventuellement dû à M. X..., il appartenait à la cour d'appel de **comparer, mois par mois, le salaire versé par l'employeur et le salaire minimum mensuel garanti** tel qu'il était déterminé par la convention collective, **le 13ème mois perçu en fin d'année par le salarié n'ayant à être pris en considération que pour évaluer, pour le mois au cours duquel il avait été perçu**, le montant du salaire versé par l'employeur ».

À rapprocher également de **cass. 29 janvier 2002, n° 99-44842, Bull V 2002 n° 36.** S'agissant de la requalification d'un « contrat de qualification » (genre de contrat d'apprentissage au cours duquel le salarié reçoit une rémunération inférieure au SMIC), en contrat de travail à durée déterminée ordinaire, la Cour de cassation a décidé, sur le fondement des articles L. 141-11 et L. 143-2 du Code du travail (textes sur la rémunération mensuelle minimale), « qu'en raison de la requalification du contrat en contrat de travail à durée déterminée de droit commun, le salarié avait droit, dès le début de la période contractuelle, à une rémunération au moins égale au SMIC et que **l'employeur n'avait pas la faculté de différer le paiement du SMIC en pratiquant une compensation d'une période de paie sur l'autre** ».

Voir également Cass. soc. 13 avril 2016, n° 14-15593, arrêt de cassation qui reproche à la Cour d'appel d'avoir fait un comparatif global en additionnant toutes les sommes perçues pour les années concernées, sans préciser les modalités de comparaison pour vérifier l'effectivité du versement du SMIC.

Mise en perspective

Le treizième mois peut être prévu par la convention collective, par usage ou par contrat (Cass. soc. 28 fév. 1996, n° 93-40883, *Bull. civ.* V n° 74 ; Cass. soc. 24 avril 2013, 12-1019 6 PBR, *D.* 2013, obs. J. Siro, F. Ducloz, *Sem. soc. Lamy* 6 mai 2013 n° 1583). La source est indifférente à la qualification, mais elle peut poser des conditions ou donner des éléments d'interprétation déterminant sa nature juridique. Ces conditions s'appliquent à tous les salariés quel que soit leur statut dans l'entreprise.

Si le mode de calcul de ce *treizième mois* est fixé par la convention qui le crée, il s'impose au juge. Dès lors qu'une convention collective (convention collective nationale des sociétés d'économie mixte d'autoroutes du 1er juin 1979) prévoit que, indépendamment de leurs appointements mensuels, les agents titulaires reçoivent un 13e mois égal à 100 % du salaire de base et des primes fixes de décembre, il y a lieu de ne pas prendre en compte, dans le calcul de ce treizième mois, les primes à caractère variable. C'est donc à tort qu'un conseil de prud'hommes impose d'inclure les primes de trafic, de transaction et de péage, qui fluctuent en fonction du trafic traité par chaque agent. (Cass. soc., 21 mars 2006, n° 05-42.474, *Bull. civ.* V n° 116).

Cependant, lorsque le salaire est fluctuant, composé essentiellement par des commissions, la Cour de cassation admet la licéité de certaines conventions collectives qui prévoient un calcul de la rémunération sur l'année (« la cour d'appel, qui a d'une part relevé que l'article 38 de la convention collective de l'immobilier du 9 septembre 1998 permet d'inclure le treizième mois sous réserve que le contrat de travail fixe les modalités du règlement des commissions et d'autre part constaté que le contrat de travail prévoyait que la rémunération du salarié était partiellement établie sur la base d'un barème de commission convenu entre les parties et fixait les modalités de règlement des commissions de telle façon que le salarié soit assuré de percevoir dans l'année civile treize fois le salaire conventionnel qui lui est acquis lorsque le treizième mois est inclus dans la rémunération » Cass. soc. 27 janvier 2016, n° 14-11531).

Si la convention prévoit que le paiement de la prime de treizième mois est subordonné à une condition de présence du salarié dans l'entreprise lors de son versement, pour moitié en juin puis en novembre de chaque année, lorsque le salarié quitte l'entreprise en cours d'année, il ne peut prétendre au versement *prorata temporis* d'une part de prime correspondant aux mois écoulés depuis le dernier versement (Cass. soc. 12 mars 2008, n° 06-46.163). Tandis que si le contrat de travail prévoyait une rémunération annuelle fixée à treize fois le salaire mensuel (Cass. soc. 10 avr. 2008, n° 06-44.861), le salarié peut prétendre à un versement *prorata temporis*.

Si le treizième mois constitue une fraction de salaire et non une gratification, il doit être payé *prorata temporis* (Cass. soc. 19 déc. 1990, n° 88-41.075, *Bull. civ.* V n° 684). En conséquence, lorsque le salaire annuel prévu contractuellement et payé, comprenait un treizième mois, lequel était réglé par douzième, les indemnités de licenciement et de préavis doivent être calculées sur treize mois, et le salarié a droit à une fraction du treizième mois au *prorata* du temps de travail sur la période de référence (Cass. soc. 20 fév. 2008, n° 06-44861).

Il a été jugé que la mention d'une rémunération brute annuelle dans la lettre d'embauche exclut toute notion de treizième mois (Cass. soc. 30 janv. 2002, n° 99-46359). Le contrat peut prévoir expressément une rémunération annuelle qui comprend tous les éléments tels que primes d'ancienneté, treizième mois et rémunération complémentaire de même nature, payable par douzièmes. En ce cas, le salaire annuel prévu contractuellement et payé comprend un treizième mois, réglé par douzième (Cass. soc. 20 fév. 2008, n° 05-45601, *Bull. civ.* V n° 39).

En revanche, s'il s'agit d'une prime périodique, elle ne peut être versée qu'à échéance et les salariés quittant l'entreprise en cours d'année n'ont droit à un paiement de la prime *prorata temporis* que si une convention ou un usage le prévoit (Cass. soc. 31 janv. 1996, n° 93-40146 ; Cass. soc. 17 oct. 2000, n° 98-42.169 ; Cass. soc. 7 mars 2001, n° 99-41.248).

Cette règle est valable pour toutes les primes périodiques ou ponctuelles, la Cour de cassation considère d'une manière générale que les primes annuelles sont prises en compte le mois où elles sont versées et que sauf dispositions conventionnelles contraires, les primes payées en cours d'année en contrepartie ou à l'occasion du travail doivent être prises en compte dans la détermination du salaire minimum pour le mois où elles ont été effectivement versées, d'éventuels excédents mensuels ne pouvant se compenser avec les insuffisances constatées pour d'autres mois, lesquelles ouvrent droit au paiement de salaires (Cass. soc. 17 sept. 2003, n° 01-43029, *Bull. civ.* V n° 235, RJS 12/03, n° 1394).

En conclusion, on retiendra que le régime juridique du *treizième mois* dépend de sa nature juridique, salaire ou gratification complémentaire, elle-même déterminée par la source (contrat, convention ou usage) de l'avantage qui pose les conditions de son octroi. Mais s'agissant de l'assiette du SMIC, sauf cas particulier, le 13e mois ne peut être pris en compte que pour le mois de son versement. Une moyenne sur l'année n'est pas possible, le SMIC est un salaire horaire ou mensuel.

TREIZIÈME MOIS ET SALAIRE MINIMUM (ALLEMAGNE)

Raphaël Callsen

L'essentiel

En Allemagne, le treizième mois, souvent payé en deux tranches en été et à la fin de l'année, pose des problèmes similaires à ceux qui se posent en France :

- Salaire (à prendre en compte pour le salaire minimum) ou gratification supplémentaire ? La réponse à cette question dépendra des conditions, contractuelles ou prévues par la convention collective applicable, sous lesquelles sera versé le treizième mois.
- En cas d'assimilation au salaire, il sera pris en compte pour le mois pour lequel il est versé. Cela n'exclut cependant pas un versement tardif (qui n'ouvre droit qu'au paiement de dommages et intérêts, le cas échéant).
- Une prise en compte pour le salaire minimum ne pourra se faire qu'à la condition que le treizième mois est versé sans réserve. Si, selon le contrat ou la convention collective en vigueur, l'employeur peut, sous certaines conditions, demander le remboursement (d'une partie) du treizième mois, celui-ci ne sera probablement pas pris en compte pour le salaire minimum.

Contexte

Le salaire minimum légal et général est une nouveauté en droit allemand. Depuis le 1er janvier 2015 chaque salarié a droit à une rémunération d'au moins 8,50 euros par heure de travail effective (soit en moyenne 1473 euros brut/mois pour un salarié travaillant 40 heures par semaine).

Le salaire minimum a été élevé à 8,84 euros par heure de travail effective depuis le 1er janvier 2017 (soit en moyenne 1 532 euros brut/mois pour un salarié travaillant 40 heures par semaine)[1].

Il doit être versé au plus tard le dernier jour ouvrable bancaire de Francfort/Main du mois suivant.

---

[1] Depuis le 1er janvier 2021, le salaire minimum s'élève à 9,50 euros et sera augmenté à 10,45 euros jusqu'au 1er juillet 2022.

Cependant, il existait déjà auparavant des salaires minima concernant certaines branches, issus de conventions collectives et rendus obligatoires par la loi sur le détachement transfrontalier de travailleurs sur le territoire allemand (*Arbeitnehmerentsendegesetz*). On pouvait s'attendre à ce que les lignes jurisprudentielles dégagées dans ce contexte soient reprises concernant le salaire minimum légal. La Cour fédérale a expressément confirmé cette approche. Elle se base sur la notion de salaire minimum dégagé par la CJUE (notamment dans son arrêt du 12 février 2015 dans l'affaire C-396/13).

En suivant cette approche, la Cour fédérale du travail considère que, pour vérifier si un(e) salarié.e a reçu le salaire minimum, il y a lieu de prendre en compte toute rémunération qu'il/elle reçoit en contrepartie des services rendus sur la base d'une règle contraignante et transparente (BAG 21 décembre 2016, 5 AZR 374/16, au no 22).

Dans son arrêt de principe datant du 25 mai 2016, la Cour fédérale a apporté quelques précisions importantes concernant le treizième mois.

Cour fédérale du travail, arrêt du 25 mai 2016 - 5 AZR 135/16

Premier arrêt et arrêt de principe concernant le salaire minimum légal :

[Paragraphe 23] aa) Tous les salariés ont droit à un salaire minimum légal, même si leur rémunération, réglementée par un contrat de travail ou une convention collective, est supérieure au salaire minimum légal (HK-MiLoG/Düwell § 1 point 18). Dans son champ d'application, la loi sur le salaire minimum crée une base de droit indépendante pour tous les salariés (ErfK/Franzen 16e éd. § 1 MiLoG point 2 ; d'un avis différent : Waltermann AuR 2015, 166, 170 ; HK-MiLoG/Schubert § 20 point 10).

[Paragraphe 24] bb) Si la rémunération effectivement versée par l'employeur n'atteint pas le salaire minimum légal, cela donne lieu à un droit à une rémunération différentielle de plein droit si le salarié ne perçoit pas, au cours de la période de décompte des heures travaillées, au moins la rémunération prévue au § 1, alinéa 2, phrase 1 MiLoG (Riechert/Nimmerjahn MiLoG § 1 marginal n° 31 ; Lembke NZA 2016, 1, 4 ; cf. sur un salaire minimum prévu par une convention collective BAG 8 octobre 2008 - 5 AZR 8/08 – point 28, BAGE 128, 119).

[Paragraphe 25] Dans ce contexte, des périodes de calcul plus longues qu'un mois civil sont exclues pour la question de savoir si un droit à une rémunération différentielle est né (Kocher AuR 2015, 173, 175 ; Bayreuther in Thüsing MiLoG 2e éd. § 1 n° 78 en marge ; d'un avis différent : Waltermann AuR 2015, 166, 171 : « bimensuel » ; probablement aussi ErfK/Franzen 16e éd. § 1 MiLoG n° 8 en marge). En effet, la loi sur le salaire minimum vise à garantir un revenu mensuel « supérieur à la limite d'exemption de saisie-arrêt » aux salariés travaillant à temps plein (BT-Drs. 18/1558 p. 28). Afin de pouvoir satisfaire aux obligations de paiement

régulier, le § 2, alinéa 1, phrase 1, n° 2, MiLoG, réglemente par conséquent la date d'échéance du salaire minimum au plus tard le dernier jour bancaire du mois suivant le mois au cours duquel le travail a été effectué.

[Paragraphe 26] cc) L'employeur a satisfait au droit au salaire minimum légal si la rémunération brute versée pour un mois civil atteint le montant qui résulte de la multiplication du nombre d'heures effectivement travaillées au cours de ce mois par 8,50 euros. Il n'est pas important que l'employeur paie toujours le salaire minimum à temps ; les retards de paiement peuvent également avoir un effet d'exécution. [...]

[...]

[Paragraphe 32] (3) Si un concept global de rémunération s'applique ainsi, toutes les prestations en espèces de l'employeur dans le cadre de l'exécution du contrat sont appropriées pour satisfaire la demande de salaire minimum de l'employé. Parmi les rémunérations versées par l'employeur dans le cadre de la relation d'échange en vertu du contrat de travail (cf. Bayreuther NZA 2014, 865, 869 ; Lembke NZA 2015, 70, 76), seuls les paiements que l'employeur effectue sans tenir compte d'une prestation de travail effective de l'employé ou qui sont fondés sur un but légal particulier (par exemple § 6 alinéa 5 ArbZG, qui prévoit un supplément à la rémunération brute à laquelle le salarié a droit, voir BAG 16 avril 2014 - 4 AZR 802/11 – paragraphe 51, BAGE 148, 68). Cette dernière découle de l'égalité de rang des normes du droit fédéral. [...]

FAITS

La salariée était employée de cafétéria à temps plein. Son contrat de travail prévoyait un salaire de 8 euros par heure de travail ainsi que diverses majorations (25 % pour les heures supplémentaires, 30 % voire 100 % pour le travail le dimanche et les jours fériés, 10 % pour le travail de nuit). Le contrat prévoyait aussi, ce qui nous intéresse particulièrement, le paiement d'une prime de vacances d'un demi-salaire mensuel au mois de mai et une prime de Noël d'un demi-salaire mensuel au mois de novembre.

En décembre 2014, l'employeur conclut avec le *Betriebsrat* un accord d'entreprise (« entrée en vigueur du salaire minimum ») prévoyant que les primes devaient être payées désormais chaque mois au *prorata*.

À partir du mois de janvier 2015, l'employeur a continué à payer à la salariée son salaire de base, 1391,36 euros par mois, en y ajoutant 57,97 euros déclarés comme « 1/12ème prime de vacances » et encore une fois 57,97 euros déclarés comme « 1/12ème prime de Noël ».

QUESTION JURIDIQUE

Est-ce que les primes, versées au *prorata* chaque mois, peuvent être prises en compte pour le calcul du salaire minimum (rappel : en moyenne 1473 euros brut/mois pour un(e) salarié(e) travaillant 40 heures par semaine) ?

PROCÉDURE

Le Tribunal du travail ainsi que la Cour régionale considèrent que les primes peuvent être prises en compte pour le salaire minimum et que la demanderesse n'est donc pas fondée à demander des rappels de salaire. La Cour fédérale confirme ces décisions et déboute la salariée.

RAISONNEMENT JURIDIQUE

La Cour fédérale considère que les primes doivent être prises en compte pour constater si le salaire minimum légal a été versé à la salariée. La Cour considère aussi que l'employeur était en droit de modifier la périodicité des primes.

La Cour précise d'abord que le droit au salaire minimum est de nature légale, indépendant des stipulations contractuelles et des conventions collectives applicables, le cas échéant.

Son objectif est de garantir à chaque salarié une rémunération minimale, en argent et chaque mois.

La Cour en déduit que toute rémunération versée en contrepartie du travail doit être prise en compte pour le salaire minimum. Toute prestation financière a un caractère rémunératoire, sauf si elle est versée indépendamment de la prestation de travail ou si la loi y attache un objectif particulier (exemple : majorations pour travail de nuit, article 6 alinéa 5 de la loi sur le temps de travail, ArbZG).

La Cour en déduit également que la période de référence décisive est le mois. Il y a donc lieu de calculer si, en moyenne, le salarié reçoit 8,50 euros par heure. Tout paiement pour ce mois est à prendre en compte. Il n'est cependant pas nécessaire que l'argent soit effectivement versé ce même mois. Un versement tardif n'ouvre droit qu'à des dommages et intérêts.

La Cour précise aussi que le versement d'une certaine somme ne peut être pris en compte pour le salaire minimum que si le salarié est sûr de pouvoir la garder. Si le paiement n'est pas définitif, on ne peut pas considérer que le droit au salaire minimum légal a été satisfait.

En l'occurrence, les primes versées au *prorata* devaient être prises en compte. En absence de convention collective et considérant que le contrat de travail ne s'opposait pas à une modification par accord d'entreprise, même au détriment de la salariée, l'employeur pouvait modifier le mode de paiement et l'échéance des primes.

Mise en perspective

Jusqu'en avril 2017, la Cour fédérale avait seulement eu l'occasion de se prononcer sur le salaire minimum légal dans les deux arrêts précités, dont une fois sur le treizième mois.

Il est néanmoins clair qu'en règle générale un treizième mois sera pris en compte pour le salaire minimum, sauf si les conditions prévues au contrat de travail ou dans la convention collective applicable sont telles que l'on doit exceptionnellement conclure, en interprétant le contrat ou la convention collective, que cette prime n'a pas de caractère rémunératoire.

Cela pourrait être le cas si une prime de vacances dépend et est calculée en fonction des jours de vacances effectivement pris par le salarié. Dans ce cas, elle n'est pas liée à la prestation de travail, mais a pour objet d'encourager la détente des travailleurs (Cour d'appel du travail – Landesarbeitsgericht Berlin-Brandenburg, 2 octobre 2015, 9 Sa 570/15).

Ce qui peut aussi poser problème, ce sont des clauses réservant le droit à l'employeur de demander le remboursement (partiel) d'une prime. Même si l'employeur a modifié le mode de paiement de la prime (règlement mensuel), mais que la clause de remboursement subsiste, il y aurait lieu de considérer que la prime ne peut pas être prise en compte pour le salaire minimum (Cour d'appel du travail – Landesarbeitsgericht Sachsen, 11 mai 2016, 2 Sa 551/15).

Ainsi, les juges allemands auront encore beaucoup de questions à trancher concernant le treizième mois. Pourraient-ils s'inspirer des solutions dégagées par les juges français ?

Force est de constater que pour l'heure, les raisonnements des juges de part et d'autre du Rhin sont les mêmes, fondés sur l'objet du versement : si la somme est versée en contrepartie directe de l'exécution normale et ordinaire du contrat, elle doit être qualifiée de salaire pour le mois où elle est versée. En revanche, toute somme versée à titre exceptionnel, ou en compensation d'une prestation particulière, supposant un effort supplémentaire du salarié (heure de nuit ou dans des conditions plus contraignantes que d'habitude, par exemple), échappe au calcul du salaire minimum.

Comme on le voit, dans les deux droits, la structure du salaire et la périodicité de versement des primes a une incidence non négligeable sur la qualification des sommes et donc sur le niveau du salaire. Ce point doit être très présent à l'esprit des négociateurs lorsque l'on envisage une modification de la répartition des primes. Un étalement des versements sur l'année peut se traduire par une baisse nominale du salaire payé au niveau du salaire minimum. C'est une façon d'éviter la mise en œuvre effective d'une augmentation légale du salaire.

DEUXIÈME PARTIE

L'ARTICULATION DES SOURCES

L'ARTICULATION ENTRE CONTRAT DE TRAVAIL ET ACCORDS COLLECTIFS EN MATIÈRE DE RÉMUNÉRATION : REGARDS CROISÉS FRANCO-ALLEMANDS

Marie-Cécile Escande-Varniol
et
Raphaël Callsen

Pour le droit allemand, comme pour le droit français, le salaire, prix du travail subordonné, est par essence individuel et contractuel. Cela est reconnu textuellement par le code civil allemand[1] et a été énoncé dès 1942 par la Cour de cassation française, qui considère que « le contrat de louage de services étant un contrat à titre onéreux, une rémunération doit avoir été convenue expressément ou tacitement[2] ».

Par la suite, la Haute juridiction française a jugé que « par salaire il faut entendre toute rémunération d'un travailleur en état de subordination, quelle que soit l'appellation employée pour la désigner[3] ». Gérard Lyon-Caen, auteur du Traité sur le salaire, ajoute : « il n'y a pas de salaire hors du contrat de travail et tout contrat de travail implique un salaire, les deux termes étant étroitement corrélatifs[4]. » Ce constat est valable pour l'Allemagne également. Cependant, très tôt, la négociation a donné une coloration collective à une notion individuelle et contractuelle. Sont visés ici par exemple, la fixation des tarifs par la profession au XIXe siècle, jusqu'aux grilles de classification et la fixation des salaires minimaux par voie de convention collective, ainsi que l'octroi de primes négociées collectivement. Le salaire dérive alors vers une notion plus large, celle de rémunération. Au-delà du salaire de base, généralement convenu par contrat, la rémunération comprend de nombreux éléments qui s'ajoutent à ce salaire. Ce sont les primes et autres avantages conventionnels qui figurent sur les bulletins de paie et constituent les revenus du travail salarié. Dès lors, il est très délicat, voire quasi impossible de distinguer l'un de l'autre[5] ; aussi, pour les besoins

---

[1] Article 612 du Code civil allemand *(Bürgerliches Gesetzbuch – BGB).*

[2] Civ. 3 août 1942, *Dr. soc.*, 1943, 231.

[3] Cass. soc. 10 oct. 1979, n° 78-41086, *Bull. civ.* V n° 704.

[4] G. Lyon-Caen, *Traité de droit du travail, Tome 2, Salaire*, Paris, Dalloz, 2e éd., 1981, n° 5.

[5] Voir *supra* la détermination du salaire minimum.

de cette étude, les deux termes seront considérés comme synonymes dans la mesure où le régime juridique de l'articulation entre contrat et convention collective est le même dès lors qu'il s'agit des sommes versées en contrepartie de la prestation de travail subordonnée. C'est d'ailleurs le sens que donne à ces termes le code du travail français à propos de l'égalité de rémunération entre les femmes et les hommes[6]. L'attention se porte ici sur la source de l'élément rémunératoire et l'interrogation porte sur la résolution des conflits qui peuvent naître de la coexistence de ces sources.

La complexité actuelle de la rémunération rend parfois difficile la distinction entre ce qui relève du contrat et ce qui relève du statut collectif. Or, même si la source normative des sommes ou contreparties n'apparait pas sur le bulletin de paye, le droit du salaire n'en reste pas moins marqué en France, comme en Allemagne, par deux règles essentielles qui échappent souvent au salarié : d'une part le principe de faveur qui a longtemps régi la matière, d'autre part, l'autonomie des sources qui fait que la convention ou l'accord collectif ne s'incorpore pas au contrat.

Ces règles demeurent, mais elles ont été fortement bousculées par le législateur ces dernières années, notamment en France. Désormais, le champ dérogatoire de la négociation d'entreprise est vaste et permet dans de nombreux cas de conclure des accords *in pejus* au niveau de l'entreprise par rapport aux niveaux supérieurs, de la branche par exemple. Ceci au point qu'un auteur parle de « formes résiduelles » d'un principe qui a « complètement déserté » des pans entiers de la négociation collective[7]. La jurisprudence a suivi et l'on constate qu'il ne reste plus grand chose aujourd'hui de ce qui fut autrefois érigé en « principe de faveur[8] ». Ce principe semble mieux résister dans le droit allemand.

Quant à l'autonomie des sources, il faut souligner que la règle ne se conçoit pas du tout de la même manière dans les deux droits. En France, on constate un cloisonnement net entre le contrat et l'accord collectif, les éléments du statut collectif ne s'incorporent quasiment jamais au contrat, au point que même l'engagement unilatéral est considéré comme un élément du « statut collectif » qui ne s'incorpore pas au contrat de travail. En Allemagne, en revanche, l'engagement unilatéral *(Gesamtzusage)* ou encore l'usage dans l'établissement *(betriebliche Übung)* engendrent des droits

---

[6] Article L3221-3 : Constitue une rémunération au sens du présent chapitre, le salaire ou traitement ordinaire de base ou minimum et tous les autres avantages et accessoires payés, directement ou indirectement, en espèces ou en nature, par l'employeur au salarié en raison de l'emploi de ce dernier. Cette formule, issue du droit communautaire concerne également l'Allemagne.

[7] A. Fabre, « L'articulation des niveaux de négociation devant le Conseil constitutionnel », *Dr. soc.*, 2018, 688.

[8] E. Peskine et C. Wolmark, « Le maintien résiduel de la règle de faveur », *Droit du travail*, Paris, Dalloz, coll. « Hypercours », 13e éd., 2020, p. 631.

contractuels[9] ; de plus, les conventions collectives ne s'appliquant de plein droit qu'aux adhérents des syndicats, il est fréquent de faire référence à des conventions collectives dans le contrat de travail. Selon la jurisprudence allemande, ces références ont pour effet d'incorporer la convention collective dans le contrat de travail.[10] Nous parlerons alors, dans cette contribution, de la « convention collective contractuelle » afin de la distinguer d'une convention collective qui s'applique de plein droit que nous désignerons par le terme « convention collective normative ».

Cette question de l'autonomie des sources pose difficultés notamment lors de la mise en cause ou de la dénonciation des conventions collectives. Nous la verrons dans un deuxième temps. Dans un premier temps nous nous intéresserons à la mise en œuvre de la règle du plus favorable entre contrat et convention collective en France et en Allemagne, ainsi qu'aux évolutions récentes du droit français qui ont transformé la matière.

Le principe de faveur – structure, mise en œuvre et évolution

En droit français le statut collectif ne s'incorpore pas au contrat de travail[11], qu'il s'agisse des conventions, accords ou usages et quel que soit le niveau de ceux-ci. L'articulation entre ces normes se fait par l'article L. 2254-1 du code du travail qui dispose : « Lorsqu'un employeur est lié par les clauses d'une convention ou d'un accord, ces clauses s'appliquent aux contrats de travail conclus avec lui, sauf stipulations plus favorables. » Cette règle, issue d'une loi du 11 février 1950, ancêtre de notre droit des conventions collectives, reste toujours la norme générale en matière d'articulation entre contrat de travail et convention collective, en ce sens, elle apparaissait comme un « principe fondamental en droit du travail[12] ». Cette qualification était renforcée par le fait que jusqu'en 2004, il y avait un système légal de hiérarchie des normes dans l'ordre des accords et conventions collectives. Les normes de niveau inférieur (cela s'entend d'un champ d'application moins large) ne pouvaient être que plus favorables que celles du niveau supérieur[13]. Certains parlaient de « cliquet anti-retour[14] ».

[9] U. Preis, *in Erfurter Kommentar zum Arbeitsrecht*, 20e éd. 2020, § 611a BGB no. 220.

[10] BAG 7 décembre 1977 – 4 AZR 474/76 ; 16 mai 2018 – 4 AZR 209/15, au n° 43.

[11] Pour un exemple récent C. cass. Soc. 6 mars 2019 n° 18-10615 P. Une nuance sera apportée en cas de mise en cause ou dénonciation des conventions applicables.

[12] Soc. 17 juillet 1996, *GADT* n° 174, *Dr soc.* 1989, 1049, concl. P. Lyon-Caen, note J. Savatier ; J. Pélissier, « Existe-t-il un principe de faveur en droit du travail ? », *Mélanges dédiés à M. Despax*, p. 289 ; G. Auzero, D. Baugard, E. Dockès, *Droit du travail*, Paris, Précis Dalloz, 32e éd., 2019, n° 70.

[13] Hiérarchie qui a persisté même après que le législateur ait tenté une première atteinte à ces règles par la loi du 4 mai 2004, Cass. soc. 13 nov. 2014, n° 13-12118 P.

Cependant, si on peut parler de « principe » au sens de règle générale du droit[15] dans la mesure où cette règle demeure dans l'énoncé des articles L. 2254-1 et L. 2251-1[16], le Conseil constitutionnel ne lui reconnaît pas un niveau constitutionnel : « Considérant que le principe ainsi invoqué ne résulte d'aucune disposition législative antérieure à la Constitution de 1946, et notamment pas de la loi du 24 juin 1936 ; que, dès lors, il ne saurait être regardé comme un principe fondamental reconnu par les lois de la République au sens du Préambule de la Constitution de 1946[17] ». Il faut préciser que les décisions du Conseil constitutionnel déniant valeur de principe fondamental à ce principe de faveur ont été rendues à l'occasion de recours relatifs à des lois nouvelles autorisant de plus en plus largement les dérogations à la loi et déstructurant progressivement la hiérarchie pyramidale entre les conventions collectives. Le dernier coup a été donné par les ordonnances dites Macron de septembre 2017[18].

Le droit allemand connaît, lui aussi, un principe de faveur, inscrit au § 4, alinéa 3 de la loi sur les conventions collectives *(Tarifvertragsgesetz – TVG)*[19]. L'alinéa premier de cet article prévoit que les conventions collectives s'appliquent de plein droit (uniquement) aux parties à la convention collective, à savoir les salariés adhérents du syndicat ayant négocié la convention collective et les employeurs individuels signataires de la convention ou membres de l'association d'employeurs ayant signé la convention collective[20]. Le troisième alinéa précise qu'il n'est permis de déroger à la convention collective que si celle-ci l'autorise ou par des accords plus favorables. Nous nous intéresserons ici seulement aux

---

14 B. Teyssié, *Droit du travail. Relations collectives*, Paris, LexisNexis, 2020.

15 A. Jeammaud, « Le principe de faveur. Enquête sur une règle émergente », *Dr. soc.*, 1999, 115 ; « Les principes dits "de faveur" ont-ils vécu ? », *RDT*, 2018, 177.

16 « Une convention ou un accord peut comporter des stipulations plus favorables aux salariés que les dispositions légales en vigueur. »

17 Cons. const. 13 janvier 2003, n° 2002-465 DC, *Dr. soc* 2003, 260, note X. Prétot ; 29 avril 2004, n° 2004-494 DC ; 5 octobre 2016, n° 2016-579 QPC.

18 Ordonnances désormais reprises dans la loi de ratification n° 2018-217 du 28 mars 2018.

19 Extraits du § 4 TVG : « (1) Die Rechtsnormen des Tarifvertrags, die den Inhalt, den Abschluß oder die Beendigung von Arbeitsverhältnissen ordnen, gelten unmittelbar und zwingend zwischen den beiderseits Tarifgebundenen, die unter den Geltungsbereich des Tarifvertrags fallen. (…); (3) Abweichende Abmachungen sind nur zulässig, soweit sie durch den Tarifvertrag gestattet sind oder eine Änderung der Regelungen zugunsten des Arbeitnehmers enthalten. (…) »

20 Il en va différemment en cas d'extension de la convention collective par décision du ministre du travail (*Allgemeinverbindlicherklärung*, § 5 TVG) ou par décret législatif (§ 7 et 8 de la loi sur le détachement des travailleurs, *Arbeitnehmerentsendegesetz* – AEntG, qui instaure des conditions minimales de travail sur le territoire allemand).

conventions collectives conclues par les syndicats, par opposition aux accords d'établissements *(Betriebsvereinbarungen)*, conclus par le conseil d'établissement allemand, qui s'imposent de plein droit à tous les salariés de l'établissement[21].

Avant de voir ces évolutions, il faut s'intéresser à l'interprétation de ce principe par les juridictions. En effet, la notion même de *plus favorable* n'est pas facile à cerner, pas plus que sa mise en œuvre[22].

Mise en œuvre du principe

Il faut comprendre d'abord qu'il s'agit d'une règle de conflit de normes qui ne fonctionne que dans un sens. Ainsi, la Cour de cassation juge qu'« un accord collectif ne peut modifier le contrat de travail d'un salarié ; seules les dispositions plus favorables d'un accord collectif peuvent se substituer aux clauses du contrat[23] ». Cette règle s'impose, même en cas d'application volontaire de la convention par l'employeur et en l'occurrence, l'indemnité de licenciement prévue par la convention collective, plus favorable que l'indemnité contractuelle, s'impose à l'employeur comme au juge[24]. En Allemagne, le point de départ est l'inverse. Il ressort de l'article 4, alinéa 3 TVG, que ce sont les clauses du contrat qui doivent être plus favorables que la convention collective pour trouver application. Si les clauses contractuelles ne sont pas objectivement plus favorables, indépendamment du cas de l'espèce, c'est la convention collective qui prime sur le contrat. Ainsi, un salarié dont le contrat de travail stipulait une clause de faveur n'a pas pu obtenir l'application des règles de rémunération prévues par son contrat (salaire de base plus bas mais primes de nuit et de dimanches plus

---

[21] Voir l'article 77, alinéa 4 de la loi sur la constitution sociale de l'établissement, *Betriebsverfassungsgesetz – BetrV*G. En principe, l'articulation entre accord d'établissement et contrat est également régie par un principe de faveur. L'articulation entre accord d'établissement et contrat posant des problèmes particuliers, cet aspect ne sera pas approfondi dans le présent article (voir Fitting/Engels/Schmidt/Trebinger/Linsenmaier, *Betriebsverfassungsgesetz*, 30e éd. 2020, § 77 BetrVG n° 196 et s. ; Th. Kania, *in Erfurter Kommentar zum Arbeitsrecht*, 20e éd. 2020, § 77 BetrVG no. 68),

[22] Comme le relève un auteur, « La rencontre entre le principe de force obligatoire du contrat et l'effet quasi réglementaire de l'accord collectif est depuis longtemps source de conflit » ; P. Lokiec, « Accord collectif et contrat de travail », *Dr. Soc. 2017*, p. 1024. ; G. Borenfreund, « L'articulation du contrat de travail et des normes collectives », *Dr. Ouvrier*, 1997, p. 514 ; P. Ancel, « Articulation du contrat de travail et des accords collectifs au regard de la force obligatoire du contrat », *RDT* 2016, p. 214 ; A. Jeammaud, « Incidence de l'accord collectif sur le contrat de travail », *RDT*, 2016, p. 228.

[23] C. cass. 13 nov. 2001, n° 99-42978 P, en l'occurrence, la rémunération conventionnelle était moins favorable que la rémunération contractuelle.

[24] Cass. soc. 9 nov. 2011, n° 09-43528 P.

élevées que la convention collective) par préférence à la convention collective, objectivement plus favorable (pour des travailleurs ne travaillant pas la nuit ou le dimanche)[25].

Cependant, la comparaison est souvent rendue difficile par le fait que les avantages ne portent pas toujours le même nom dans les différents textes concernés (appellations très diverses des primes ou avantages par exemple), ou que les conditions d'octroi sont différentes. En droit français, si les avantages sont identiques, ils ne peuvent pas se cumuler, « à la condition qu'ils aient le même objet et la même cause ». Ainsi, n'ont pas le même objet le treizième mois prévu par le contrat de travail qui constitue une modalité de règlement d'un salaire annuel payable en treize fois, et la gratification instituée par un accord d'entreprise qui constitue un élément de salaire répondant à des conditions propres d'ouverture et de règlement[26]. En revanche, lorsque la structure de la rémunération (entendre sa répartition sur l'année) est fixée par la convention, un changement décidé par celle-ci s'impose au salarié dès lors que le montant réparti sur l'année reste inchangé[27]. En Allemagne, il en va très différemment. La jurisprudence compare des ensembles de règles connexes *(Sachgruppenvergleich)*, tout en reconnaissant une connexité du groupe de règles « temps de travail et rémunération[28] », par exemple. En même temps, la Cour fédérale a une conception large de la notion de rémunération. La Cour part du principe que toutes les primes servent à rémunérer le travail effectué[29]. Même si elles répondent à des conditions d'ouverture propres, des indemnités de congé et des gratifications de Noël doivent ainsi être prises en compte à titre de rémunération, sauf s'il ressort expressément de la convention collective que le paiement de ces primes répond uniquement à un objectif différent[30].

De cette manière, les juges allemands échappent au dilemme de la qualification des avantages à laquelle sont confrontés les juges français. En effet, il devient de plus en plus difficile de procéder à une comparaison des avantages avec des accords dont les contenus relèvent plus de la gestion de l'emploi que de l'octroi d'avantages nouveaux. C'est le cas en particulier des accords sur la réduction du temps de travail qui se sont multipliés en France

---

[25] BAG 15 avril 2015, 4 AZR 587/13, BAGE 151, 221 ; BAG 22 août 2018, 5 AZR 551/17 ; 12 décembre 2018, 4 AZR 123/18.

[26] Cass. soc. 13 juin 2012 n° 10-27395, obs. C. Radé, *Dr. Soc.* 2012, p. 850.

[27] Cass. soc. 27 juin 2000 n° 99-41135 et 99-41140,

[28] BAG 15 avril 2015, 4 AZR 587/13, BAGE 151, 221 ; BAG 12 décembre 2018, 4 AZR 123/18.

[29] La Cour fédérale adopte une approche similaire s'agissant de contrôler le paiement du salaire minimum légal, cf. BAG, 25 mai 2016, 5 AZR 135/16, par opposition à la Cour de cassation, cf. C. cass 3 mars 1988, n° 86-40001 et 86-40219 (v. M.-C. Escande-Varniol et R. Callsen, « La prime de 13e mois doit-elle être intégrée dans l'assiette du salaire minimum ? », *supra*).

[30] BAG 12 décembre 2018, 4 AZR 123/18.

depuis le début des années 2000. La jurisprudence a eu à se prononcer en particulier sur les accords de modulation (variation de la durée du travail). Le fondement des décisions qui refusent de donner la primauté à des accords défavorables au salarié se réfère davantage à la modification du contrat qu'à l'article L. 2254-1[31] (impossibilité pour l'employeur de modifier unilatéralement le contrat de travail). La Cour fédérale allemande, de son côté, analyse différemment cette question du temps de travail et du salaire par le prisme du principe de faveur. Elle considère qu'elle n'est pas en mesure de dire qu'un temps de travail hebdomadaire moins élevé prévu par le contrat serait plus favorable au salarié qu'une durée du travail plus longue avec un salaire plus élevé, prévu par la convention collective. Le salarié qui soutenait que la durée la plus courte lui était plus favorable, même si le salaire était moins important, a été débouté. Le contrat n'étant pas considéré comme objectivement plus favorable, la Cour a donné la priorité à la convention collective.[32]

La Cour de cassation française a maintenu sa position jusqu'à ce que le législateur, à force de réformes du droit de la négociation, la contraigne à prendre acte de ces changements et de la transformation des rapports entre convention collective et contrat de travail.

Évolution du droit de la négociation collective

Sous l'empire de la loi de 1950 et jusqu'en 1982, la France connaissait un droit des conventions collectives, régi par ce principe de faveur. Les conventions ne pouvaient effectivement être que plus avantageuses que la loi ou le contrat. Elles touchaient à l'amélioration des conditions de travail mais n'étaient pas concernées par l'organisation du travail. À partir de 1982, un droit de la négociation collective s'est progressivement substitué au droit des conventions collectives[33] au gré de réformes législatives autorisant des

[31] Cass. soc. 27 mars 2001, n° 99-49968 P : « Si la réduction de la durée hebdomadaire du travail qui résulte d'un accord collectif étendu s'impose aux salariés sans qu'il soit besoin d'un accord d'entreprise, la perte effective de rémunération contractuelle qu'entraîne cette réduction, constitue toutefois une modification du contrat de travail qui doit faire l'objet de la part du salarié d'une acceptation claire et non équivoque. »

[32] BAG 15 avril 2015, 4 AZR 587/13, BAGE 151, 22. Il s'agissait en fait d'un conflit entre deux conventions collectives dont l'une avait été incorporée au contrat de travail tandis que l'autre s'appliquait de façon normative. La « convention collective contractuelle » prévoyait un temps de travail hebdomadaire de 34 heures et une rémunération annuelle d'environ 41 000 € ; la « convention collective normative » prévoyait cependant un travail hebdomadaire de 38 heures et une rémunération annuelle augmentant d'environ 43 700 à 45 700 €.

[33] En attestent les titres du code du travail. Avant la réécriture du code en 2007, les règles relatives aux conventions collectives étaient placées sous le titre Conventions

dérogations à la loi par la voie conventionnelle. Cette méthode a concerné tout particulièrement les aménagements du temps de travail ; elle a trouvé son achèvement en 2016 par un nouvel ordonnancement du code du travail. Des titres entiers sont désormais divisés en trois : 1 – Ordre public, 2 – Champ de la négociation collective, 3 – Dispositions supplétives[34]. C'est à une véritable transformation de la nature juridique des conventions collectives que le législateur s'est livré dans un mouvement qui s'est accéléré ces dix dernières années[35].

Les rapports entre contrat de travail et convention collective n'ont pas été épargnés par cette lame de fond. Dès 1998 et 2000, les lois sur la réduction du temps de travail (passage à une durée légale de 35 heures par semaine) diminuaient la portée du principe de faveur. Elles prévoyaient que la seule diminution du nombre d'heures stipulé au contrat de travail, en application d'un accord de réduction de la durée du travail, ne constituait pas une modification du contrat de travail et que, lorsqu'un ou plusieurs salariés refuseraient une modification de leur contrat de travail en application d'un accord de réduction de la durée du travail, leur licenciement serait un « licenciement individuel ne reposant pas sur un motif économique » et serait soumis aux dispositions ordinaires relatives au licenciement pour motif personnel[36]. Le contrat de travail permettait encore de s'opposer à une modification de la rémunération sans encourir un licenciement justifié. La Cour de cassation a fait une interprétation stricte de ces textes et a jugé sans cause réelle et sérieuse un licenciement prononcé pour refus de se soumettre à une organisation du travail résultant d'un accord de modulation (aménagement de la durée du travail sur une période supérieure à la semaine), au motif que cet accord touche au calcul des heures supplémentaires, donc à la rémunération du salarié[37]. Cette décision, très contestée par le patronat, est à l'origine d'une « riposte » législative sous la forme de l'article 45 de la loi Warsmann[38], insérant dans le code du travail

---

collectives. Depuis 2008, ce titre est consacré aux conditions de négociation et de conclusion des conventions et accords collectifs de travail.

[34] Pour un exemple, voir le Titre relatif à la durée du travail, articles L. 3121-1 et suivants.

[35] F. Favennec-Héry, « Article 45 de la loi Warsmann : solution ponctuelle ou amorce d'une réforme de fond ? », *Sem. Soc. Lamy*, 2012, n° 1534.

[36] Article 30 de la loi n° 2000-37 du 19 janvier 2000, instituant l'article L. 212-3 du code du travail.

[37] Cass. soc. 28 sept 2010 n° 0843161, obs F. Canut, *RDT*, 2010, 725 ; note M. Morand, *JCP S* 2010, 1466 ; note F. Favennec, *Sem. Soc. Lamy,* n° 1464, p. 10 ; obs. C. Dechristé et note S. Frossard, *D.*, 2011, p. 219 ; note J. Barthélémy, *Dr. soc.* 2011, p. 151 ; décision présentée par Bruno Silhol lors de la rencontre du GEFACT à Bordeaux (17-18 novembre 2017).

[38] Loi du 22 mars 2012, voir F. Favennec précitée ; G. Couturier, « L'ambivalence des rapports entre contrat de travail et convention collective », *Sem. Soc. Lamy*,

un article L. 3122-6 aux termes duquel « la mise en place d'une répartition des horaires sur une période supérieure à la semaine et au plus égale à l'année ne constitue pas une modification du contrat de travail ». Il faut comprendre que même si la nouvelle répartition entraîne des conséquences sur la rémunération, elle s'impose au salarié. La force obligatoire s'en trouve affaiblie et la jurisprudence de la Cour de cassation mise en cause. Cependant celle-ci a refusé de donner un caractère rétroactif à la nouvelle disposition[39].

Par la suite, la Cour de cassation elle-même a fait évoluer sa jurisprudence pour s'adapter aux nombreuses évolutions législatives intervenues notamment depuis 2008[40]. Dans des arrêts remarqués du 27 janvier 2015 elle juge que « les différences de traitement entre catégories professionnelles, opérées par voie de conventions ou d'accords collectifs négociés et signés par des organisations syndicales représentatives, investies de la défense des droits et intérêts des salariés et à l'habilitation desquelles ces derniers participent directement par leur vote, sont présumées justifiées ». Par cette décision, elle prend acte de la force représentative des organisations syndicales, qui tirent leur légitimité non seulement de leur statut, mais aussi des élections des représentants du personnel. Cette légitimité confère aux conventions une présomption de bonne foi et de justice sociale qui ne peut être mise en cause par le juge.

Parallèlement, le législateur n'a eu de cesse de multiplier les possibilités d'accords dérogatoires dont la finalité était la sauvegarde des emplois. Ces accords viennent à chaque fois amoindrir la résistance du contrat de travail aux modifications décidées par la voie collective. La règle de faveur posée par l'article L. 2254-1 est rognée au profit de clauses conclues au nom de l'intérêt de l'entreprise. Accords de *mobilité interne* et de *maintien de l'emploi*[41], de *préservation et du développement de l'emploi*[42], se sont succédé de 2013 à 2017, s'ajoutant aux accords de *réduction du temps de travail.* Tous ces accords ont en commun d'affaiblir la résistance de la force obligatoire du contrat de travail. Si le salarié refuse, il risque, selon les cas, au mieux un licenciement pour motif économique, au pire un licenciement pour cause réelle et sérieuse. Il est à noter que la loi du 8 août 2016 place l'accord dérogatoire qu'elle crée dans le titre relatif aux rapports entre

---

n° 1534 P. 7 ; J.-F. Akandji-Kombé, « La modulation du temps de travail : regard sur une validation constitutionnelle », *Sem. soc. Lamy*, n° 1534, p. 10.

[39] Cass soc., 25 sept. 2013, n° 12-17.776, *D.* 2013. 2277 ; J. Mouly, « La non-rétroactivité de la loi *Warsmann* sur la modulation du temps de travail », *Dr. Soc.* 2014, p. 71.

[40] Au-delà de la négociation collective et du temps de travail, le droit du travail français a connu d'importantes réformes en matière de représentativité des syndicats, notamment par une grande loi du 20 août 2008.

[41] Article L. 2242-19 code du travail issu de la loi du 14 juin 2013.

[42] Article L. 2254-2 code du travail issu de la loi du 10 août 2016.

contrat de travail et conventions collectives, juste après l'article L. 2254-1 reconnaissant le principe de faveur en cas de conflit entre ces normes. On est bien face à des textes dont l'objet est de faire exception au principe général.

Par l'une des *ordonnances Macron* et la loi d'habilitation qui les confirme, la logique de la supériorité de la convention collective sur le contrat de travail est allée encore plus loin sous prétexte de simplification des mécanismes antérieurs. Dans des accords dits de *performance collective*[43] l'entreprise n'a plus à justifier de difficultés économiques et, sauf refus du salarié, les clauses de l'accord « se substituent de plein droit aux clauses contraires et incompatibles du contrat de travail » même si elles sont moins favorables[44].

Conclus au niveau de l'entreprise, ces accords peuvent aménager la durée du travail, ses modalités d'organisation et de répartition, ainsi que la rémunération dans toutes ses dimensions (salaire, primes...), la seule limite étant le respect des taux de salaires minimaux fixés par la convention de branche. Ces accords ont pour finalité de « répondre aux nécessités liées au fonctionnement de l'entreprise ou de préserver ou de développer l'emploi »[45]. On comprend de suite la considérable ouverture que constituent ces accords dérogatoires, nul besoin de justifier de difficultés économiques, ni même de protéger les emplois, comme cela était exigé auparavant[46]. Le préambule de l'accord devra justifier des motifs du recours par des raisons de « fonctionnement de l'entreprise ». Le salarié dispose d'un délai d'un mois pour faire connaître son refus par écrit à l'employeur à compter de la date à laquelle ce dernier a informé les salariés, par tout moyen conférant date certaine et précise, de l'existence et du contenu de l'accord, ainsi que du droit de chacun d'eux d'accepter ou de refuser l'application à son contrat de travail de cet accord. En cas de refus, l'employeur dispose d'un délai de deux mois pour engager une procédure de licenciement. Ce licenciement repose sur un motif spécifique qui constitue une cause réelle et sérieuse. Sauf refus expressément notifié dans ce délai, « les stipulations de l'accord se substituent de plein droit aux clauses contraires et incompatibles du contrat de travail, y compris en matière de rémunération, de durée du travail et de mobilité professionnelle ou géographique interne à l'entreprise »[47]. Cette formule, introduite par la loi de 2016 et conservée par le législateur de

---

[43] Y. Pagnerre, « Les accords de performance collective », *Dr. Soc.* 2018, p. 694 ; J.-F. Cesaro, « L'automne dans les branches professionnelles et quelques mesures portant sur la négociation collective », *JCP S* 2017, p. 1306 ; P. Lokiec, « Le nouveau modèle de droit du travail est-il viable ? », *Sem. Soc. Lamy*, 2017, n° 1781.

[44] Article L. 2254-2 III.

[45] Article L. 2254-2 I.

[46] Il semblerait que ces accords soient utilisés pour faire face à la crise sanitaire née de la pandémie de covid-19. Ils portent dans certains cas sur des baisses ou des diminutions de salaire conséquentes (voir négociation Ryanair).

[47] Article L. 2254-2 III et IV.

2018, marque le franchissement du pas de l'incorporation de l'accord collectif dans le contrat de travail. Les éléments essentiels du contrat peuvent être touchés et le salarié n'a plus qu'à accepter ou se démettre avec le risque fort probable d'un licenciement pour motif personnel, c'est-à-dire sans les protections que pourrait engendrer un licenciement pour motif économique.

Comme le remarque un auteur[48], il faut voir dans cette généralisation de la primauté de l'accord collectif sur le contrat de travail l'accomplissement de l'ensemble des évolutions récentes du droit du travail français des conventions collectives : encouragement de la négociation d'entreprise, négociation *donnant-donnant*, nouvelle légitimité des représentants syndicaux. L'adage « qui dit conventionnel dit juste » se substituerait à « qui dit contractuel dit juste[49] ».

Le droit allemand n'a pas subi autant de réformes dans la même période, mais il y a lieu de constater un certain rapprochement du droit français vers les solutions traditionnelles du droit allemand. En effet, outre-Rhin, un accord sur le temps de travail s'impose, même s'il diminue le nombre d'heures de travail, ou s'il en modifie la répartition. De même, les différences de traitement entre catégories professionnelles, opérées par voie de conventions ou d'accords collectifs négociés s'imposent aux salariés couverts par la convention collective. Comme on l'a vu, en droit allemand, on constate globalement une supériorité de la convention collective sur le contrat individuel. Mais il faut rappeler deux différences essentielles, d'une part, les conventions n'ont vocation à s'appliquer qu'aux adhérents des syndicats signataires ; d'autre part, en Allemagne, la Cour constitutionnelle reconnaît une présomption d'exactitude des conventions collectives qu'elle déduit de la garantie constitutionnelle de l'autonomie collective (article 9, alinéa 3 de la Loi fondamentale, *Grundgesetz – GG*), à condition qu'il existe en fait un équilibre des forces[50]. En France il n'y a pas de véritable autonomie contractuelle. Tout au contraire, les réformes les plus récentes ont cantonné la négociation de branche à certains domaines réservés[51], ouvrant plus largement et par préférence le niveau dérogatoire de l'entreprise.

Pour autant, il est encore trop tôt pour considérer que le droit français abandonne la règle de faveur dans les rapports entre la convention collective et le contrat, ou que les clauses conventionnelles s'incorporent dans le contrat de travail. D'une part les nouveaux accords de performance sont très récents et les organisations syndicales, dont la représentation dépend des élections professionnelles ne vont pas se précipiter pour accepter des diminutions de salaires ou autres clauses qui porteraient atteinte *in pejus* aux contrats individuels. D'autre part, l'incorporation des clauses

---

[48] P. Lokiec, « Accord collectif et contrat de travail », *Dr. Soc.* 2017, p. 1024.

[49] *Ibid.*, p. 1025.

[50] BVerfG 11 juillet 2017, 1 BvR 1571/15, BVerfGE 146, 7.

[51] Articles L. 2222-1 et suivants.

conventionnelles est pour l'heure limitée à ces accords de performance conclus au niveau de l'entreprise. Pour le reste du statut collectif, le principe de non-incorporation demeure, comme le rappelle toujours la Cour de cassation[52].

En Allemagne, rappelons-le encore une fois, l'incorporation des conventions collectives dans le contrat de travail est très fréquente. Cette spécificité joue un rôle particulier lors du transfert d'établissement, ce que nous verrons dans un troisième temps. Nous nous intéresserons d'abord, dans un deuxième temps, à l'autonomie des sources lors de la mise en cause ou de la dénonciation des conventions collectives.

Le maintien de la rémunération après cessation/dénonciation d'une convention collective

Comme nous l'avons vu, en Allemagne, les normes d'une convention collective priment sur le contrat si celui-ci n'est pas objectivement plus favorable au salarié. Se pose alors la question des conséquences de l'arrivée à échéance ou de la dénonciation des conventions collectives sur la rémunération des salariés, en l'absence de nouvelle convention. Étant donné qu'en Allemagne la plupart des conventions collectives et notamment celles concernant la rémunération sont conclues pour une durée déterminée, l'article 4 alinéa 5 TVG prévoit qu'elles restent en vigueur jusqu'au moment où elles sont remplacées par d'autres accords, afin de garantir la survie des normes collectives. Cet effet est désigné par le terme de *Nachwirkung*. Il n'est pas limité dans le temps[53]. Cela veut dire que la convention collective continue de s'appliquer, mais elle perd son caractère obligatoire et devient supplétive[54]. À partir de ce moment, il est possible de remplacer la convention collective non seulement par d'autres conventions collectives de branche ou d'entreprise, mais aussi par des conventions individuelles moins favorables.

Il va de soi que le salarié n'est pas obligé d'accepter une modification de son contrat de travail. L'employeur peut alors essayer d'imposer une modification du contrat par la voie d'un « licenciement modificateur »

---

[52] Cass. soc. 6 mars 2019 n° 18-10615 P : les « modalités de calcul de la prime d'intéressement telles que prévues par l'accord collectif alors en vigueur n'emporte pas contractualisation, au profit du salarié, de ce mode de calcul ».

[53] BAG 15.10.2003 – 4 AZR 573/02. Les parties à la convention collective peuvent cependant exclure cet effet (M. Franzen *in Erfurter Kommentar zum Arbeitsrecht*, 20e éd. 2020, § 4 TVG no. 58).

[54] M. Franzen *in Erfurter Kommentar zum Arbeitsrecht*, 20e éd. 2020, § 4 TVG no. 50. Cet effet est à distinguer de à la *Nachbindung*, prévue à l'article 3 alinéa 3 TVG qui consiste à garantir l'effet obligatoire des conventions collectives jusqu'à leur date d'échéance, même si un salarié ou employeur a quitté le syndicat ou l'association d'employeur signataires entretemps.

(Änderungskündigung). Ce mécanisme insolite pour un juriste français est régi par l'article 2 de la loi sur la protection contre le licenciement (*Kündigungsschutzgesetz – KSchG*)[55]. Il consiste à prononcer un licenciement tout en le combinant avec une offre de continuer la relation de travail à des conditions différentes. Le salarié a alors le choix entre refuser ou accepter tout simplement, ou bien une option très spécifique : il peut accepter la modification « sous réserve » de sa justification sociale[56] et la faire contrôler par le tribunal. Si le juge constate que le licenciement ou la modification ne sont pas justifiés, par exemple parce que le motif de licenciement est nul pour des raisons formelles ou si la modification va, au vu du principe de proportionnalité, au-delà de ce qui est nécessaire pour adapter le contrat de travail à des impératifs économiques, le salarié conserve son ancien contrat de travail. Si, par contre, le licenciement modificateur est justifié, la réserve exprimée par le salarié est sans objet et la modification du contrat devient définitive. Ce procédé ouvre une possibilité au salarié, qui doit se décider dans un délai très court de trois semaines maximum (article 2 et 4 KSchG), de conserver son emploi tout en choisissant de soumettre la modification du contrat à un contrôle judiciaire.[57]

En ce qui concerne la rémunération prévue par une convention collective dénoncée ou arrivée à échéance, on peut se demander si l'acceptation d'une modification du contrat de travail sous réserve de sa justification sociale constitue aussi un accord individuel mettant fin à la survie des règles de convention collective. La Cour fédérale du travail s'est prononcée sur ce point. Elle était appelée à trancher cette question dans un arrêt du

---

[55] Voir Callsen *in* Deinert/Heuschmid/Zwanziger, *Arbeitsrecht – Handbuch für die Praxis*, Bund Verlag, 10e éd. 2019, § 77 Änderungskündigung.

[56] La « justification sociale » *(soziale Rechtfertigung)* est le terme utilisé par la loi allemande de protection contre le licenciement, voir article 1 KSchG.

[57] Il y a lieu de rappeler qu'en Allemagne, tout salarié est obligé de saisir le Tribunal du travail *(Arbeitsgericht)* dans un délai très court de trois semaines suivant la réception d'une lettre de licenciement. S'il ne respecte pas ce délai de trois semaines, le licenciement est considéré comme étant justifié et ne peut être mis en cause ultérieurement (article 4, 7 KSchG ; voir Callsen *in* Däubler/Deinert/Zwanziger, *KSchR – Kündigungsschutzrecht, Kommentar für die Praxis*, Bund Verlag, 11e ed. 2020, § 4 KSchG, § 7 KSchG). Dans le cas d'un licenciement modificateur, le salarié doit d'un côté respecter ce délai de trois semaines pour saisir le Tribunal et il doit en même temps informer l'employeur qu'il accepte la modification sous réserve de la justification sociale. Le salarié peut également choisir de refuser simplement la modification et saisir le tribunal seulement contre le motif de licenciement. Le salarié peut aussi choisir d'accepter purement et simplement la modification. Le contrat de travail se trouve alors modifié, sans contrôle judiciaire. Voir Callsen *in* Deinert/Heuschmid/Zwanziger, *Arbeitsrecht – Handbuch für die Praxis*, Bund Verlag, 10e éd. 2019, §, § 77 Änderungskündigung.

27 septembre 2001. Elle a alors décidé que l'acceptation par le salarié d'une modification du contrat de travail dans le cadre d'un « licenciement modificateur » constitue bien un accord individuel mettant fin à l'effet de continuation des normes, à condition que les juges constatent le bien-fondé de la modification[58]. Ceci est lié au fait que le licenciement modificateur est composé de deux éléments unilatéral et consensuel, licenciement et accord de modification. Il faut cependant signaler qu'une modification visant à réduire la rémunération, en l'espèce le montant des primes de vacances et de la gratification de Noël, est très strictement encadrée. Les juges n'accepteront une telle modification du contrat que si l'employeur peut démontrer que sans la réduction des coûts, il serait obligé de fermer l'établissement et qu'il a mis en œuvre un plan visant au redressement de la situation économique, et que toute autre mesure serait insuffisante pour continuer son activité[59].

En France[60], la plupart des conventions et des accords collectifs étaient conclus traditionnellement pour une durée indéterminée. La question se pose néanmoins des conséquences de leur dénonciation sur la rémunération des salariés, en l'absence de nouvelle convention. La jurisprudence avait retenu que la rémunération devenait alors un élément contractuel, en tant qu'avantage individuel acquis. Cette position garantissait non seulement le maintien du niveau du salaire, mais également sa composition (structure). Elle n'était pas sans inconvénient et elle a été remise en cause par la loi du 8 août 2016.

Jusqu'à la loi du 8 août 2016, lorsqu'une convention collective était dénoncée par une ou plusieurs parties (L. 2261-11) ou par la totalité (L. 2261-10) de ses signataires, ses effets étaient maintenus pendant la durée du préavis puis pendant une année, afin de permettre la conclusion d'un nouvel accord. L'article L. 2261-13, prévoyait qu'à l'expiration de ce délai, les salariés conservaient « les avantages individuels qu'ils ont acquis ». Ces avantages individuels acquis étaient alors intégrés au contrat de travail et ne pouvaient en principe plus être modifiés sans l'accord du salarié. Parmi ces avantages individuels acquis, peuvent se trouver des éléments de la rémunération prévue par l'accord ou la convention dénoncée. La question est alors de savoir si le maintien de la rémunération résultant de la convention dénoncée se limite au montant du salaire conventionnel ou s'étend à d'autres

---

[58] BAG 27 septembre 2001, 2 AZR 236/00. Sur cette décision, v. G. Binkert, « Le sort des avantages liés à la rémunération en cas de dénonciation d'une convention collective ou d'un accord collectif », *infra*.

[59] BAG 27 septembre 2001, 2 AZR 236/00 ; BAG 20 octobre 2017, 2 AZR 783/16 (F), BAGE 160, 364.

[60] Sur cette question, voir P. Bailly, « Le sort des avantages liés à la rémunération en cas de dénonciation d'une convention collective ou d'un accord collectif », *infra*.

aspects de la rémunération. La Cour de cassation a considéré que la structure de la rémunération constituait un avantage individuel acquis[61].

Cette jurisprudence, mise en cause par la loi du 8 août 2016, ne concerne pas l'hypothèse de l'arrivée du terme d'une convention ou d'un accord à durée déterminée. Cela s'explique par le fait que, jusqu'à la modification intervenue en 2016, la plupart des conventions collectives étaient conclues pour une durée indéterminée et que celles qui avaient une durée déterminée, sauf clause expresse contraire, se poursuivaient de plein droit pour une durée indéterminée après leur terme (L.2222-4, alors applicable). La loi du 8 août 2016 a inversé la situation : elle fait de la convention collective à durée déterminée (de 5 années en principe) la règle, en prévoyant la fin de ses effets à l'expiration du terme, sans maintien des avantages qu'elle instaurait. La jurisprudence ne s'étant pas encore prononcée sur ce nouveau régime, on ne peut pas se prononcer sur l'interprétation qui en sera donnée. On ne peut que relater certaines décisions dont on peut penser qu'elles seront reconduites à l'identique en cas de non-remplacement de la convention collective arrivée à terme par une convention de substitution[62].

Désormais la loi mentionne la « garantie de rémunération » en lieu et place des anciens « avantages individuels acquis ». L'article L. 1261-13 énonce que « Lorsque la convention ou l'accord qui a été dénoncé n'a pas été remplacé par une nouvelle convention ou un nouvel accord dans un délai d'un an à compter de l'expiration du préavis, les salariés des entreprises concernées bénéficient d'une garantie de rémunération dont le montant annuel, pour une durée de travail équivalente à celle prévue par leur contrat de travail, ne peut être inférieur à la rémunération versée, en application de la convention ou de l'accord dénoncé et du contrat de travail, lors des douze derniers mois. Cette garantie de rémunération s'entend au sens de l'article L. 242-1 du code de la sécurité sociale ». Il appartiendra à la jurisprudence de dire en quoi cette notion, qui est plus restrictive, aura des conséquences différentes de la précédente, et quels sont les conséquences et changements jurisprudentiels qu'on peut en attendre. En tout état de cause, seuls seront maintenus des éléments rémunératoires. Ne pourront probablement plus être conservés d'autres avantages individuels tels que des congés supplémentaires par exemple.

Cette question du maintien de la rémunération se pose également à propos du transfert d'entreprise, bien que de manière très différente dans les deux droits nationaux.

---

[61] Jurisprudence constante.

[62] V. les commentaires des arrêts C. cass. 1er juillet 2008, n° 07-40799 sur la notion de structure de la rémunération et l'arrêt du 2 mars 2016, n° 14-16414 (P. Bailly, *op. cit.*).

Le maintien de la rémunération après un transfert d'entreprise

Depuis 1928, le droit du travail français considère qu'en cas de changement dans la situation juridique de l'employeur, les contrats de travail en cours doivent être maintenus avec le nouvel employeur[63]. Cette solution a été adoptée au niveau du droit européen dès 1977. On parle désormais de transfert d'entreprise. Nous noterons que, l'unité clé du droit du travail allemand étant l'établissement, la loi allemande retient la notion de « transfert d'établissement » (§ 613a BGB). Si la solution semble simple, force est de constater que la diversité des situations et des solutions juridiques nationales a conduit la Cour de justice, souvent saisie sur cette question, à élaborer une jurisprudence qui a forcé tous les États membres à revoir leur interprétation. Le propos n'est pas ici de traiter de toute la matière du transfert d'entreprise, mais seulement de l'envisager sous l'angle de ses conséquences sur les éléments rémunératoires issus du statut collectif mis en cause.

La directive européenne 2001/23, qui a codifié la directive de 1977, dispose dans son article 3 que, d'une part « les droits et les obligations qui résultent pour le cédant d'un contrat de travail ou d'une relation de travail existant à la date du transfert sont, du fait de ce transfert, transférés au cessionnaire ». Et d'autre part, qu'après « le transfert, le cessionnaire maintient les conditions de travail convenues par une convention collective dans la même mesure que celle-ci les a prévues pour le cédant, jusqu'à la date de la résiliation ou de l'expiration de la convention collective ou de l'entrée en vigueur ou de l'application d'une autre convention collective » (§ 3). La question du statut collectif ne pose pas vraiment problème en France où la législation est conforme aux prescriptions européennes et où les conventions collectives ont un effet *erga omnes*. En revanche, ces dispositions se heurtent à certaines spécificités du droit allemand que ne connait pas le droit français.

En France on parle de mise en cause de la convention collective en ce cas. En effet, bien souvent, le statut collectif (convention de branche, accords d'entreprise) ne peut pas être maintenu en l'état. Il faut pour le moins un accord d'adaptation pour organiser le passage de l'ancien statut à celui en vigueur dans la nouvelle entreprise. L'article L. 1261-14[64] prévoit

---

[63] Article L. 1224-1 Code du travail : « Lorsque survient une modification dans la situation juridique de l'employeur, notamment par succession, vente, fusion, transformation du fonds, mise en société de l'entreprise, tous les contrats de travail en cours au jour de la modification subsistent entre le nouvel employeur et le personnel de l'entreprise. »

[64] Article L. 1261-14 Code du travail : « Lorsque l'application d'une convention ou d'un accord est mise en cause dans une entreprise déterminée en raison notamment d'une fusion, d'une cession, d'une scission ou d'un changement d'activité, cette convention ou cet accord continue de produire effet jusqu'à l'entrée en vigueur de la

que les parties (nouvel employeur et représentants des travailleurs transférés) doivent négocier un accord de substitution. Si cet accord n'est pas négocié ou adapté dans le délai d'un an, l'ancien statut est caduc et le statut collectif en vigueur chez le nouvel employeur est applicable. Cependant, les usages non dénoncés continuent de s'appliquer et s'imposent au nouvel employeur tant qu'il ne les a pas dénoncés. De plus, avant la loi de 2016, les avantages individuels s'incorporaient au contrat de travail. Depuis la loi du 8 août 2016, seule subsiste la « garantie de rémunération », dans les conditions vues plus haut.

L'employeur n'a pas d'autre choix que de négocier ou maintenir l'ancien statut. Il ne peut pas notamment subordonner le bénéfice d'une prime en vigueur dans l'entreprise d'accueil à la renonciation individuelle des salariés à leur ancien statut collectif (Cass. soc. 13 octobre 2016)[65].

En Allemagne, la question se heurte à deux spécificités : d'une part, l'effet relatif des conventions collectives qui ne s'appliquent qu'aux adhérents des syndicats signataires ; d'autre part, la pratique des clauses de renvoi à une convention collective insérées dans les contrats de travail individuels. En droit allemand, il y a donc toujours lieu de s'interroger sur le sort de la convention collective « normative » et sur celui d'une éventuelle convention collective « contractuelle ». Si le repreneur est lié par une autre convention collective, par exemple une convention collective d'entreprise signée par le syndicat auquel adhère l'employé, cette autre convention collective normative remplace immédiatement l'ancienne convention collective (§ 613a, alinéa 1, phrase 3 BGB). Le principe de faveur ne s'applique pas dans cette hypothèse de succession de conventions collectives. Le salarié peut donc perdre immédiatement les avantages issus des conventions collectives en vigueur chez le cessionnaire lorsque les conventions collectives en vigueur chez le repreneur sont moins favorables.[66] Étant donné que l'article 3, § 3 de la directive précise que « Les États membres peuvent limiter la période du maintien des conditions de travail, sous réserve que celle-ci ne soit pas inférieure à un an », une partie de la doctrine doute de la conformité de cette approche avec la directive, notamment compte tenu de l'interprétation donnée par la CJUE[67] dans les arrêts *Scattolon* et *Unionen*[68]. La Cour fédérale a cependant maintenu sa

convention ou de l'accord qui lui est substitué ou, à défaut, pendant une durée d'un an à compter de l'expiration du délai de préavis prévu à l'article L. 2261-9 sauf clause prévoyant une durée supérieure. »

[65] Soc. 13 octobre 2016, n° 14-25.411P.

[66] BAG 22 avril 2009 - 4 AZR 100/08.

[67] CJUE 6 septembre 2011, aff. C-108/10, *Scattolon* ; 6 avril 2017, C-336/15, *Unionen.*

[68] Voir U. Preis, *in Erfurter Kommentar zum Arbeitsrecht*, 20e éd. 2020, § 613a BGB no. 125.

jurisprudence et refusé d'adresser une question préjudicielle à la CJUE.[69] Si le repreneur n'est lié par aucune convention collective ou une convention conclue avec un autre syndicat dont l'employé n'est pas adhérent, les effets de l'ancienne convention collective normative sont maintenus pendant un an (§ 613a, alinéa 1, phrase 2 BGB). La loi précise que, dès lors, les droits et obligations dérivant de l'ancienne convention collective normative sont considérés comme étant incorporés au contrat pendant cette période de maintien des effets, mais ils gardent néanmoins leur nature collective. Exceptionnellement, ces droits et obligations maintenus peuvent être modifiés par accord avant l'échéance de la période d'un an dans deux hypothèses : l'ancienne convention collective normative est venue à échéance avant l'échéance de la période de maintien d'un an ; le repreneur est lié par une autre convention collective et l'employé accepte un avenant au contrat avec une clause de référence à cette convention collective (§ 613a, alinéa 1, phrase 4 BGB).

Le sort des clauses contractuelles de référence est différent. Ces clauses sont dites « statiques » lorsque le renvoi ne concerne que la convention au jour de conclusion du contrat. Elles sont « dynamiques » lorsqu'elles envisagent également les modifications futures de ladite convention. Ce sont ces dernières qui nous intéressent. Selon la jurisprudence allemande, ces clauses contractuelles de référence dites dynamiques, ayant pour effet d'incorporer la convention collective de référence ainsi que toutes les hausses de salaire postérieures dans le contrat de travail, sont maintenues en cas de transfert d'établissement[70]. Elles continuent donc de trouver application chez le repreneur, comme toutes les clauses contractuelles, et ce en principe jusqu'à ce que le contrat soit terminé ou modifié.

La Cour de justice a eu plusieurs fois à se prononcer sur la conformité du maintien de ces clauses avec la directive européenne 2001/23, et l'article 16 de la Charte des droits fondamentaux de l'UE (liberté d'entreprendre)[71]. Si dans un premier temps, elle ne s'est pas montrée hostile à la validité de ce type de clause au regard de la directive européenne, dans un deuxième temps en revanche, elle a clairement considéré que l'article 3 de la directive 2001/23 « s'oppose à ce qu'un État membre prévoie, dans le cas d'un transfert d'entreprise, que les clauses de renvoi dynamique aux conventions collectives négociées et adoptées postérieurement à la date du transfert soient opposables au cessionnaire, lorsque celui-ci n'a pas la possibilité de participer au processus de négociation de telles conventions collectives conclues postérieurement au transfert ». Cet arrêt fut vivement

[69] BAG 23 janvier 2019 – 4 AZR 445/17.

[70] BAG 23 septembre 2009 – 4 AZR 331/08.

[71] CJCE, 9 mars 2006, aff. C-499/04, *Werhof* ; CJUE 13 juillet 2013, aff. C-426/11, *Alemo-Herron* ; CJUE 27 avril 2017, aff. C-680/15 et C-681/15, *Asklepios Kliniken.*

critiqué par la doctrine[72]. Réaction qui a peut-être influencé la décision de 2017. En effet, dans l'arrêt *Asklepios*, la CJUE s'est prononcée contre l'avis de son avocat général, lequel s'en tenait à la défense de la liberté d'entreprendre et de l'autonomie de la volonté inscrites dans l'article 16 de la Charte des droits fondamentaux, qui seraient, selon lui, violées par les clauses de renvoi dynamique telles que pratiquées en Allemagne. La Cour considère au contraire que la directive 2001/23 ne s'oppose pas à de telles clauses contractuelles, dès lors que le cessionnaire est en mesure de procéder, postérieurement à la date du transfert, aux ajustements et aux adaptations nécessaires à la continuation de son activité[73]. Autrement dit, en matière de transfert d'entreprise, l'employeur est tenu de reprendre les contrats en cours au jour du transfert et de leur appliquer la convention collective « contractuelle » également applicable à ce moment-là. Mais rien ne lui interdit de procéder, le cas échéant, à un licenciement modificateur (*Änderungskündigung*, si les conditions légales, assez strictes, sont réunies) ou de renégocier les contrats de travail après réalisation du transfert, au même titre que la renégociation des conventions collectives.

La Cour fédérale du travail a fait application de cette décision européenne dans son arrêt du 30 août 2017[74]. Sa jurisprudence antérieure se voit ainsi confirmée par sa conformité au droit de l'Union[75]. Ainsi, la rémunération en vigueur au moment du transfert d'entreprise doit être maintenue avec tous ses avantages, notamment lorsqu'elle résulte du contrat. Le maintien de la rémunération résultant uniquement d'une convention collective « normative » est cependant sujet aux limites exposées plus haut. La Cour fédérale a ensuite réaffirmé cette solution en 2018, refusant notamment d'accepter un remplacement d'une convention collective incorporée au contrat par une convention collective « normative » moins favorable en vigueur chez le repreneur (par analogie à la solution affirmée plus haut de succession immédiate de conventions collectives « normatives », § 613a, alinéa 1, phrase 3 BGB)[76]. On revient donc à un principe bien connu pour déterminer laquelle des deux conventions collectives s'applique : le principe

---

[72] Aff. *Alemo-Herron*, précit. P. Rémy, « L'arrêt Alemo-Herron de la CJUE et la directive transfert : faut-il prendre au sérieux la Cour de justice ? », *RDT*, 2014, p. 789 ; S. Laulom, « Une remise en cause de la directive relative aux transferts d'entreprise, ou l'interprétation contestable de la Charte des droits fondamentaux de l'UE », n° spéc. *Sem. Soc. Lamy* 1640, juillet 2014, p. 16 ; J. Prassl, « Freedom of contract as a general principle of law ? », *ILJ,* vol. 42, n° 4, déc. 2013, p. 434.

[73] S. Laulom, « De nouvelles précisions en matière de transfert d'entreprise, *in* Actualité du droit social européen 2017 », n° spéc. *Sem. Soc. Lamy* n° 1796, déc. 2017 p. 44.

[74] BAG 30 août 2017 – 4 AZR 95/14 – Asklepios.

[75] U. Preis, *in Erfurter Kommentar zum Arbeitsrecht*, 20e éd., 2020, § 613a BGB no. 127b.

[76] BAG 16 mai 2018 – 4 AZR 209/15.

de faveur. L'incorporation d'une convention collective dans le contrat de travail qui n'exclut pas, en parallèle, son application à titre normatif, s'avère donc une mesure efficace afin de contribuer au maintien de ses effets[77].

[77] La pratique contractuelle contemporaine allemande y répond cependant, en essayant de formuler les références contractuelles au conventions collectives de façon à exclure un maintien des effets en cas de transfert d'établissement, dans l'intérêt des employeurs. Une clause de deux lignes prend dorénavant une demi-page ce qui soulève alors de nouvelles questions en termes de clarté et validité des clauses.

Le sort des avantages liés à la rémunération en cas de dénonciation d'une convention collective ou d'un accord collectif (France)

Pierre Bailly

L'essentiel

La plupart des conventions collectives et des accords collectifs étant conclus pour une durée indéterminée, se pose la question des conséquences de leur dénonciation sur la rémunération des salariés, en l'absence de nouvelle convention. La jurisprudence a retenu que la rémunération devenait alors un élément contractuel, en tant qu'avantage individuel acquis. Cette position garantit non seulement le maintien du niveau du salaire, mais également sa composition (structure). Elle n'est pas sans inconvénient et est désormais remise en cause par la loi du 8 août 2016, qui sera évoquée plus loin.

Contexte

Lorsqu'une convention collective est dénoncée par une ou plusieurs parties (L. 2261-11) ou par la totalité (L. 2261-10) de ses signataires, ses effets sont maintenus pendant la durée du préavis puis pendant une année, afin de permettre la conclusion d'un nouvel accord. Avant la modification de l'article L. 2261-13 par la loi du 8 août 2016 (voir ci-dessous, « mise en perspective »), ce texte prévoyait qu'à l'expiration de ce délai, les salariés conservaient « les avantages individuels qu'ils ont acquis ». Ces avantages individuels acquis étaient alors intégrés au contrat de travail et ne pouvaient en principe être modifiés (il y a des exceptions) sans l'accord du salarié. Parmi ces avantages individuels acquis, peut se retrouver la rémunération prévue par l'accord ou la convention dénoncée. La question s'est alors posée de savoir si le maintien de la rémunération résultant de la convention dénoncée se limite au montant du salaire conventionnel ou s'étend à d'autres aspects de la rémunération. La Cour de cassation a considéré que la structure de la rémunération constituait un avantage individuel acquis.

Cette jurisprudence, remise en cause par la loi du 8 août 2016 (voir infra), ne concerne pas l'hypothèse de l'arrivée du terme d'une convention ou d'un accord à durée déterminée. Cela s'explique par le fait que, jusqu'à la modification intervenue en 2016, la plupart des conventions collectives étaient conclues pour une durée indéterminée et que celles qui avaient une durée déterminée, sauf clause expresse contraire, se poursuivaient de plein droit pour une durée indéterminée après leur terme (L. 2222-4, alors applicable). La loi du 8 août 2016 a inversé la situation : elle fait de la convention collective à durée déterminée (de 5 années en principe) la règle, en prévoyant la fin de ses effets à l'expiration du terme, sans maintien des avantages qu'elle instaurait. La jurisprudence ne s'étant pas encore prononcée sur ce nouveau régime, ne seront évoquées ici que deux décisions, qui se complètent, relatives à l'incidence d'une dénonciation sur la structure de la rémunération.

Cour de cassation, chambre sociale, arrêt du 1er juillet 2008, n° 07-40799

Mais attendu que la structure de la rémunération résultant d'un accord collectif dénoncé constitue à l'expiration des délais prévus par le troisième alinéa de l'article L. 132-8 du code du travail alors en vigueur un avantage individuel acquis qui est incorporé au contrat de travail des salariés employés par l'entreprise à la date de la dénonciation ; qu'il s'en déduit que l'employeur ne peut la modifier sans l'accord de chacun de ces salariés, quand bien même estimerait-il les nouvelles modalités de rémunération plus favorables aux intéressés ;

Cour de cassation, chambre sociale, arrêt du 2 mars 2016, n° 14-16414

Vu les articles L. 2261-13 du code du travail et 1134 du code civil ;

Attendu que la structure de la rémunération résultant d'un accord collectif dénoncé constitue à l'expiration des délais prévus à l'article L. 2261-13 du code du travail un avantage individuel acquis qui est incorporé au contrat de travail des salariés employés par l'entreprise à la date de la dénonciation, l'employeur ne pouvant la modifier sans l'accord de chacun de ces salariés, quand bien même estimerait-il les nouvelles modalités de rémunération plus favorables aux intéressés ; qu'un engagement unilatéral de l'employeur contraire à ce principe ne peut avoir force obligatoire ;

FAITS

1 – une convention collective conclue en faveur du personnel des caisses d'épargne fixait le montant d'un salaire de base, auquel s'ajoutaient des primes d'ancienneté, de vacances, familiales et d'expérience. À la suite de la dénonciation de cette convention et de l'échec d'une négociation portant sur la conclusion d'un nouvel accord, dans le délai de 15 mois, l'employeur a décidé d'inclure ces primes dans le salaire garanti et de ne plus les faire figurer sur les bulletins de paie. Des salariés ont alors contesté cette initiative

et demandé le rétablissement de la distinction entre le salaire de base et les primes s'y ajoutant. La question était donc celle de savoir si cette prétention était fondée, alors qu'une jurisprudence remontant à 1998 s'était prononcée en sens contraire. C'est sur ce point que s'est prononcé l'arrêt du 1er juillet 2008 (n° 07-40799, avec un autre arrêt du même jour, n° 06-44437), ces arrêts étant commentés au rapport annuel de la Cour de cassation.

2 – Après les arrêts rendus en 2008, la caisse d'épargne de Rhône-Alpes a établi des bulletins de paie distinguant le salaire de base des primes maintenues. Mais cette position s'est avérée en définitive défavorable aux salariés, dans la mesure où, à la différence du salaire de base, bénéficiant d'augmentations, les primes ont été portées sur les bulletins de paie et payées pour leur montant au jour de la date d'effet de la dénonciation, en 2002, sans actualisation ultérieure (qui n'était pas prévue pour ces primes dans la convention dénoncée). Les salariés ont alors soutenu qu'en intégrant ces primes dans la rémunération en 2002, l'employeur avait pris un engagement unilatéral, non dénoncé par la suite, portant sur la revalorisation de ces primes au même rythme que la progression du salaire de base. C'est sur ce nouvel aspect du litige que s'est prononcé l'arrêt du 2 mars 2016 (n° 14-16414).

QUESTION JURIDIQUE

La question est donc double :

1°/ la structure du salaire résultant d'un accord collectif dénoncé sans être remplacé constitue-t-elle, comme le montant du salaire, un avantage individuel acquis que l'employeur est tenu de maintenir ou peut-il au contraire inclure le montant des primes dans une rémunération unique, sans modifier le niveau global de la rémunération ?

2°/ si la structure doit être maintenue, en distinguant le salaire de base conventionnel des primes s'y ajoutant, celles-ci doivent-elles alors nécessairement évoluer dans les mêmes conditions que le salaire de base ?

PROCÉDURE

1 – Dans le premier litige, ayant donné lieu aux arrêts de 2008, la cour d'appel avait ordonné sous astreinte la rectification des bulletins de paie par la distinction des primes et du salaire de base. Il était reproché notamment à ses arrêts d'avoir jugé que la composition de la rémunération constituait un avantage individuel acquis, alors que seul le montant global de la rémunération devait être maintenu et que l'intégration des primes dans le salaire était plus avantageuse pour les salariés. Cette argumentation pouvait se recommander d'une jurisprudence antérieure, qui admettait un changement de la structure de la rémunération, dès lors que son montant global était maintenu.

2 – Dans le second litige, relatif à l'exécution par l'employeur, des précédents arrêts, la cour d'appel avait considéré qu'en décidant en 2002 d'intégrer les primes dans le salaire garanti, l'employeur avait pris un engagement qu'il n'avait pas dénoncé par la suite et qu'il devait exécuter, de sorte que le montant des primes devait évoluer en suivant la progression du salaire de base. L'employeur contestait cette position en soutenant que cette intégration avait été jugée illicite et qu'elle ne pouvait ainsi avoir valeur d'engagement unilatéral, la distinction désormais opérée entre le salaire de base et les primes n'impliquant pas que ces dernières évoluent au même rythme.

RAISONNEMENT JURIDIQUE

Position de la Cour de cassation

1 – Sur la question principale, les arrêts de 2008 retiennent que la structure de la rémunération constitue un avantage individuel acquis que l'employeur ne peut modifier unilatéralement par la suite. Cette solution constituait un revirement par rapport à la jurisprudence antérieure. Le commentaire des arrêts au Rapport annuel de la Cour de cassation justifie cette évolution par la prise en compte de plusieurs éléments : le montant de la rémunération est indissociable des éléments qui la composent ; admettre la disparition des primes et leur fusion dans une rémunération unique n'inciterait pas l'employeur – qui est le plus souvent l'auteur de la dénonciation – à négocier un nouvel accord sur les primes ; le seul maintien du niveau de la rémunération à la date d'effet de la dénonciation n'est pas satisfaisant lorsque s'ajoutent au salaire des éléments variables car cette solution ne tient pas compte de son caractère par nature évolutif. Les arrêts rappellent que l'employeur est tenu de maintenir la structure de la rémunération alors même que l'inclusion des primes dans un salaire global serait plus avantageuse pour les salariés.

2 – Les conséquences éventuellement défavorables du maintien de la structure de la rémunération se sont révélées ici par la suite, au détriment des salariés, puisque les primes, désormais distinguées du salaire de base sur les bulletins de paye, n'ont pas bénéficié de l'évolution de celui-ci. D'où la tentative des salariés d'invoquer un engagement de l'employeur d'aligner l'évolution de ces éléments sur celle du salaire de base, sujet à des revalorisations régulières. Mais l'arrêt de 2016 écarte cette argumentation, qui avait été suivie par la cour d'appel, en relevant que l'intégration des primes dans le salaire en 2002 constituait une modification illicite de la structure de la rémunération, devenue contractuelle, et ne pouvait ainsi avoir force obligatoire.

Mise en perspective

Le maintien de la structure de la rémunération après la dénonciation d'une convention collective qui n'a pas été suivie de la conclusion d'un nouvel accord repose sur la qualification d'avantage individuel acquis qui lui est reconnue depuis 2008. Il peut, on l'a vu en 2016, produire à terme un effet défavorable aux salariés, par suite de l'incorporation de cet avantage dans le contrat de travail.

On peut alors se demander si le maintien du niveau de la rémunération conventionnelle, avec application des augmentations ultérieures, ne constituerait pas une meilleure solution, malgré ses inconvénients (en cas de rémunération variable, par exemple), l'avantage individuel acquis étant ainsi constitué par le seul montant de la rémunération due en application de la convention collective dénoncée. C'est le choix qu'a finalement fait le législateur en 2016, en abandonnant la notion – difficile à cerner – d'avantage individuel acquis pour lui substituer le maintien sur une année du salaire versé antérieurement, au cours des douze derniers mois. Mais cette nouvelle règle légale n'est pas dépourvue de difficultés de mise en œuvre, lorsque la rémunération comporte des éléments variant d'une année sur l'autre ou lorsque la rémunération du salarié sur l'année a été affectée par des absences justifiées (maladie, notamment) ou des facteurs conjoncturels.

Le sort des avantages liés à la rémunération en cas de dénonciation d'une convention collective ou d'un accord collectif (Allemagne)

Gerhard Binkert

L'essentiel

L'article 4 alinéa 5 de la loi sur les conventions collectives prévoit que les normes d'une convention collective restent en vigueur jusqu'au moment où elles sont remplacées par d'autres accords (« Nachwirkung » = « continuation des effets de la norme »). Le remplacement est possible par d'autres conventions collectives de branche, mais aussi par des conventions collectives de l'entreprise ou même par des conventions individuelles.

Un tel remplacement peut s'effectuer aussi par un licenciement modificateur de l'employeur, si le salarié accepte la modification « sous réserve » de la justification sociale et que le juge constate cette justification.

Contexte

Les conventions collectives et – dans certains cas particuliers[1] – les accords d'entreprise prévoient notamment des dispositions qui génèrent des droits à rémunération en faveur des salariés ; ceci concerne le salaire de base mais aussi des majorations, des primes, etc. Ces droits sont protégés pendant la durée de la convention collective et son application à la relation de travail par la force obligatoire des conventions collectives[2]. Les conventions collectives et les accords d'entreprise sont cependant souvent conclus pour une durée déterminée. Dans ce cas – et notamment lorsque l'employeur quitte l'organisation patronale –, comment les droits des salariés sont-ils protégés ?

---

[1] Sur les limites à la possibilité de recourir à des accords d'entreprises résultant du § 77, alinéa 3 BetrVG (Loi portant constitution sociale de l'entreprise), voir *infra*.

[2] Voir le § 4, alinéa 1 TVG (Loi sur les conventions collectives) : les règles juridiques d'une convention collective s'appliquent directement et obligatoirement entre les parties mutuellement liées par une convention collective.

Mécanismes de protection en cas de résiliation ou d'expiration d'une convention collective

L'employeur est lié par la convention collective par le biais de son adhésion à une organisation patronale[3]. S'il quitte l'organisation patronale pendant la durée de la convention collective, il reste néanmoins directement lié par la convention collective. L'engagement conventionnel est maintenu (continuation de l'engagement contractuel) (« Nachbindung ») jusqu'à la date à laquelle la convention collective prend fin (résiliation, expiration du délai).[4]

À compter de la cessation de la convention collective commence la période de survie de celle-ci (continuation des effets de la norme) (« Nachwirkung »)[5] : les règles de la convention collective restent en vigueur jusqu'à ce qu'elles soient remplacées par un « autre accord ». Les droits des salariés dans une relation de travail existante sont maintenus en tant que droits conventionnels. Durant cette phase, la convention collective (expirée) n'a toutefois plus de caractère « obligatoire », l'employeur peut donc fixer de nouvelles conditions, également moins avantageuses, avec des travailleurs nouvellement embauchés.

L'« autre accord » en vertu du § 4, alinéa 5 TVG (Loi sur les conventions collectives)

Cet « autre accord » peut consister en une nouvelle convention collective de branche, mais aussi en une convention collective d'entreprise ou en un accord individuel. Un accord d'entreprise entre également en considération. Il convient toutefois d'attirer l'attention sur l'effet de blocage du § 77, alinéa 3 BetrVG (Loi portant constitution sociale de l'entreprise) : les accords d'entreprise ne peuvent contenir de dispositions relatives aux conditions de travail matérielles (montant des rémunérations, durée de congé, etc.), celles-ci étant normalement ou habituellement régies par une convention collective.

Un « accord » entre l'employeur et les salariés aux différents niveaux mentionnés est donc toujours exigé, une mesure unilatérale de l'employeur ne suffit pas.

Le congé-modification (licenciement modificateur) comme « autre accord »

Si un tel « accord » n'aboutit pas, cela peut donner lieu, dans certains cas, à une « continuation perpétuelle des effets » de la convention collective

---

[3] Ou lorsqu'il a lui-même conclu une convention collective d'entreprise avec un syndicat.

[4] § 3, alinéa 3 TVG (Loi sur les conventions collectives).

[5] § 4, alinéa 5 TVG (Loi sur les conventions collectives).

(« ewige Nachwirkung »)[6]. En pareil cas, l'employeur tentera d'empêcher cette continuation des effets (« Nachwirkung ») de la convention par le biais d'un congé-modification (licenciement modificateur).

Un congé-modification (licenciement modificateur) est une résiliation du contrat de travail prononcée à un certain moment par l'employeur et accompagnée de l'offre de poursuivre la relation de travail avec un contenu différent et le plus souvent dans des conditions de travail moins favorables. Le salarié a alors 3 possibilités de réagir :

- accepter l'offre de modification
- rejeter l'offre de modification
- accepter l'offre de modification sous réserve que le tribunal du travail reconnaisse la justification sociale de la modification (sur demande correspondante du salarié)[7]

Cour fédérale du travail, arrêt du 27 septembre 2021 - 2 AZR 236/00

[Paragraphe 38] Selon l'article 4, paragraphe 5, de la TVG, les dispositions légales d'une convention collective continuent de s'appliquer après son expiration jusqu'à ce qu'elles soient remplacées par une autre convention (...)

[Paragraphe 39] Cette survie n'a qu'une fonction relais. Elle prend fin lorsque les normes tarifaires sont remplacées par un autre accord, y compris par un accord contractuel individuel.

[Paragraphe 40] Dans la mesure où le demandeur a accepté l'offre de modification du défendeur sous réserve de contrôle judiciaire, un tel accord contractuel individuel a été conclu entre les parties. Il est néanmoins soumis à la condition que la modification des conditions de travail soit considérée comme socialement justifiée dans le cadre d'une action ultérieure en protection contre le licenciement abusif.

[Paragraphe 41] (...) La modification du contrat par un avis de modification remplit les conditions de l'article 4, paragraphe 5, de la TVG. En effet, la modification de la relation de travail ne se produit ici que si l'employé déclare son accord avec les nouvelles conditions de travail. Sa liberté contractuelle est uniquement limitée par le fait que l'employeur peut, dans les conditions de l'article 2 de la KSchG, lui donner le choix d'accepter l'offre de changement ou de perdre son emploi. Si l'employé accepte sans réserve le changement de la cessation d'emploi, cela équivaut en tout cas à un accord de modification. S'il accepte l'offre de modification avec réserve, il y a un consentement qui conduit à la modification des conditions de travail au moment de l'expiration du délai de préavis dès que

---

[6] Aspect analysé sous un angle critique par Löwisch/Rieble, TVG (Loi sur les conventions collectives), point 756.

[7] § 2 KSchG (Loi pour la protection contre les licenciements).

la justification sociale du préavis de modification conformément à l'article 2, 1 KSchG a été légalement établie.

FAITS

Le salarié était employé dans une brasserie ; une convention collective conclue entre l'organisation patronale des brasseries et le syndicat compétent prévoyait le versement d'une prime de Noël et d'une prime de vacances. La convention collective expirait le 31 décembre 1997. En juillet 1997, la brasserie quitta l'organisation patronale. Elle avait enregistré de lourdes pertes pour l'année 1997. En mai 1998, elle soumit aux salariés une offre de modification de contrat qui réduisait la prime de Noël et la prime de vacances de 50 %. Après le rejet de cette modification réductrice par un grand nombre des salariés, la brasserie prononça des congés-modifications – également connus sous le nom de « licenciements modificateurs » – pour motif économique. Le demandeur accepta, sous réserve, l'offre de modification.

QUESTION JURIDIQUE

Il est indéniable que des mesures unilatérales de l'employeur ne peuvent pas mettre un terme aux règles collectives dans la période de la « continuation des effets de normes ». Le licenciement modificateur s'analyse-t-il comme une « mesure unilatérale » ? Ou s'agit – il, au moins dans le cas d'une acceptation sous réserve par le salarié, d'un « accord » ?

PROCÉDURE

Le tribunal du travail avait constaté que la modification était socialement injustifiée, estimant les arguments économiques non convaincants. La Cour d'appel avait rejeté la plainte, au motif que les arguments économiques étaient fondés et qu'un tel licenciement modificateur pourrait être valable dans l'état de la continuation des effets des normes.

RAISONNEMENT JURIDIQUE

La Cour fédérale du travail a cassé la décision de la Cour d'appel. Elle a tout d'abord constaté que la brasserie était directement liée par la convention collective jusqu'au 31 décembre 1997. Le fait qu'elle avait quitté l'organisation patronale en juillet 1997 ne changeait rien à cet état de choses vu le maintien de l'engagement conventionnel (« Nachbindung ») en vertu du § 3, alinéa 3 TVG (Loi sur les conventions collectives). À partir du 1er janvier 1998, la brasserie se trouvait dans la période de continuation des effets (« Nachwirkung ») de la convention collective conformément au § 4, alinéa 5 TVG (Loi sur les conventions collectives). Les dispositions de la convention collective restaient en vigueur, pouvaient toutefois être substituées par un « autre accord », donc également par un accord individuel.

La Cour fédérale du travail a estimé qu'un congé-modification, qui avait été accepté, sous réserve, par le salarié et dont le tribunal du travail avait reconnu qu'il était socialement justifié, constitue un accord individuel. Certes, tout licenciement est, en soi, un acte unilatéral de l'employeur mais, dans le cas d'une « acceptation sous réserve », un « accord » entre l'employeur et le salarié peut être identifié. Il constitue un « autre accord » tel que visé par le § 4 al 5 TVG et a vocation à remplacer la convention collective qui continuait jusque-là à produire effet.

En l'espèce, la Cour fédérale du travail a renvoyé l'affaire devant la Cour d'appel du travail, laquelle devait déterminer si les modifications proposées (réduction des primes de Noël et de vacances de 50 %) étaient « socialement justifiées ». Les raisons opérationnelles invoquées (pertes, *etc.*) devaient être examinées aux fins de déterminer si elles existaient réellement et si elles avaient contraint l'employeur à imposer une réduction – également de cette ampleur – à ses salariés. Si tel est le cas, l'accord de modification prend effet.

Mise en perspective

En principe, il y a lieu de constater qu'en cas de cessation d'une convention collective, les droits conventionnels des salariés sont protégés de manière très effective à travers un mécanisme à plusieurs niveaux : d'une part, par le maintien de l'engagement conventionnel (« Nachbindung ») lorsque l'employeur quitte l'organisation patronale signataire et, d'autre part, par la continuation des effets (« Nachwirkung ») de la convention collective après sa cessation. Les droits conventionnels ne peuvent être remplacés que par un « accord », et non unilatéralement. Un tel accord peut avoir lieu au niveau conventionnel, au niveau de l'entreprise ou au niveau individuel.

Vu qu'au niveau collectif, on peut en règle générale[8] partir du principe d'un pouvoir de négociation équilibré entre les deux parties, aucun problème ne se pose généralement quant à la protection des salariés.

Ce n'est pas le cas au niveau individuel en raison du déséquilibre du pouvoir de négociation entre l'employeur et le salarié individuel. En cas de congé-modification (licenciement modificateur), un contrôle est du moins exercé par le tribunal du travail à l'aune du critère de la « justification sociale ». Il n'en va pas de même en cas d'« accord de modification » sans congé-modification. La Cour fédérale du travail a refusé de soumettre de tels accords de modification, établis ou préparés sous forme de formulaires par l'employeur, à un contrôle du contenu au regard de la convention collective continuant à produire effet. Dans la doctrine, certains auteurs considèrent cependant que les autres accords devraient être soumis à un contrôle de

[8] Du moins au niveau conventionnel en raison de l'article 9, alinéa 3 *Grundgesetz* (Loi fondamentale).

contenu par un tribunal au regard des dispositions conventionnelles qui continuent à produire effet[9].

Dans l'ensemble, il convient de constater qu'il est extrêmement difficile pour l'employeur de modifier des droits conventionnels. Les exigences fixées par les tribunaux quant à la justification sociale d'un congé-modification sont très strictes ; ceci vaut pour les raisons opérationnelles proprement dites, mais également pour la nécessité et la proportionnalité des modifications prévues. -

Dans la pratique, un employeur aura plus de chance de faire aboutir une modification des droits conventionnels, même après la cessation d'une convention collective, en concluant une nouvelle convention collective, notamment une convention collective d'entreprise. Dans ce cas, l'indispensable protection des salariés est garantie par le pouvoir de négociation du syndicat[10]. La pratique montre, au demeurant, qu'en cas de situation économique difficile d'une entreprise, les syndicats[11] sont généralement disposés à convenir de conditions moins favorables, souvent du moins pour une durée déterminée. On parle alors d'une politique conventionnelle « proche des entreprises ».

---

[9] Voir les indications de Däubler/Bepler, TVG (Loi sur les conventions collectives), point 992.

[10] Les dispositions au niveau de l'entreprise sont plutôt rares en raison de l'effet de blocage des conventions collectives.

[11] Du moins, les syndicats puissants et pragmatiques tels que le syndicat de l'industrie métallurgique IG Metall.

TRANSFERT D'ENTREPRISE ET SORT DE LA RÉMUNÉRATION CONVENTIONNELLE (FRANCE)

Marie-Cécile Escande-Varniol

L'essentiel

En cas de transfert d'entreprise, le statut collectif applicable dans l'entreprise cédante se trouve « mis en cause ». Deux solutions sont envisageables. Soit un accord d'adaptation a été négocié dans un délai légal et son contenu peut se substituer aux accords et conventions applicables aux salariés dont le contrat a été transféré. Soit il n'y a pas eu d'accord d'adaptation et les salariés transférés continuent de bénéficier de leur statut collectif pendant un délai de quinze mois ; dans ce cas, au-delà du délai légal, le statut collectif du repreneur est applicable, mais les salariés ont droit au maintien des « avantages individuels acquis », formule devenue maintien de la « rémunération versée au cours des douze derniers mois ».

L'employeur n'a pas d'autre choix que de négocier ou maintenir l'ancien statut. Il ne peut pas notamment subordonner le bénéfice d'une prime en vigueur dans l'entreprise d'accueil à la renonciation individuelle des salariés à leur ancien statut collectif (Cass. soc. 13 octobre 2016). Mais si la rémunération dépend d'une qualification déterminée par la convention collective, à l'expiration du délai de survie, l'application de la convention en vigueur dans l'entreprise d'accueil peut entraîner un déclassement du salarié et par ricochet une baisse de sa rémunération sans que puisse être évoqué le maintien des avantages acquis (Cass. soc. 20 avril 2017).

Contexte

À côté des régimes de dénonciation ou de révision des conventions collectives, le législateur a prévu le cas de la « mise en cause » du statut collectif par l'effet du transfert d'entreprise. Ces règles s'inscrivent dans le cadre des standards posés par la directive 2001/23/CE *concernant le rapprochement des législations des États membres relatives au maintien des droits des travailleurs en cas de transfert d'entreprises, d'établissements ou de parties d'entreprises ou d'établissements*. Sur ce point, l'article 3 de la Directive dispose que :

« 3. Après le transfert, le cessionnaire maintient les conditions de travail convenues par une convention collective dans la même mesure que celle-ci les a prévues pour le cédant, jusqu'à la date de la résiliation ou de l'expiration de la convention collective ou de l'entrée en vigueur ou de l'application d'une autre convention collective.

« Les États membres peuvent limiter la période du maintien des conditions de travail, sous réserve que celle-ci ne soit pas inférieure à un an. »

Ce texte pose le principe d'un maintien du statut collectif en vigueur chez le cédant pendant un délai dont le terme dépend de l'avènement de l'une des quatre hypothèses envisagées par la directive. À savoir : la dénonciation du statut collectif s'il est à durée indéterminée, le terme des conventions à durée déterminée, l'entrée en vigueur d'une nouvelle convention (accord de substitution par exemple), ou l'application d'une convention existante (celle du cessionnaire). Quelle que soit l'hypothèse retenue, une phase de transition est inévitable. Il appartient aux États membres de prendre des dispositions pour limiter éventuellement cette période de transition, dans un délai qui ne peut être inférieur à un an. Cette période, dite du délai de survie, donne lieu à des dispositions particulières du Code du travail français, réformées par la loi du 8 août 2016.

Concernant le délai de survie, il est d'un an après le délai de préavis (article L. 2261-14), ce qui amène à 15 mois au total. Jusqu'en 2016, il n'était pas possible de conclure un accord avant la fin du délai de préavis. La réforme d'août 2016 (loi n° 2016-1088 du 8 août 2016) a introduit trois articles dans le code du travail (L. 2261— 14-2, L. 2261— 14-3, L. 2261— 14-4) qui permettent de conclure un accord de substitution avant la fin du délai de préavis. Le but recherché est de supprimer la période de transition pendant laquelle deux statuts sont applicables dans la même entreprise, et d'appliquer les conventions en vigueur dans l'entreprise cessionnaire dès le jour du transfert effectif des contrats.

Selon les dispositions antérieures au 8 août 2016, si aucun accord de substitution n'intervient avant la fin du délai de survie, « les salariés de l'entreprise concernée conservent les avantages individuels qu'ils ont acquis ». Depuis la réforme, les « avantages individuels acquis » sont remplacés par « une rémunération dont le montant annuel (...) ne peut être inférieur à la rémunération versée lors des douze derniers mois » (article L. 2261-14). Cette formule, officiellement choisie pour simplifier la compréhension du texte, n'est pas exempte de difficultés d'interprétation à venir ; et elle s'avère surtout beaucoup plus restrictive que la précédente.

Les décisions adoptées par les deux arrêts choisis pour illustrer ces difficultés de changement de statut collectif à l'occasion du transfert d'entreprise, ne devraient pas être affectées par la réforme. Dans la première espèce on verra que, quelle que soit la source des droits collectifs, l'adaptation du statut collectif doit passer par la négociation, l'employeur ne peut unilatéralement décider des modalités d'adaptation. Dans la seconde on verra que la rémunération n'est pas un droit acquis lorsqu'elle résulte de l'accord collectif mis en cause.

Cour de cassation, chambre sociale, arrêt du 13 octobre 2016, n° 14-25.411, Publié au Bulletin

Js Lamy 2017, n° 425-4, obs. Mayoux, *JCP S* 2016, 1434, obs B. Bossu.

Attendu, selon l'arrêt attaqué, qu'aux termes d'un accord d'entreprise conclu le 19 décembre 2003 au sein de la société Norbert Dentressangle Logistics (la société), il était convenu que « pour tout nouveau site ouvert à partir du 1er janvier 2004 et hors les cas de transfert de site, reprise de personnel en application de l'article L. 122-12 (devenu L. 1224-1) du code du travail, acquisition d'entreprise, il serait mis en place un système de prime de qualité/productivité/sécurité au plus tard au bout d'un an d'exploitation du site » ; qu'à la suite d'une fusion absorption, le 1er juin 2004, les contrats de travail des salariés de la société Stockalliance ont été transférés à la société Norbert Dentressangle Logistics par application de l'article L. 1224-1 du code du travail et que les statuts collectifs ont été dénoncés ; qu'il a été proposé aux salariés l'option consistant soit à conserver les avantages individuels acquis au sein de la société Stockalliance sans bénéficier de la prime dite « productivité/qualité/ sécurité », soit à signer un nouveau contrat de travail leur permettant notamment de percevoir cette prime en contrepartie de la renonciation aux avantages individuels acquis au sein de la société absorbée ; que par acte du 5 juillet 2011, le syndicat CGT de la société Norbert Dentressangle Logistics (le syndicat) a fait assigner cette dernière devant le tribunal de grande instance pour voir reconnaître l'existence d'une inégalité de traitement concernant la répartition du taux de retraite complémentaire entre l'employeur et le salarié, le paiement de la prime « productivité/qualité/ sécurité » et les temps de pause payés, au préjudice des anciens salariés de la société Stockalliance ayant refusé de signer le nouveau contrat de travail ;

(....)

Vu l'article L. 1224-1 du code du travail et l'article L. 2261-14 dans sa rédaction alors applicable ;

Attendu que l'employeur entrant ne peut subordonner le bénéfice dans l'entreprise d'accueil des avantages collectifs, qu'ils soient instaurés par voie d'accords collectifs, d'usages ou d'un engagement unilatéral de l'employeur, à la condition que les salariés transférés renoncent aux droits qu'ils tiennent d'un usage ou d'un engagement unilatéral en vigueur dans leur entreprise d'origine au jour du transfert ou qu'ils renoncent au maintien des avantages individuels acquis en cas de mise en cause d'un accord collectif en application du second des textes susvisés ;

Attendu que, pour rejeter les demandes de rappel de salaire au titre de la prime « productivité/qualité/sécurité » ainsi qu'au titre de la répartition des cotisations patronales et salariales de retraite complémentaire, l'arrêt retient que c'est par une décision unilatérale de l'employeur que cette prime a été versée aux salariés transférés non cadres et non administratifs et que ces avantages, ne ressortant pas d'un accord collectif, n'ont pas à être étendus automatiquement aux anciens salariés de la société Stockalliance ;

Qu'en statuant ainsi, la cour d'appel a violé les textes susvisés ;

Par ces motifs : casse et annule

FAITS

Dans l'arrêt rendu par la chambre sociale de la **Cour de cassation le 13 octobre 2016**, la société cessionnaire avait déjà absorbé plusieurs entreprises au cours des années précédentes et elle avait instauré unilatéralement une prime dite « productivité/qualité/sécurité » qui bénéficiait aux nouveaux salariés à l'issue d'une période d'un an. À l'occasion du transfert d'entreprise, qui donne lieu à l'arrêt commenté, le cessionnaire avait proposé aux salariés nouvellement transférés, l'option consistant soit à conserver les avantages individuels acquis au sein de leur ancienne société sans bénéficier de la prime, soit à signer un nouveau contrat de travail leur permettant notamment de percevoir cette prime en contrepartie de la renonciation aux avantages individuels acquis au sein de la société absorbée. Les salariés qui refusaient se trouvaient donc privés de la prime spéciale et d'un certain nombre d'autres avantages.

QUESTION JURIDIQUE

Bien que le texte de l'article L. 2261-14 ne mentionne que la mise en cause « d'une convention ou d'un accord », faut-il considérer que les règles relatives aux conséquences du transfert se limitent à ces seuls actes, ou bien faut-il considérer que c'est tout le statut collectif qui est mis en cause et que les règles doivent s'appliquer de manière identique quelle que soit la **source des droits collectifs** ?

PROCÉDURE

L'action avait été engagée par un syndicat représentatif sur le fondement d'une inégalité de traitement. Sur ce moyen, la Cour de cassation rejette le pourvoi du syndicat. Mais elle relève d'office un moyen fondé sur les dispositions relatives au transfert d'entreprise et la mise en cause des conventions collectives (articles L. 1224-1 et L. 2261-14), moyen qui nous intéresse ici.

Pour rejeter les demandes de rappel de salaire au titre de la prime « productivité/qualité/sécurité » ainsi qu'au titre de la répartition des cotisations patronales et salariales de retraite complémentaire, la Cour d'appel avait retenu que c'est par une décision unilatérale de l'employeur que cette prime était versée aux salariés transférés et que ces avantages, ne ressortant pas d'un accord collectif, n'ont pas à être étendus automatiquement aux salariés récemment transférés.

RAISONNEMENT JURIDIQUE

Pour la chambre sociale de la Cour de cassation, l'employeur entrant ne peut subordonner le bénéfice des avantages collectifs dans l'entreprise d'accueil, qu'ils soient instaurés par voie d'accords collectifs, d'usages ou d'un engagement unilatéral de l'employeur, à la condition que les salariés transférés renoncent aux droits qu'ils tiennent d'un usage ou d'un engagement unilatéral en vigueur dans leur entreprise d'origine au jour du transfert ou qu'ils renoncent au maintien des avantages individuels acquis en cas de mise en cause d'un accord collectif.

La Cour de cassation étend donc les dispositions de l'article L. 1261-14 à tous les éléments du statut collectif, quelle qu'en soit la source. Cette solution a été reprise à l'identique dans un arrêt plus récent (Cass. soc. 14 juin 2017, n° 16-12.376), citant l'engagement unilatéral parmi les sources du statut collectif, alors même que dans cette espèce le problème concernait une concurrence entre deux conventions collectives.

Cour de cassation, chambre sociale, arrêt du 20 avril 2017, n° 15-28.789, publié au Bulletin

Vu les articles L. 1224-1 et L. 2261-14 du code du travail et l'article 1134 du code civil dans sa rédaction applicable en la cause ;

Attendu, selon l'arrêt attaqué, que Mme Y... a été engagée le 3 novembre 1999 par la société Cegetel service au sein de laquelle s'appliquait la convention collective nationale des télécommunications du 26 avril 2000 ; que par avenant du 12 septembre 2005, elle a été nommée aux fonctions de responsable de groupe, statut cadre selon la convention collective ; que son contrat de travail a été transféré à la société Aquitel, au sein de laquelle elle a été classée au coefficient 220, dans la grille de classification issue de la convention collective applicable du personnel des prestataires de services dans le domaine du secteur tertiaire du 13 août 1999, correspondant à un poste de superviseur, statut agent de maîtrise ; que la salariée a saisi la juridiction prud'homale pour solliciter le paiement de rappel de salaires compte tenu de son statut cadre ;

Attendu que pour condamner la société au paiement d'un rappel de salaire, la cour d'appel retient que pour la période postérieure au 31 octobre 2008, par l'effet du transfert du contrat de travail, la société Aquitel était tenue de le poursuivre dans les conditions mêmes où il était exécuté lors de la cession et que la salariée conservait notamment sa qualification, y compris son statut cadre dans ses rapports avec la société et qu'elle pouvait prétendre au coefficient 280 de la convention collective du personnel des prestataires de services dans le domaine du secteur tertiaire ;

Qu'en statuant ainsi, alors que, si du fait de l'absence d'accord de substitution, la salariée pouvait conserver jusqu'au 31 octobre 2008 son statut de cadre et la rémunération résultant de la convention collective nationale des télécommunications, elle ne pouvait prétendre au maintien pour l'avenir de ce statut, qui ne résultait pas du contrat de travail mais des dispositions de cette convention collective qui ne s'appliquait plus, de sorte qu'en la faisant bénéficier du coefficient 280 de la convention collective du personnel des prestataires de services dans le domaine du secteur tertiaire correspondant au coefficient minimal du statut cadre dans cette convention, la cour d'appel a violé les textes susvisés ;

PAR CES MOTIFS : CASSE ET ANNULE.

FAITS

Dans cette seconde espèce du 20 avril 2017, la salariée qui réclamait un rappel de salaire avait acquis, grâce à son ancienneté et l'application de la grille de classification professionnelle de la convention collective applicable chez son employeur avant transfert, la qualification de cadre, avec la rémunération correspondante. Lorsque son contrat avait été transféré à l'entreprise absorbante, son statut de cadre et les avantages rémunératoires qui en découlaient lui avaient été retirés en application de la grille de classification de la convention collective en vigueur chez le repreneur.

QUESTION JURIDIQUE

Lorsque la qualification professionnelle du salarié est déterminée par la convention collective, peut-il y avoir contractualisation de cette qualification par le seul effet de la substitution d'une convention collective à une autre lors d'un transfert d'entreprise ?

Un salarié peut-il perdre une partie de sa rémunération par effet d'un changement de classification dû à la substitution d'une convention collective à une autre ?

PROCÉDURE

Ayant saisi le Conseil des Prud'hommes en demande de rappel de salaires liés au statut de cadre, la salariée avait obtenu satisfaction. Les juges avaient estimé qu'il y avait lieu de maintenir la qualification obtenue grâce à l'application de la convention collective du cédant.

La Cour d'appel avait également fait droit à la demande de la salariée, considérant que, par l'effet du transfert du contrat de travail, le repreneur était tenu de le poursuivre dans les conditions mêmes où il était exécuté lors de la cession et que la salariée conservait notamment sa qualification, y compris son statut cadre dans ses rapports avec la société et qu'elle pouvait prétendre au coefficient 280 de la convention collective du personnel des prestataires de services dans le domaine du secteur tertiaire. Pour la cour d'appel la qualification, bien qu'issue de la convention collective, était devenue un élément du contrat auquel la salariée pouvait prétendre à titre individuel.

RAISONNEMENT JURIDIQUE

La décision de la Cour d'appel est cassée au motif que, si du fait de l'absence d'accord de substitution, la salariée pouvait conserver pendant un an son statut de cadre et la rémunération résultant de la convention collective nationale des télécommunications, elle ne pouvait prétendre au maintien pour l'avenir de ce statut, qui ne résultait pas du contrat de travail mais des dispositions de cette convention collective qui ne s'appliquait plus. Pour la Haute juridiction, il n'y a pas eu d'incorporation.

En conséquence, la salariée perd à la fois son statut de cadre et les avantages rémunératoires qui l'accompagnent, ce qui a des incidences importantes en droit français, notamment en termes de retraite complémentaire.

Mise en perspective

On retiendra de ces arrêts, d'une part, que la Cour de cassation fait une interprétation globale du statut collectif des salariés en cas de transfert d'entreprise. Cette position a pour intérêt de clarifier la situation, le maintien des droits étant indifférent à la source qui les porte. De plus, puisque le nouvel employeur ne peut agir par voie d'engagement unilatéral pour imposer un nouveau statut, cette position a aussi pour intérêt d'inciter l'employeur à négocier un accord de substitution avant l'expiration du délai d'un an afin d'harmoniser rapidement le statut collectif de l'ensemble de ses travailleurs. La réforme d'août 2016 permet d'ailleurs de négocier cet accord avant même la réalisation du transfert, soit entre les employeurs concernés et les organisations syndicales représentatives du cédant, soit entre les employeurs et les organisations syndicales présentes dans les deux entreprises (article L. 2261— 14-2 et L. 2261— 14-3). Il peut cependant être objecté qu'une telle précipitation n'est pas un gage de protection des salariés, d'autant qu'il s'agit bien souvent de supprimer des avantages existants.

D'autre part, on peut se demander si, dans sa décision du 20 avril 2017 la Chambre sociale n'anticipait pas déjà l'application des nouvelles dispositions du code substituant la formule « maintien de la rémunération » à celle de « maintien des avantages individuels acquis ». En effet, la qualification du salarié est un élément essentiel du contrat de travail. Que son évolution soit liée à l'application de la convention collective ne devrait pas lui faire perdre ce caractère. Aussi, il nous semble que la qualification de cadre, particulièrement avantageuse, aurait dû être considérée comme un avantage individuel acquis qui aurait dû être considéré comme incorporé au contrat de travail. Ceci d'autant plus que l'on est dans le cas d'une entreprise qui n'a pas signé d'accord de substitution. Cette décision n'est pas propre à favoriser le dialogue social en cas de transfert d'entreprise.

TRANSFERT D'ENTREPRISE ET SORT DE LA RÉMUNÉRATION CONVENTIONNELLE (ALLEMAGNE)

Raphaël Callsen

L'essentiel

En droit allemand, une convention collective ne s'applique régulièrement de manière normative qu'aux salariés membres du syndicat qui a conclu la convention collective. Il est cependant fréquent que les parties au contrat de travail conviennent d'appliquer une convention collective par des clauses de référence intégrées au contrat de travail, la base juridique pour son application étant alors le contrat. En cas de transfert d'établissement, il faut donc distinguer le sort de la « convention collective normative » et celui de la « convention collective contractuelle ».

En application du § 613a alinéa 1, deuxième phrase, BGB (Code civil allemand) les dispositions d'une convention collective normative deviennent partie intégrante de la relation de travail avec le repreneur. Les salariés bénéficient de ce maintien au moins pendant un an, délai pendant lequel il est en principe impossible de modifier les conditions de travail conventionnelles par contrat ou d'y renoncer. Concernant la rémunération, il est important de souligner qu'elle est maintenue telle qu'elle était au moment du transfert. Cette solution ne s'applique cependant pas s'il existe une autre convention collective chez le repreneur qui s'applique de manière normative (Cour fédérale du travail, arrêt du 22 avril 2009). Dans cette hypothèse, il n'y a pas de maintien de l'ancienne convention collective normative, ce qui peut entraîner une baisse de la rémunération.

Concernant une convention collective contractuelle, il faut d'abord interpréter les clauses du contrat de travail afin d'établir l'étendue de la référence à la convention collective. Si le contrat se réfère à une convention collective de manière dite « dynamique », c'est-à-dire incluant ses modifications futures – notamment des hausses de rémunération – cette stipulation contractuelle lie aussi le repreneur selon une jurisprudence constante. Cette approche ayant été validée par la CJUE dans l'affaire Asklepios, la Cour fédérale du travail a maintenu sa jurisprudence (arrêt du 30 août 2017).

Contexte

Les règles allemandes relatives au transfert d'entreprise s'inscrivent dans le cadre des standards posés par la Directive 2001/23/CE concernant le rapprochement des législations des États membres relatives au maintien des droits des travailleurs en cas de transfert d'entreprises, d'établissements ou de parties d'entreprises ou d'établissements (voir la présentation française de Marie-Cécile Escande Varniol). Du point de vue allemand, il faut ajouter que le maintien des clauses de référence intégrées au contrat de travail trouve sa base dans l'alinéa 1 de l'article 3 de la directive.

Concernant les conventions collectives, la loi allemande précise que le délai de survie d'au moins un an ne s'applique pas lorsque le repreneur et le salarié sont liés de manière normative par une autre convention collective. Ceci semble être conforme à l'article 3 alinéa 3 de la directive (cf. CJUE, Grande Chambre, aff. *Scattolon*, C-108/10) bien que certains auteurs émettent des doutes (notamment Preis, *in Erfurter Kommentar*, § 613a BGB no. 125 en faisant référence à CJUE du 6 avril 2017, aff. C–336/15). Ceci peut entraîner des baisses de salaire (Cour fédérale du travail, arrêt du 22 avril 2009, 4 AZR 100/08) ce qu'illustre le premier arrêt du 13 juillet 2013, 4 AZR 138/12.

Lorsqu'il n'existe pas d'autre convention collective normative qui remplace l'ancienne convention collective normative, les droits et obligations issus de celle-ci sont transformés dans la relation de travail individuelle mais gardent leur nature collective (Cour fédérale du travail, arrêt du 22 avril 2009, 4 AZR 100/08), c'est-à-dire qu'ils ne sont pas contractualisés. Ils peuvent être modifiés par accord après le délai de survie. Le délai de survie est cependant inférieur à un an lorsque la force obligatoire de la convention cesse plus tôt, notamment parce qu'elle a été dénoncée ou si elle était à durée déterminée. Le délai de survie ne s'applique pas non plus, selon la loi, lorsque les parties au contrat conviennent de se référer contractuellement à la convention collective applicable.

Concernant les conventions collectives contractuelles, il faut relever qu'une clause de référence dynamique garde son caractère dynamique lors du transfert d'établissement en vertu des règles du droit des contrats. Le grand débat sur la conformité de cette approche avec le droit de l'UE a été tranché en 2017 par un arrêt de la CJUE dans l'affaire *Asklepios* qui illustre bien la problématique des clauses de référence (deuxième affaire).

Cour fédérale du travail, arrêt du 3 mars 2013 – 4 AZR 138/12

[Paragraphe 24] En cas de transfert d'entreprise, les droits et obligations relatives à la relation de travail entre le salarié et le cessionnaire ne continuent d'être régis par une convention collective applicable de manière normative que si et dans la mesure où, conformément à l'article 613a.1, deuxième phrase, du code civil allemand (Bürgerliches

Gesetzbuch - BGB), ils ne sont pas régis chez ce cessionnaire par les normes d'une autre convention collective à laquelle les deux parties au contrat de travail sont normalement liées (article 613a., alinéa 1, deuxième et troisième phrases, du BGB).

[Paragraphe 25] Dans le cas d'un transfert d'entreprise à un cessionnaire lié, en raison de son affiliation à une association communale d'employeurs (KAV), par la convention collective pour le secteur public – secteur de la Fédération des associations d'employeurs municipaux au (TVöD/VKA) ces conditions sont remplies si la relation de travail, qui concerne un salarié membre du syndicat ver.di, est transférée au moment du transfert de l'entreprise. En effet, les normes conventionnelles applicables à ce moment s'appliquent directement et obligatoirement à la relation de travail. La protection temporaire prévue par le § 613a., alinéa 1, phrase 2 BGB n'est pas nécessaire si le même syndicat [NB : le syndicat ver.di] a également conclu une convention collective applicable au nouvel employeur (...).

FAITS

Un éducateur employé dans une clinique avait fait valoir des rappels de salaire. Il était membre du syndicat des services ver.di. Ce syndicat avait conclu une convention collective d'entreprise avec la clinique dans laquelle travaillait le demandeur. La clinique fait faillite et est finalement transférée à partir du 1er décembre 2009 à une société de droit privé. Cette société est membre de l'association des employeurs du service public qui a signé la convention collective du service public. Cette convention collective générale a également été conclue par le syndicat ver.di mais prévoit une structure de rémunération différente ce qui implique une baisse de salaire d'environ 1000 EUR par mois pour le demandeur. Il demande en justice le paiement de ces différences de salaire et d'autres paiements.

PROCÉDURE

Les tribunaux rejettent les demandes visant au paiement des différences de salaire.

RAISONNEMENT JURIDIQUE

Dans un arrêt du 13 juillet 2013 (4 AZR 138/12), la Cour fédérale du travail confirme sa position selon laquelle le salarié ne peut pas prétendre à un maintien des anciens avantages prévus par la convention collective normative dès lors que la nouvelle convention collective normative a été négociée avec le même syndicat. Cette décision n'est certes pas novatrice, mais elle illustre bien la règle jurisprudentielle fixant le sort d'une convention collective s'appliquant de manière normative lorsqu'il existe une autre convention collective s'appliquant également de manière normative chez le repreneur.

Cour fédérale du travail, arrêt du 30 août 2017 – 4 AZR 95/14

[Paragraphe 44] (...) Le fait de lier à une convention collective le cessionnaire d'un transfert d'entreprise par une clause de référence dynamique convenue entre le cédant de l'entreprise et le salarié en vertu du droit individuel ne viole pas les dispositions du droit européen, à savoir l'article 3 de la directive 2001/23/CE en liaison avec l'article 16 de la Charte des droits fondamentaux de l'UE.

[Paragraphe 45] Dans son arrêt du 27 avril 2017 (– C-680/15 et C-681/15 – [Asklepios Kliniken Langen-Seligenstadt]), la CJCE a estimé, à la suite d'une saisine par la chambre compétente (BAG 17 juin 2015 - 4 AZR 95/14), que la directive 2001/23/CE, lue en lien avec l'article 16 de la Charte, ne s'oppose pas au maintien d'une clause de référence dynamique du contrat de travail dans la relation entre le salarié et le cessionnaire, à condition que le droit national prévoie des possibilités d'adaptation tant consensuelles qu'unilatérales pour l'acquéreur.

[Paragraphe 46] Le système juridique allemand prévoit de telles possibilités d'adaptation, tant par accord mutuel qu'unilatéralement. (...)

[Paragraphe 47] L'article 613a du code civil n'empêche pas les salariés et le cessionnaire de modifier d'un commun accord les conditions d'emploi contractuelles après un transfert d'entreprise. (...)

[Paragraphe 50] La possibilité d'une modification unilatérale du contrat de travail, telle qu'elle est aussi exigée par la CJCE, est également prévue par la loi. Conformément à l'article 2 de la loi sur la protection contre les licenciements abusifs (KSchG), l'employeur peut modifier les conditions d'emploi individuelles en procédant à un licenciement modificateur [résiliation du contrat combinée avec une offre de continuer la relation de travail sous d'autres conditions]. (...)

FAITS

L'affaire *Asklepios* concernait plusieurs salarié(e)s d'un hôpital qui réclamaient des salaires impayés au repreneur de leur établissement dans un contexte de privatisation d'un hôpital communal. Dans les années 1970/1980, l'hôpital était géré directement par une commune qui était membre de l'association des employeurs du service public. Elle appliquait les conventions collectives du service public et avait prévu l'application de ces conventions collectives dans les contrats de travail. Dans un premier mouvement, l'hôpital fut transféré à une société de droit privé appartenant à la commune et qui était également membre de l'association des employeurs de son domaine. Dans un deuxième mouvement, l'hôpital fut transféré à une autre société de droit privé qui n'appartenait cependant plus à la commune et qui n'était plus membre de l'association d'employeurs de son domaine. Dans ce contexte, les parties au contrat de travail précisent encore une fois qu'ils appliqueront la convention collective du secteur public incluant toutes les modifications futures. Entretemps, le système des conventions collectives du secteur public est modifié. Dans un quatrième mouvement, l'hôpital est repris en 2008 par le grand groupe hospitalier privé *Asklepios*. Le repreneur continue à payer le salaire selon l'ancienne convention collective du secteur public (version en vigueur en 2003) et pour laquelle des augmentations de salaire ne sont plus négociées. Les salariés prétendent à recevoir les augmentations prévues par les nouvelles conventions collectives du secteur public.

QUESTION JURIDIQUE

Est-ce qu'il est conforme à la directive 2001/23 de prévoir que le repreneur d'un établissement reste lié « éternellement » à une convention collective auquel fait référence le contrat de travail ?

PROCÉDURE

En suivant la jurisprudence constante de la Cour fédérale, le Tribunal du travail ainsi que la Cour régionale du travail font droit aux demandes des salariés et affirment que la convention collective s'applique de manière dynamique, si bien que l'employeur est obligé de leur payer les hausses de salaire. L'employeur conteste ces décisions en se référant notamment à l'arrêt *Alemo-Herron* de la CJUE (18 juillet 2013, aff. C–426/11). Dans cet arrêt, rendu dans une affaire où il était question d'une privatisation au Royaume-Uni, la Cour de justice avait dit qu'une clause contractuelle se référant aux conventions collectives communales ne peut pas inclure des hausses futures de salaire, parce qu'il serait contraire à la directive interprétée à la lumière de la liberté d'entreprendre, article 16 de la Charte des droits fondamentaux de l'UE, qu'un employeur soit lié par des hausses de salaire prévues par des conventions collectives conclues après le transfert s'il ne peut pas influencer les négociations de la convention collective. Le droit de l'UE imposerait donc de « dédynamiser » les clauses contractuelles et de dire qu'elles ne peuvent se référer que de manière statique au contenu des conventions collectives en vigueur au moment du transfert.

RAISONNEMENT JURIDIQUE

Plusieurs décisions sont notables dans l'affaire *Asklepios*. Faisant suite à une question préjudicielle émanant de la Cour fédérale du travail (BAG, 17 juin 2015 – 4 AZR 95/14), la Cour de justice de l'Union européenne s'est prononcée en 2017 (CJUE, arrêt du 27 avril 2017, aff. C–680/15) avant que la Cour fédérale du travail ne rende une décision bénéficiant d'une large publicité la même année (BAG 30 août 2017, 4 AZR 95/14).

<u>Position de la Cour fédérale (17 juin 2015 – 4 AZR 95/14)</u>

Malgré l'arrêt *Alemo-Herron,* qui a du reste été beaucoup critiqué en Allemagne, la Cour fédérale du travail veut maintenir sa jurisprudence. Elle considère que sa position, consistant à maintenir à 100 % les stipulations contractuelles incluant une clause de référence dynamique à une convention collective, est conforme à l'article 3 alinéa 1 de la directive. Elle souligne qu'il faut distinguer entre l'alinéa 1 et 3 de l'article 3 de la directive, selon qu'une convention collective s'applique en vertu d'un contrat ou de manière normative. Une interprétation contraire reviendrait à priver les salariés d'un avantage contractuel du seul fait du transfert d'établissement, ce qui serait contraire à l'objectif de la directive. La Cour fédérale du travail suggère aussi que l'employeur ne serait pas lié indéfiniment à ces clauses, soit parce qu'il peut modifier le contrat de travail en signant un accord avec le salarié, soit parce qu'il peut, unilatéralement, prononcer un licenciement modificateur.

Position de la CJUE (27 avril 2017, aff. C–680/15)

La Cour de justice ne suit pas les conclusions de l'avocat général Bot du 19 janvier 2017 qui avait proposé de dire que le droit de l'UE s'opposait à ce que les clauses contractuelles gardent un caractère dynamique après un transfert.

La CJUE décide que l'article 3 de la directive (sans préciser l'alinéa) lu en combinaison avec l'article 16 de la Charte « doit être interprété en ce sens que, en cas de transfert d'établissement, le maintien des droits et des obligations résultant pour le cédant d'un contrat de travail s'étend à la clause, dont le cédant et le travailleur sont convenus en vertu du principe d'autonomie de la volonté, en vertu de laquelle leur relation de travail est régie non seulement par la convention collective en vigueur à la date du transfert, mais également par des conventions postérieures à ce transfert et qui la complètent, la modifient ou la remplacent, dès lors que le droit national prévoit, au bénéfice du cessionnaire, des possibilités d'adaptation aussi bien consensuelle qu'unilatérale ». Elle considère très brièvement que la législation nationale prévoyant des possibilités d'adapter de manière consensuelle ou unilatérale les conditions de travail satisfait aux exigences découlant de la jurisprudence de la CJUE.

Décision finale de la Cour fédérale (30 août 2017, 4 AZR 95/14)

Suite à la validation de sa position par la CJUE, la Cour fédérale maintient sa jurisprudence et déboute l'employeur. Elle dit que la clause de référence reste dynamique parce que l'employeur peut modifier les conditions de travail par accord avec le salarié ou unilatéralement par licenciement modificateur. Elle précise qu'il n'y a pas lieu de définir dans quelles conditions l'employeur peut effectivement recourir au licenciement modificateur dans cette espèce.

En conséquence, les salariés bénéficient et bénéficieront des hausses de salaires négociés après le transfert d'établissement.

Mise en perspective

On retiendra de ces arrêts qu'il peut être très avantageux pour les salariés de disposer d'une clause de référence dynamique dans leur contrat de travail. Il peut alors arriver que deux conventions collectives s'appliquent à la relation de travail, l'une par la voie contractuelle et l'autre par l'effet normatif. Dans ce cas, il faudra comparer les deux conventions collectives afin d'établir laquelle est la plus favorable (voir sur ce point la présentation de Judith Brockmann).

D'ailleurs, le débat sur l'influence du droit de l'UE n'est pas encore terminé. On peut s'attendre à ce que les employeurs réclament maintenant de faciliter le licenciement modificateur afin d'unifier les conditions de travail (voir sur ce point la présentation de Gerhard Binkert). Cet aspect n'a pas été explicitement tranché par la Cour fédérale le 30 août 2017.

La problématique des clauses dites dynamiques a cependant vocation à disparaître peu à peu. Très à la mode jusqu'à la fin des années 2000 (sachant que les clauses dans des contrats conclus avant le 1er janvier 2002 ne sont en général pas concernées), les débats juridiques ont sensibilisé les employeurs sur cette question. Souvent, les clauses de référence que l'on trouve dans les contrats actuels s'étalent sur une page là où il fallait deux lignes auparavant…

TROISIÈME PARTIE

L'ÉGALITÉ

L'ÉGALITÉ EN MATIÈRE DE RÉMUNÉRATION : L'EXEMPLE DE L'ÉGALITÉ ENTRE LES HOMMES ET LES FEMMES

Judith Brockmann
et
Nicolas Moizard

Le droit français et le droit allemand comportent chacun des réglementations sur l'égalité professionnelle entre les femmes et les hommes. Si les deux droits nationaux ont des sources européennes communes, ils se distinguent à la fois par les différents dispositifs mobilisables et par l'interprétation du droit de la discrimination. Dans les deux cas, le juge national joue un rôle important sur l'ampleur qu'il entend donner au droit de la lutte contre la discrimination.

En droit français, depuis les années soixante-dix, de très nombreuses lois ont été consacrées à l'égalité professionnelle entre les femmes et les hommes qui ont privilégié la négociation collective d'entreprise pour résoudre les inégalités. Depuis 2018, le constat de cette inégalité fait l'objet d'un index de l'inégalité salariale, contrôlé par les pouvoirs publics[1]. L'égalité professionnelle peut être mobilisée dans le cadre de deux dispositifs, celui du droit des discriminations et celui du principe de l'égalité de traitement.

En droit allemand, le législateur a adopté une nouvelle loi, la loi sur la transparence des rémunérations (*Entgelttransparenzgesetz*), en juin 2017. Compte tenu d'importantes inégalités au niveau de la rémunération entre les salariés de sexe différent, la loi est destinée – à en croire l'intitulé – à apporter de la transparence en matière de rémunération pour contribuer à l'égalité de traitement entre hommes et femmes dans ce domaine. La loi consacre un droit d'information aux salariés d'une entreprise par rapport à la rémunération des salariés placés dans la même situation professionnelle ou dans des situations comparables. Il s'agit ici d'un compromis politique au sens d'un accord *a minima* dont nombre d'auteurs ont fortement douté de l'efficacité[2], ce que vient confirmer le premier rapport d'évaluation publié

---

[1] Art. L 1142-8 et s. du Code du travail. Loi n° 2018-771 du 5 septembre 2018 pour la liberté de choisir son avenir professionnel (*JO*, 6 sept. 2018).

[2] Franzen, Anwendungsfragen des Auskunftsanspruchs nach dem Entgelttransparenzgesetz (EntgTranspG), *NZA* 2017, p. 814 et suiv.

l'année dernière[3]. L'entrée en vigueur de la nouvelle loi n'a pas du tout suscité une « vague de plaintes[4] », au contraire[5]. Si la loi reprend et complète le principe de non-discrimination en raison du sexe, déjà contenu dans la *Allgemeines Gleichbehandlungsgesetz* (AGG), elle ne crée pas de principe à « travail égal, salaire égal » à la française.

Le droit français se caractérise par une dualité des règles disponibles en matière d'égalité salariale entre les hommes et les femmes, ce qui ne correspond pas au droit allemand. Dans le droit de la discrimination que connaissent les deux États, la personne qui s'estime lésée n'a pas autant de facilités dans la preuve de sa discrimination.

Dualité ou unicité des règles mobilisables ?

En droit français, la salariée qui s'estime lésée peut mobiliser, d'une part, le droit de la discrimination et, d'autre part, le principe jurisprudentiel d'égalité de traitement, alors que le droit allemand ne reconnaît pas un tel principe d'égalité et se centre davantage sur la discrimination.

Les deux dispositifs français

Le droit français se caractérise par un double dispositif en cas d'inégalité de traitement subi par un salarié en matière de rémunération, le principe de non-discrimination et celui d'égalité de traitement.

---

[3] BMFSFJ, *Bericht der Bundesregierung zur Wirksamkeit des Gesetzes zur Förderung der Entgelttransparenz zwischen Frauen und Männern sowie zum Stand der Umsetzung des Entgeltgleichheitsgebots in Betrieben mit weniger als 200 Beschäftigten*, juillet 2019, [https://www.bmfsfj.de/blob/137224/128559d30c706beb1462f1c65db9d3ca/bericht-der-br-foerderung-entgelttransparenz-data.pdf] ; Deutscher Juristinnenbund, *Stellungnahme: Schlussfolgerungen des Deutschen Jurist innenbundes e. V. aus der Evaluation des Entgelttransparenzgesetzes* v. 08.08.2019, [https://www.djb.de/verein/Kom-u-AS/K1/st19-18/].

[4] Göpfert/Giese : Entgelttransparenzgesetz – Folgt jetzt die Klagewelle? *NZA* 2018, p. 207.

[5] On peut signaler certaines affaires traitant du rôle et des droits du *Betriebsrat* (conseils d'établissement) dans la mise en œuvre du droit d'information, comme BAG, 7 mai 2019 – 1 ABR 53/17, *NZA* 2019, p. 1218 ; Landesarbeitsgericht Munich, 17 décembre 2019 – 6 TaBV 33/19 (juris) ; Landesarbeitsgericht Berlin-Brandebourg, 1er août 2019 – 5 TaBV 313/19, NZA-RR 2019, p. 657 (pourvoi pendant devant la Bundesarbeitsgericht – 1 ABR 32/19). Puis, il y avait une affaire en rappel de paiement en raison d'une différence de traitement en matière de rémunération, présumée injustifiée par la plaignante, Landesarbeitsgericht Basse-Saxe, 1er août 2019 – 5 Sa 196/19, NZA-RR 2019, p. 629 (pourvoi pendant devant la Bundesarbeitsgericht – 8 AZR 488/19) et une affaire concernant le champ d'application à des employées ayant un statut de collaborateurs indépendants non-salariés, BAG 25 juin 2020 – 8 AZR 145/19 (déclaration de presse).

Les discriminations illicites

Le Code du travail mentionne le sexe parmi la vingtaine de motifs illicites de discrimination (article L 1132-1 du Code du travail). Le même code interdit de prendre en considération le sexe ou la grossesse dans toute mesure en matière de rémunération (article L 1142-1 du Code du travail). La lutte contre les discriminations couvre toute la relation de travail, de l'accès à l'emploi jusqu'à la rupture du contrat de travail.

Le Code du travail contient des dispositions spécifiques sur l'égalité de rémunération entre les femmes et les hommes (article L 3221-1 et s. du Code du travail). Ces dispositions imposent à « tout employeur » d'assurer, « pour un même travail ou pour un travail de valeur égale » l'égalité de rémunération entre les sexes (article L 3221-2 du Code du travail). La rémunération à prendre en compte comprend le salaire de base et tous les autres avantages et accessoires. De plus, les catégories et les critères de classification et de promotion professionnelles, les modes d'évaluation des emplois doivent être les mêmes (article L 3221-6 du Code du travail).

Pour déterminer s'il s'agit du même travail ou d'un travail de valeur égale, il convient d'appréhender notamment (article L 3221-4 du Code du travail) :

- les connaissances professionnelles consacrées par un titre, un diplôme ou une pratique professionnelle ;
- les capacités découlant de l'expérience professionnelle ;
- les responsabilités induites par des fonctions occupées ;
- la charge physique ou nerveuse.

La loi frappe de nullité toute disposition contraire d'un contrat de travail, d'un accord collectif, d'un règlement ou un barème de salaire ou toute disposition contraire émanant de l'employeur. La rémunération plus élevée dont bénéficient les salariés favorisés est substituée de plein droit à celle que comportait la disposition entachée de nullité (article L 3221-7 du Code du travail). Par exemple, s'agissant de dispositions conventionnelles attribuant le versement d'une prime de naissance et d'une allocation de frais de garde aux femmes seulement, les hommes doivent en bénéficier puisque ces avantages n'ont pas pour objet la protection de la maternité mais visent à couvrir des dépenses liées à l'enfant[6]. En revanche, est admis le bénéfice aux seules femmes d'un congé d'un mois et demi à plein traitement à l'issue du congé de maternité, instituée par la convention nationale des organismes de sécurité sociale, dès lors qu'il vise à la protection des rapports particuliers entre la femme et son enfant au cours de la période qui fait suite à la grossesse et à l'accouchement[7].

[6] Cass. soc. 8 oct. 1996, n° 92-42.291 P.

[7] Cass. soc. 21 septembre 2017, n° 16-16.246 P.

Le principe jurisprudentiel d'égalité de traitement

La victime d'une inégalité professionnelle peut se prévaloir du principe d'égalité de traitement. Ce dernier est d'origine jurisprudentielle. Il est apparu en matière salariale entre les femmes et les hommes dans un arrêt fondateur de la chambre sociale de la Cour de cassation du 29 octobre 1996, dit arrêt *Ponsolle*[8], s'agissant d'une inégalité de rémunérations entre femmes. La Cour de cassation déduit de la règle générale « à travail égal, salaire égal » que « l'employeur est tenu d'assurer l'égalité de rémunération entre tous les salariés de l'un ou l'autre sexe, pour autant que les salariés en cause sont placés dans une situation identique ». La Cour de cassation a élargi la règle en visant à partir de 2007 un principe général d'égalité de traitement[9] qui dépasse la question salariale et l'égalité entre les sexes. Celui-ci ne s'applique qu'aux avantages.

L'intérêt du principe d'égalité de traitement consiste à ne pas imposer un rattachement à un motif illicite de discrimination, même s'il peut s'appliquer sur des thèmes communs aux deux champs comme l'égalité entre les femmes et les hommes. Si la question soulevée devant le juge porte sur les discriminations, le débat ne pourra pas être déplacé sur celui du principe d'égalité de traitement. En effet, la lutte contre les discriminations est d'ordre public. Cela empêche un employeur de se prévaloir d'une justification admissible en matière d'égalité de traitement mais qui ne pourrait l'être en matière de discrimination.

La question essentielle en matière d'égalité de traitement concerne la détermination de la situation comparable. Le périmètre de la comparaison se limite aux frontières de la personne morale. L'identité de situation doit s'apprécier au regard de l'avantage en cause[10].

Le principe d'égalité de traitement s'applique de façon transversale dans l'entreprise sans s'arrêter aux fonctions exercées par les salariés qui se comparent entre eux. Les situations doivent être équivalentes et non identiques. L'exemple le plus caractéristique est celui de l'arrêt *Bastien* de la chambre sociale de la Cour de cassation du 6 juillet 2010[11]. Une responsable des ressources humaines s'estimait victime d'une inégalité salariale en se comparant aux responsables financiers de l'entreprise. La Cour de cassation se fonde sur les dispositions du Code du travail consacrées à l'égalité salariale entre hommes et femmes. Aux termes de celles-ci, l'employeur est tenu d'assurer pour un même travail ou un travail de valeur égale, l'égalité de rémunération entre les femmes et les hommes. De plus, sont considérés

---

[8] Cass. soc. 29 octobre 1996, Ponsolle, *Bull. V*, n° 359.

[9] Cass. soc. 16 mai 2007, n° 05-44.565.

[10] V. toutefois s'agissant des avantages des cadres en matière de prévoyance professionnelle.

[11] Cass. soc. 6 juillet 2010, n° 09-40.021, *Bull. V*, n° 158 ; 22 octobre 2014, n° 13-18362, *Bull. V*, n° 252.

comme ayant une valeur égale les travaux qui exigent des salariés un ensemble comparable de connaissances professionnelles consacrées par un titre, un diplôme ou une pratique professionnelle, de capacités découlant de l'expérience acquise, de responsabilités et de charge physique ou nerveuse. Pour la Cour de cassation, la directrice des ressources humaines est dans une situation équivalente aux directeurs financiers de la même entreprise. La Cour de cassation approuve la Cour d'appel d'avoir caractérisé un travail de valeur égale en ayant relevé qu'entre les fonctions exercées, d'une part, par la salariée et, d'autre part, par les collègues masculins, « membres comme elle du comité de direction, avec lesquels elle se comparaît, une identité de niveau hiérarchique, de classification, de responsabilités, leur importance comparable dans le fonctionnement de l'entreprise, chacune d'elles exigeant en outre des capacités comparables et représentant une charge nerveuse du même ordre ». La Cour de cassation se place sur le terrain de la réalité des tâches accomplies dans l'entreprise. La démarche est proche de celle retenue par la Cour de justice de l'Union en matière d'égalité de traitement entre femmes et hommes[12]. Ce procédé permet l'effectivité du principe d'égalité de traitement puisque la mise en œuvre de celui-ci ne s'arrête pas aux découpages entre les fonctions dans l'entreprise. Il est particulièrement utile en matière d'égalité entre les sexes où les femmes sont surreprésentées dans les fonctions les moins valorisées. Encore faut-il prouver que les salariés en cause sont dans une situation équivalente[13].

Une fois caractérisée l'équivalence des situations, le débat porte sur une éventuelle justification de l'employeur. Les différences doivent résulter de « raisons objectives et matériellement vérifiables[14] » dont le juge apprécie la réalité et la pertinence[15]. Si ce dernier critère est repris dans les arrêts, il n'a pas fait l'objet d'un contrôle étendu par les juges. Au fil de ses décisions, la Cour de cassation a admis plusieurs raisons objectives et pertinentes, comme l'ancienneté, le rendement, la qualité du travail fourni, et même des difficultés de recrutement sur certaines fonctions. Il a été aussi admis que lorsque la différence de traitement résulte de l'application de règles légales ou jurisprudentielles, celle-ci est automatiquement justifiée[16].

L'évolution la plus notable concernant le principe d'égalité de traitement est relative au contrôle exercé sur les accords collectifs. La Cour de

---

[12] V. CJUE 26 juin 2011, aff. C-381/99, *Brunnhofer*.

[13] Soc. 26 sept. 2018, n° 17-15.101, pour une différence entre cadres et non-cadres pour une prime de treizième mois.

[14] Cass. soc. 21 juin 2005, n° 02-42.658, *Bull. V*, n° 206.

[15] Cass. soc. 1er juillet 2009, n° 07-42.675.

[16] Cass. soc. 11 janvier 2012, n° 10-14.614, *Bull. V*, n° 15, relatif à obligation à laquelle est légalement tenu le nouvel employeur, en cas de transfert d'une entité économique, de maintenir au bénéfice des salariés qui y sont rattachés les droits qu'ils tiennent d'un usage en vigueur au jour du transfert.

cassation avait logiquement appliqué le principe d'égalité de traitement aux accords collectifs, notamment lorsque ceux-ci créent des inégalités entre catégories professionnelles[17]. En 2015, la Cour de cassation a opéré un important revirement en estimant que les différences de traitement établies entre catégories de salariés étaient présumées justifiées[18]. Cette présomption s'appuie sur le constat que les conventions et accords collectifs sont « négociés et signés par des organisations syndicales représentatives, investies de la défense des droits et intérêts des salariés et à l'habilitation desquelles ces derniers participent directement par leur vote ». La chambre sociale fait ainsi référence aux règles sur la représentativité syndicale établies par la loi du 20 août 2008[19] qui font dépendre cette représentativité des suffrages obtenus aux élections professionnelles dans l'entreprise. Cette présomption ne joue pas lorsqu'il est démontré que ces différences de traitement « sont étrangères à toute considération de nature professionnelle ». Le renversement de la présomption devrait donc être résiduel. La Cour de cassation a admis les différences instaurées entre salariés d'établissements différents d'une même entreprise, lorsque ces différences sont établies par accords d'établissement ou d'entreprise[20]. Le mouvement jurisprudentiel actuel réduit le périmètre de cette présomption[21]. La Cour de cassation a récemment estimé que le principe de présomption de justification des différences de traitement opérées par conventions ou accords collectifs ne pouvait être généralisé, le droit de l'Union européenne s'y opposant[22]. Dans les domaines où est mis en œuvre le droit de l'Union européenne, cette présomption serait contraire à celui-ci en ce qu'elle ferait reposer sur le seul salarié la charge de la preuve de l'atteinte au principe d'égalité et en ce qu'un accord collectif n'est pas en soi de nature à justifier une différence de traitement. Dans ces domaines, une telle présomption se trouverait privée d'effet dans la mesure où les règles de preuve propres au droit de l'Union viendraient à s'appliquer. Plus récemment, la Cour de cassation a précisé que cette présomption de justification ne pouvait jouer

---

[17] V. notamment Cass. soc. 1er juillet 2009, *Pain*, n° 07-42.675, *Bull. V* n° 168 : les salariés non-cadres bénéficiaient de 25 jours de congés payés par an, alors que les cadres disposaient de 30 jours.

[18] Cass. soc. 27 janvier 2015, n° 13-22.179.

[19] Loi n° 2008-789 du 20 août 2008 portant rénovation de la démocratie sociale et réforme du temps de travail (*JORF* n° 0194 du 21 août 2008, p. 13064).

[20] Cass. soc. 3 novembre 2016, n° 15-18.444 ; Soc. 4 octobre 2017, n° 16-17.517.

[21] Par ex., v. Cass. soc. 13 décembre 2017, n° 16-12.397 : un protocole de fin de grève ne peut réserver une indemnité supplémentaire à des salariés en fonction du degré de participation à une grève consécutive à l'annonce d'un projet de licenciement.

[22] Cass. soc. 3 avril 2019, n° 17-11.97, FP-PBRI.

lorsque l'on est présence de motifs illicites de discrimination visés à l'article L 1132-1 du Code du travail[23].

Le droit allemand : un dispositif tourné vers le droit des discriminations

L'égalité entre hommes et femmes en matière de la rémunération est un sujet d'actualité en Allemagne. Malgré l'existence d'un principe jurisprudentiel d'égalité de traitement au travail (*Arbeitsrechtlicher Gleichbehandlungsgrundsatz*) et de l'interdiction de discrimination selon la loi générale sur l'égalité de traitement (*Allgemeines Gleichbehandlungsgesetz* - AGG), des différences importantes entre les sexes persistent en matière de rémunération[24]. C'est la raison pour laquelle, le législateur a adopté la *Entgelttransparenzgesetz*[25] en 2017. Même si la loi contient un principe de l'égalité entre personnes de sexe différent en matière de rémunération, elle ne consacre pas de principe général « à travail égal, salaire égal ». Mais elle interdit la différenciation en raison du sexe en matière de rémunération[26].

Le principe jurisprudentiel d'égalité de traitement au travail

Le principe d'égalité de traitement au travail[27] constitue un principe jurisprudentiel, qui est affirmé par la Cour fédérale du travail (*Bundesarbeitsgericht*) à partir des années soixante en matière de rémunération[28]. Contrairement à ce que l'on pouvait croire, il ne s'agit pas d'une règle qui empêcherait l'employeur de traiter des salariés dans des situations comparables de manière différente[29]. Cela s'explique : il n'existe pas en droit du travail allemand de principe « à travail égal, salaire égal ». En principe, la rémunération peut être librement stipulée entre les parties d'un contrat de travail selon le § 611a du code civil allemand (BGB). Même si la rémunération est fixée par une convention collective applicable, le principe de faveur prévu au § 4 alinéa 3 de la loi sur les conventions collectives (TVG)[30] permet aux parties d'y déroger en faveur du salarié par

---

23 Cass. soc. 9 octobre 2019, n° 7-16.642, FS-P+B.

24 Statistisches Bundesamt, Pressemitteilung Nr. 097 vom 16. März 2020, [https://www.destatis.de/DE/Presse/Pressemitteilungen/2020/03/PD20_097_621.html].

25 Gesetz zur Förderung der Transparenz von Entgeltstrukturen (EntgTranspG), BGBl. 2017 I, p. 2152.

26 Schlachter, *in Erfurter Kommentar*, EntgTranspG § 3 Rn. 1.

27 Preis, *in Erfurter Kommentar zum Arbeitsrecht*, 19. Auflage 2019, Rn. 579 et suiv.

28 Cf. BAG 13 oct 1960 – 5 AZR 284/59, AP Nr. 30 zu § 242 BGB Gleichbehandlung.

29 BAG 4 mai 1962 – 1 AZR 250/61, NJW 1962, p. 1459.

30 Tarifvertragsgesetz.

un contrat individuel. Ceci peut conduire à des salaires différents pour un travail égal et comparable.

Lié au principe de bonne foi, codifié au § 242 BGB, le principe d'égalité de traitement au travail a été conçu par les juges pour pallier les inégalités structurelles lors des négociations entre un salarié et un employeur. Mais il n'a guère vocation à limiter la liberté contractuelle dans la mesure où un salarié est capable de négocier des conditions de travail. C'est la raison pour laquelle la juridiction en droit du travail considère que le principe ne s'applique que dans une relation de travail existante. Et son application nécessite l'existence d'un élément collectif. C'est à dire l'employeur doit avoir posé une règle qu'il applique ou compte appliquer à un groupe de salariés. C'est dans cette hypothèse, que le principe lui interdit, de traiter un salarié ou des salariés individuels de manière moins favorable sans qu'il y ait une justification[31]. Si l'employeur stipule tout contrat ou avantage de manière individuelle, le principe de l'égalité de traitement ne peut pas jouer, par manque de la dimension collective. L'employeur est parfaitement libre de privilégier ou d'avantager des salariés individuels en vue du principe d'égalité de traitement au travail dans les limites posées par la *Allgemeines Gleichbehandlungsgesetz*.

L'interdiction de discrimination selon la AGG et selon la Entgelttranspa-renzgesetz

C'est en transposant les directives européennes sur la non-discrimination[32] que la *Allgemeines Gleichbehandlungsgesetz* (AGG) a été adoptée en 2006[33]. La loi interdit des préjudices en raison des critères énumérés par la loi, notamment le sexe. Il faut souligner ici que la loi s'applique à toute discrimination par l'employeur vis-à-vis des salariés, y

---

[31] BAG 29 septembre 2004 – 5 AZR 43/04, AP Nr. 192 zu § 242 BGB Gleichbehandlung.

[32] Directive 2000/43/CE du Conseil du 29 juin 2000 relative à la mise en œuvre du principe de l'égalité de traitement entre les personnes sans distinction de race ou d'origine ethnique, *JO* n° L 180 du 19/07/2000 p. 0022 ; directive 2000/78/CE du Conseil du 27 novembre 2000 portant création d'un cadre général en faveur de l'égalité de traitement en matière d'emploi et de travail, *JO* n° L 303 du 02/12/2000 p. 0016 ; directive 2002/73/CE du Parlement européen et du Conseil du 23 septembre 2002 modifiant la directive 76/207/CEE du Conseil relative à la mise en œuvre du principe de l'égalité de traitement entre hommes et femmes en ce qui concerne l'accès à l'emploi, à la formation et à la promotion professionnelles, et les conditions de travail *JO* n° L 269 du 05/10/2002 p. 0015 ; directive 2004/113/CE du Conseil du 13 décembre 2004 mettant en œuvre le principe de l'égalité de traitement entre les femmes et les hommes dans l'accès à des biens et services et la fourniture de biens et services, *JO* L 373 du 21.12.2004 p. 37.

[33] Allgemeines Gleichbehandlungsgesetz du 14 août 2006, BGBl. I p. 1897.

compris en matière de rémunération[34]. Les parties signataires des conventions collectives sont liées par les règles de non-discrimination de la AGG[35]. Il en est de même pour la *Entgelttransparenzgesetz*, qui reprend et complète les règles de la AGG sur l'interdiction des discriminations en raison du sexe en matière de rémunération dans son § 3. Le § 7 de la *Entgelttransparenzgesetz* a ajouté une « *Entgeltgleichheitsgebot* », qui peut être traduite par « règle d'égalité de traitement en matière de rémunération » pour les personnes de sexe différent[36]. Pourtant, elle n'interdit qu'une rémunération différente de deux personnes en raison de leurs sexes différents[37]. Il n'est pas question d'une règle générale d'égalité de traitement. La loi reprend les termes de l'article 4 de la directive 2006/54/CE[38] visant le travail égal aussi bien qu'un travail auquel est attribuée une valeur égale. Les critères pour déterminer s'il s'agit du même travail ou d'un travail de même valeur sont énumérés par la loi[39]. Selon le § 4 de la *Entgelttransparenzgesetz,* les employées exercent un travail égal, s'ils accomplissent des tâches identiques ou similaires sur un même poste ou sur des postes différents. Ils exercent un travail d'une même valeur s'ils peuvent être considérés comme se trouvant dans une situation comparable, compte tenu d'un ensemble de facteurs. Parmi ces dernières figurent la nature du travail, les qualifications exigées et les conditions de travail[40]. Il faut tenir compte des exigences réelles, indépendamment des individus et de leur performance.

Il faut noter que le respect de ces règles de non-discrimination n'est contrôlé que dans les litiges individuels. Il n'existe ni de contrôle administratif du contenu des conventions collectives, ni de voie de recours contre ces règles à part des litiges opposant les parties à la convention collective ou un employeur et un salarié.

En revanche, la portée du principe général d'égalité de traitement en droit du travail dans la négociation collective n'est pas aussi affirmée. Il y a une

---

[34] § 2 alinéa 1 no. 1 AGG.

[35] BAG 9 décembre 2015 – 4 AZR 684/12, *NZA* 2016, p. 897.

[36] Elle était bien contenue dans la disposition relative à la rémunération dans le code civil (ancien § 612 alinéa 3 BGB), qui avait été abrogé à l'entrée en vigueur de la AGG.

[37] Schlachter, *in Erfurter Kommentar*, EntgTranspG § 7 Rn. 1.

[38] Directive 2006/54/CE du Parlement européen et du Conseil du 5 juillet 2006 relative à la mise en œuvre du principe de l'égalité des chances et de l'égalité de traitement entre hommes et femmes en matière d'emploi et de travail (refonte).

[39] Sur la liste – non exhaustive – des critères à considérer figurent le type de travail, la qualification nécessaire et les conditions de travail. Il faut tenir compte des exigences essentielles et effectives, indépendamment des individus et leur performance. Des employés de statut légal différent ne sont pas comparables par définition.

[40] Le § 4 alinéa 2e AGG reprend donc le considérant n° 9 de la directive 2006/54/CE.

controverse importante aussi bien dans la doctrine que dans la jurisprudence à cet égard[41]. Il suffira de noter que, selon la Cour fédérale Constitutionnelle (BVerfG)[42] et la Cour fédérale du travail (BAG)[43], les parties à une convention collective sont liées par le principe d'égalité de traitement. Il ne s'agit pourtant pas d'un effet direct horizontal des règles constitutionnelles dans des relations juridiques de droit privé, mais d'un effet horizontal indirect. Comme la négociation collective est elle-même garantie comme un droit fondamental, on va accorder une place importante à la liberté d'appréciation des partenaires sociaux[44]. Il en résulte une marge d'appréciation des parties à une convention collective concernant les circonstances de fait et des intérêts en cause. Elles ne sont pas tenues de parvenir à l'accord le plus approprié, le plus raisonnable ou le plus équitable. Il suffit qu'il y ait une raison objectivement justifiable à l'accord conclu[45]. Il en résulte une grande réticence des juges et un contrôle limité du contenu des conventions collectives par rapport au respect du principe de l'égalité de traitement[46].

Une approche différente de l'aménagement de la charge de la preuve

Les juges français et les juges allemands n'imposent pas les mêmes obligations à la victime pour prouver la discrimination. Le juge allemand est plus exigeant sur la charge de la preuve qui incombe à la personne qui s'estime victime d'une inégalité salariale. Cette sévérité ne se retrouve pas dans le contentieux français où la chambre sociale de la Cour de cassation interprète de manière plus souple la charge de la preuve en matière de discrimination.

La sévérité du juge allemand

Pendant longtemps, il n'existait qu'une seule affaire qui traitait explicitement de l'égalité homme-femme en matière de rémunération, si on

---

[41] Cela renvoie à la question de la qualification des conventions collectives en tant que sources de droit et la nature du pouvoir normatif public ou privé des partenaires sociaux, problèmes qui dépassent largement le cadre de cette étude.

[42] BVerfG 22 mars 2000 – 1 BvR 1136/96, *NZA* 2000, p. 669 et BVerfG 9 août 2000 – 1 BvR 514/00, *NZA* 2000, p. 1113.

[43] BAG 27 mai 2004 – 6 AZR 129/03 – au B II des motifs de la décision.

[44] BAG 4 août 2015 – 3 AZR 508/13, AP BetrAVG § 1 Gleichbehandlung Nr. 73 ; BAG 21 mars 2018 – 10 AZR 34/17, *NZA* 2019, p. 622, 626, Rn. 43 et suiv.

[45] BAG, 26 avril 2017 – 10 AZR 856/15, *NZA-RR* 2017, p. 478; BAG 21 mars 2018 – 10 AZR 34/17, *NZA* 2019, p. 622, 626, Rn. 43 et suiv.

[46] BAG, 26.4.2017 – 10 AZR 856/15, *NZA-RR* 2017, p. 478 ; BAG 21 mars 2018 – 10 AZR 34/17, *NZA* 2019, p. 622, 626, Rn. 43 et suiv.

ne considère pas les retraites supplémentaires[47]. Il s'agissait d'une décision de la cour d'appel du travail (*Landesarbeitsgericht)* du Bade-Wurtemberg[48], qui a précisé les conditions de l'application du principe de l'égalité entre hommes et femmes en matière de rémunération. Cette décision exige un lien de causalité entre la différence de traitement et le sexe et se prononce sur les questions de la charge d'allégation et de la charge de la preuve pour établir une discrimination illicite.

Comme nous allons le voir, la comparabilité des postes n'a même pas été mise en question car elle était évidente en l'espèce. En effet, l'existence d'un traitement inégal par une rémunération différente était apparente et pouvait être facilement constatée. Il est établi que le collègue masculin était rémunéré en dehors et au-delà de la grille prévue par la convention collective contrairement à son homologue féminine. La décision est importante dans le contexte du principe de l'égalité de traitement en matière de salaires. Les critères dépassent toutefois la seule question du salaire. Elle peut s'appliquer à l'ensemble des conditions de travail. Par ailleurs, elle peut s'appliquer également aux questions de discriminations en raison du genre.

En l'espèce, la salariée, qui est maître-artisan, est embauchée depuis 1994 en tant que chef d'atelier de l'institut X à l'université technique de Stuttgart. L'employeur applique les conventions collectives pour les services publics. La salariée était embauchée et rémunérée selon l'échelon de traitement de salaire (Besoldungsgruppe) Vc BAT (catégorie 2). À partir d'avril 1998, elle a été classée et rémunérée selon l'échelon Vb BAT (catégorie 4) en raison d'un avancement au mérite (automatique). Suite au changement de la convention collective applicable aux services publics, elle a été transférée à l'échelon (Entgeltgruppe) 9 TV-L, grade (Entgeltstufe) 4. La salariée comparait sa rémunération à celle d'un collègue (masculin), chef d'atelier comme elle. Il avait une formation de travailleur qualifié et il a été embauché en tant que contremaître (Funktionsmeister) et chef d'atelier à l'institut Y à partir de juillet 1980. Conformément au contrat de travail, il a été embauché et rémunéré selon l'échelon Vb BAT (ancienne catégorie 29). Il y avait des désaccords avec l'employeur au regard des tâches supérieures (d'enseignement) dont se prévalait le salarié. Suite à un litige sur ses fonctions et son classement correct, il a obtenu son reclassement et sa rémunération selon l'échelon BAT III à partir de juillet 2004. Il a été transféré à l'échelon 12 TV-L. Au début de l'année 2009, les ateliers attribués à l'origine à deux instituts différents ont été fusionnés pour former un atelier central de la faculté, divisé en deux ateliers : l'atelier X dont la plaignante est la cheffe et l'atelier Y dirigé par son collègue masculin. Ils exerçaient les mêmes activités. La salariée demande une rémunération au

---

[47] En cette matière cf. BAG, 26 septembre 2017 – 3 AZR 733/15, AP BetrAVG § 1 Hinterbliebenenversorgung Nr. 38.

[48] LAG Baden-Würtemberg du 21 octobre 2013 – 1 Sa 7/13 (juris).

niveau de son collègue masculin (la différence étant d'env. 1000 € par mois) ainsi qu'une indemnisation appropriée pour discrimination en raison de son sexe.

La juridiction saisie devait déterminer si un lien de causalité entre le sexe et la différence de rémunération était nécessaire pour se prévaloir d'une inégalité de traitement en matière de rémunération. Dans l'affirmative, il fallait établir qui devrait supporter la charge d'allégation et la charge de la preuve pour le lien de causalité.

Le tribunal du travail (A*rbeitsgericht*)[49] ainsi que la cour d'appel du travail (*Landesarbeitsgericht*) ont débouté la salariée de sa demande. Bien que les deux salariés exerçassent les mêmes fonctions et percevaient des rémunérations différentes, cette différence de traitement n'était pas, selon les juges, une discrimination illicite[50].

Bien que les deux salariés effectuassent les mêmes tâches, exerçaient les mêmes fonctions et percevaient des rémunérations différentes, cette différence de traitement n'était pas discriminatoire, selon la *Landesarbeitsgericht*. De plus, il n'y aurait pas d'inégalité de traitement, car la salariée n'avait pas réussi à présenter des indices suffisants pour démontrer que l'inégalité de traitement était motivée par le sexe, car la rémunération supérieure du chef d'atelier masculin s'expliquait par la transaction conclue lors du litige précédent.

Selon la *Landesarbeitsgericht*, l'article 157 du TFUE est d'application directe. Néanmoins il ne vise pas à prescrire de manière générale le principe « à travail égal, salaire égal » dans la relation de travail. Cette disposition interdit seulement les différences de rémunération fondées sur le sexe.

La Cour souligne qu'un traitement moins favorable fondé sur le sexe présuppose un lien de causalité entre le traitement moins favorable et le sexe. Pour l'établir, elle applique les principes de la *Allgemeines Gleichbehandlungsgesetz* (AGG). Un tel lien de causalité existe lorsque le désavantage est lié au genre et qu'il est – au moins entre autres – motivé par celui-ci. La discrimination n'exige ni faute ni l'intention d'un traitement discriminatoire.

En ce qui concerne le lien de causalité entre le traitement moins favorable et le critère illicite, le § 22 AGG prévoit une règle sur la charge de la preuve qui a également un effet sur la charge de l'allégation. En vertu de cette disposition, l'employée s'acquitte de sa charge d'allégation si elle présente

[49] ArbG Stuttgart – 22 Ca 6784/12 du 27 février 2013 (juris).

[50] La salariée forme un pourvoi en cassation qui n'est pas reçu et rejeté sans motivation par la *Bundesarbeitsgericht*. Ceci vaut aussi pour la *Verfassungsbeschwerde* que la salariée introduit par la suite à la *Bundesverfassungsgericht*. Sa requête devant la CEDH, introduite en décembre 2016, a été déclarée irrecevable pour absence d'un préjudice important.

des indices suggérant qu'elle est désavantagée en raison d'un motif illicite[51]. Il est nécessaire que les faits présentés permettent d'en déduire, d'un point de vue objectif et avec un degré de vraisemblance prépondérante, que le traitement moins favorable est motivé par un motif illicite. Dans ce cas, la charge de la preuve pour en établir le contraire pèse sur l'employeur[52]. Même si la charge de la preuve est alors allégée pour la personne qui fait valoir une discrimination, il faut toujours produire des indices pour établir le lien de causalité entre la différence de traitement et le motif illicite[53], à savoir le sexe. Dans une des rares affaires, ou une salariée invoquait l'information statistique sur les différences de rémunération obtenue selon la *Entgelttransparenzgesetz* en tant qu'indice pour un traitement défavorable en raison de son sexe, la cour d'appel du travail a écarté l'argument[54]. Comme l'information prévue par la *Entgelttransparenzgesetz* n'indique que le médian des salaires perçus par les salariés du sexe opposé et pas la moyenne des salaires perçus par les salariés de sexes différents, elle ne serait pas appropriée de servir comme un indice d'une différence de traitement[55]. C'est par rapport à son objet (médian de salaire des salariés du sexe opposé au lieu de la moyenne des salaires des employées des deux sexes), que le droit d'information introduit par la *Entgelttransparenzgesetz* s'avère inutile[56] et privé d'effet.

On peut critiquer la décision de la *Landesarbeitsgericht* pour avoir transposé le régime de la discrimination prévue par la AGG à l'application de l'article 157 TFUE pour placer le problème au niveau de la charge d'allégation et de la preuve, pour en déduire par la suite qu'il n'y avait même pas de discrimination.

D'autres aspects de cette décision sont aussi discutables. On peut se demander si en application de l'article 157 TFUE, il ne fallait pas constater

---

[51] Jurisprudence affirmée de la *Bundesarbeitsgericht* en se référant à la jurisprudence de la CJUE, BAG du 23 novembre 2017 – 8 AZR 372/16, Rn. 22 (juris).

[52] Cf. LAG Rhénanie-Palatinat du 11 octobre 2018 – 5 Sa 455/15 (juris).

[53] Benecke, *in BeckOGK*, § 22 AGG, Rn. 1, 12 et suiv.

[54] Landesarbeitsgericht Basse-Saxe, 1er août 2019 – 5 Sa 196/19. NZA-RR 2019, p. 629, 630, Rn. 35 et suiv. Le renvoi en cassation est pendant devant la *Bundesarbeitsgericht* (aff. – 8 AZR 448/19).

[55] *Landesarbeitsgericht* Basse-Saxe, 1er août 2019 – 5 Sa 196/19. *NZA-RR* 2019, p. 629, 630, Rn. 35 et suivant. De plus, en l'espèce, les salariés masculins avaient tous une ancienneté très importante, tandis que la plaignante venait d'être embauchée. Les avantages étaient acquis selon une règle conventionnelle prévoyant un maintien des droits acquis lors d'un changement de la grille de rémunération dans l'entreprise quelque temps auparavant.

[56] Cf. Rölz, note sous *Landesarbeitsgericht* Basse-Saxe, 1er août 2019, aff. no. 5 Sa 196/19, Auskunft nach § 11 EntgTranspG ist kein Indiz i. S. d. § 22 AGG, ArbRAktuell 2019, p. 520. Voir aussi Bauer/Romero, *NZA* 2017, p. 409, 413 et suiv.

une différence de traitement constituant une discrimination directe qui n'était pas du tout susceptible de justification et donnait droit à un traitement égal[57]. Si on n'allait pas aussi loin, on aurait pu traiter le problème d'une éventuelle discrimination indirecte et d'une justification possible[58]. On pourrait aussi poser la question de savoir si la rémunération hors grille était justifiée par un motif objectif car elle devrait être considérée comme un droit acquis (de manière légale)[59] ou que le fait qu'elle provienne d'une transaction antérieure pourrait justifier l'inégalité de traitement. En effet, le droit de l'Union impose d'éliminer toutes les discriminations en raison du sexe quelles que soient leurs sources.

Un droit français plus compréhensif pour la victime

Le droit français a clairement inscrit le déplacement de la charge de la preuve dans les textes. La Cour de cassation en déduit certaines obligations en matière d'office du juge.

Le déplacement de la charge de la preuve

Les discriminations et le principe d'égalité de traitement font tous deux l'objet de règles de preuve identiques. Pour les discriminations, ce déplacement est inscrit dans la loi[60] et ne s'applique pas en matière pénale, alors qu'il s'agit d'une extension jurisprudentielle pour l'égalité de traitement[61]. La charge de la preuve est déplacée. Dans un premier temps, il appartient au salarié qui s'estime lésé d'apporter des éléments de fait laissant supposer une discrimination ou une inégalité de traitement. Ces éléments de fait doivent être matériellement établis. Les juges acceptent largement les modes de preuve, comme les courriels ou les notes de service. Le juge doit prendre en compte l'ensemble des éléments de fait apportés par le salarié[62]. Dans un deuxième temps, l'employeur doit combattre cette présomption par des éléments objectifs et matériellement vérifiables[63]. Concernant les discriminations, cette justification ne doit pas elle-même être discriminatoire. La première phase du déplacement de la charge de la preuve est essentielle. La preuve négative de l'employeur est en effet difficile à rapporter en cas d'apport suffisant par le salarié d'éléments laissant supposer l'existence de la discrimination.

---

57 Von Roetteken, *ZTR* 2015, p. 585 no. 3.

58 Cf. Kocher, *ZESAR* 2014, 142 et suiv.

59 Tel qu'il était le cas dans une affaire jugée par la LAG Berlin-Brandebourg, 12 nov 2019 – 7 Sa 1086/19, Rn. 18.

60 V. l'article L 1134-1 du C. trav.

61 Cass. soc., 13 janv. 2004, n° 01-46.407 ; *Bull. V*, n° 1.

62 V. par ex. soc. 29 juin 2011, s'agissant de la discrimination syndicale.

63 Cass. soc. 28 sept. 2004 pour l'égalité de traitement ; Cass. soc. 24 avril 2013, n° 11-15.204, s'agissant d'une discrimination en raison de l'orientation sexuelle.

L'office du juge

Même si ce n'est pas impératif[64], le ou les salariés[65] s'estimant victimes d'une discrimination ou d'une inégalité de traitement doivent comparer leur situation à celle d'autres salariés. La plupart du temps, les salariés demandeurs invoquent une discrimination ou une inégalité dans un litige consécutif à leur licenciement. Ils ont quitté l'entreprise et n'ont plus accès aux preuves. Ces dernières consistent souvent dans la production de bulletins de paye d'anciens collègues. Il s'agit parfois pour le demandeur d'établir des panels avec des données objectives et significatives sur une période donnée, la discrimination étant souvent constatable dans une évolution de carrière[66]. L'employeur veillera dès ce stade à démontrer que les éléments de fait apportés par le salarié ne sont pas suffisants ou pertinents. Le salarié demandeur peut requérir l'appui du juge pour obtenir de l'employeur ces éléments de preuve. La chambre sociale permet à ce salarié de demander au juge des mesures d'instruction[67]. Il convient toutefois que le salarié demande au juge d'en ordonner la production. Le juge pourra toujours tirer toute conséquence de droit en cas d'abstention ou de refus de l'autre partie de déférer à une décision ordonnant la production de ces pièces[68].

Conclusion

Le droit allemand n'attribue pas une portée aussi importante qu'en droit français à l'égalité de traitement professionnel entre les hommes et les femmes. Il est davantage tourné vers le droit des discriminations et ses conditions d'application sont exigeantes. Les deux droits nationaux se caractérisent par un respect de l'autonomie des partenaires sociaux qui limite le contrôle exercé sur les conventions collectives. La jurisprudence française exerce toutefois un examen des conventions collectives au regard des discriminations, plus effectif que celui effectué en Allemagne. Autre illustration d'une position allemande plus exigeante, la jurisprudence impose une stricte preuve du lien de causalité en cas de discrimination entre les sexes. On peut se demander si cette jurisprudence ne méconnaît pas l'esprit du droit de l'Union. La Cour fédérale du travail (*Bundesarbeitsgericht)* s'appuie parfois sur les directives européennes pour adopter une approche

---

[64] Cass. soc. 10 novembre 2009, n° 07-42.849, *Bull. V*, n° 246.

[65] Sous certaines conditions, la loi permet désormais l'action de groupe. V. l'article L 1134-6 et s. du Code du travail.

[66] La pertinence du panel est laissée à l'appréciation des juges du fond. V. Cass. soc. 30 septembre 2015, n° 14-17748.

[67] Cass. soc. 19 décembre 2012, n° 10-20.526, *Bull. V*, n° 341.

[68] Cass. soc. 12 juin 2013, n° 11-14.458 P.

favorable à la lutte contre les inégalités entre hommes et femmes[69]. Ainsi, pour procéder à une interprétation large du terme « salarié » mentionné au § 5 alinéa 2 n° 1 de la *Entgelttransparenzgesetz* concernant le champ d'application, elle s'est appuyée sur le droit européen. Elle a décidé que la loi peut être mobilisée par une employée ayant un statut de collaboratrice non-salariée. Selon la Cour, le texte légal doit être interprété en conformité avec le droit de l'Union européenne dans un sens large afin d'assurer l'effet utile du principe de non-discrimination et d'égalité de traitement prévue entre autres par la Directive 2006/54/CE. Car c'est bien cette directive, que le législateur allemand a entendu transposer par la *Entgelttransparenzgesetz*[70]. Il serait souhaitable que les juges allemands s'inspirent de la jurisprudence de la CJUE qui favorise la charge de l'allégation de la preuve d'une discrimination au nom de l'effectivité des directives sur l'égalité professionnelle entre les sexes[71].

---

[69] BAG 25 juin 2020 – 8 AZR 145/19 ; lors de la rédaction de cette contribution, la décision n'avait pas été publiée. Elle est désormais accessible et elle a été commentée, cf. von Roetteken, jurisPR-ArbR Anm. 8/2021 ; Wank, AP Nr. 1 zu § 10 EntgTranspG ; Möller/Reichenberger, Grundlegendes vom BAG zum Entgelttransparenzgesetz, NZA 2021, 256 et suiv.

[70] Cf. le projet-loi, BT-Drs. 18/11133 p. 48.

[71] V. par ex., CJUE 21 juillet 2011, *Kelly*, C – 104/10 ; CJUE 3 octobre 2019, C-274/18, Schuch-Ghannadan. Il semble que c'est bien la tendance actuelle de la Cour fédérale du travail. Dans une décision du 21 janv. 2021– 8 AZR 488/19 elle a jugé « Si une femme intente une action en justice en vue d'obtenir un salaire égal pour un travail égal ou de valeur égale (article 157 TFUE, § 3 alinéas 1er et § 7 de l'Entgelttransparenzgesetz), le fait que son salaire soit inférieur au salaire comparatif (salaire médian) du collègue masculin indiqué par l'employeur conformément aux § 10 et suivants de la Entgelttransparenzgesetz, justifie régulièrement la présomption – qui peut être réfutée par l'employeur – que la discrimination salariale était due au sexe » (déclaration de presse, la décision n'étant pas encore publiée, traduction J. B.).

ÉGALITÉ DE TRAITEMENT EN CAS DE TRANSFERT DES CONTRATS DE TRAVAIL (FRANCE)

Bernard Chauvet

L'essentiel

Le principe, en droit français, est qu'un même employeur est tenu, en vertu de la règle « à travail égal, salaire égal », d'assurer l'égalité de rémunération entre tous les salariés pour autant qu'ils sont placés dans une situation identique. Affirmée d'abord par la jurisprudence de la Cour de cassation, cette règle a été par la suite, reprise dans la loi du 27 mai 2008. Elle figure aujourd'hui à l'article 1132-1 du code du travail.

Après avoir jugé que ce principe s'opposait à ce que des différences d'avantage soient opérées entre catégories professionnelles (par exemple : cadres, non-cadres), sauf si l'employeur établit que ces différences reposent sur des critères objectifs que le juge contrôle, la chambre a modifié sa position en jugeant que les différences entre catégories professionnelles ou entre établissements d'une même entreprise, opérées par voie de conventions collectives, sont présumées justifiées, de sorte qu'il appartient à celui qui les conteste de démontrer qu'elles sont étrangères à toute considération d'origine professionnelle (Cass. soc. 27 janvier 2015, n° 1322179, Cass. soc. 3 novembre 2016, n° 1518444). La charge de la preuve a ainsi été inversée.

La présomption ne s'applique pas en cas d'engagement unilatéral de l'employeur, même s'il peut démontrer le bien-fondé de la différence de traitement (Cass. soc. 14 septembre 2016, n° 1511386).

Contexte

L'article L.1132-1 du code du travail prohibe toute discrimination dans le cadre des relations professionnelles ; aucune de ses dispositions ne pose toutefois un principe général d'égalité entre les salariés. Le principe d'égalité de traitement est plus large que celui de non-discrimination et vise des situations qui ne sont pas considérées comme des discriminations par le code du travail. En effet, est discriminatoire une mesure fondée sur un critère expressément visé par la loi alors que toute inégalité, quel qu'en soit le motif, est susceptible d'être sanctionnée par le principe d'égalité.

La chambre sociale de la Cour de cassation a posé le principe de l'égalité de rémunération en 1996 dans l'arrêt *Ponsolle* Soc. 29 octobre 1996, n° 92-43.680, *Bull. V.* n° 359), affirmant que « la règle de l'égalité de rémunération entre les hommes et les femmes est une application de la règle plus générale "à travail égal, salaire égal" énoncée par les articles L. 133-5.4o et L. 136-2.8o du Code du travail, ce dont il se déduit que l'employeur est tenu d'assurer l'égalité de rémunération entre tous les salariés de l'un ou l'autre sexe, pour autant que les salariés en cause sont placés dans une situation identique ».

Le principe plus général de l'égalité de traitement a été consacré en 2008 par deux arrêts (Soc. 30 janvier 2008, n° 06-46.447 et Soc. 10 juin 2008, n° 06-46.000, *Bull. V* n° 130).

En matière de rémunération, ce principe suppose que les salariés effectuant un même travail soient rémunérés de façon identique, et qu'une gratification attribuée à un salarié le soit également à tous les salariés placés dans une situation identique au regard de l'avantage en cause. Le principe ne s'oppose pas à l'individualisation de la rémunération mais exige qu'elle tienne compte de critères objectifs, vérifiables et étrangers à tout motif discriminatoire illicite.

L'application du principe d'égalité de traitement nécessite donc une comparaison de la situation du salarié avec celle d'au moins un autre salarié de la même entreprise se trouvant dans une situation identique (Soc. 29 octobre 1996 précité ; Soc. 1er juillet 2009, n° 0742691, Soc. 19 décembre 2018, n° 1725633). La juridiction doit ensuite apprécier si la différence de traitement entre deux salariés placés dans une situation identique résulte d'éléments objectifs et pertinents, étant observé que le pouvoir discrétionnaire de l'employeur n'a pas cette qualité (Soc. 30 avril 2009, n° 07-40.527, *Bull. V.* n° 121 ; Soc. 10 octobre 2012, n° 11-15.296, *Bull. V.* n° 259) car la différence de traitement ne peut résulter que de l'application de règles préalablement définies et contrôlables (Soc. 18 janvier 2000, n° 98-44745, *Bull. V.* n° 25 ; Soc. 10 octobre 2013, n° 1221167). Le juge est tenu de rechercher l'existence de ces éléments justificatifs (Soc. 15 mai 2007, n° 05-42.894, *Bull. V.* n° 75) et doit en contrôler concrètement la réalité et la pertinence, de nature à justifier une différence de traitement (Soc. 13 septembre 2012, n° 1122414 ; Soc. 13 mai 2009, n° 0745356 ; Soc. 15 mai 2007, n° 0542894).

Le mécanisme probatoire est comparable à celui prévu en matière de discrimination (Soc. 24 septembre 2008, n° 0645747).

Ainsi, lorsque le salarié soumet au juge des éléments de fait susceptibles de caractériser une inégalité de traitement, il appartient à l'employeur de rapporter la preuve d'éléments objectifs justifiant cette différence. C'est ce que met en exergue un arrêt de 2004 (Soc. 28 septembre 2004, n° 0341825, *Bull. V.* n° 228) lequel affirme « qu'en application de l'article 1315 du Code civil, s'il appartient au salarié qui invoque une atteinte au principe "à travail égal, salaire égal" de soumettre au juge les éléments de fait susceptibles de caractériser une inégalité de rémunération, il incombe à l'employeur de rapporter la preuve d'éléments objectifs justifiant cette différence ». Il en résulte « que les juges du fond, qui ont fait ressortir que les salariés rapportaient la preuve des éléments susceptibles de caractériser une inégalité de rémunération, mais que l'employeur n'établissait pas l'existence d'éléments objectifs justifiant la différence de rémunération ont légalement justifié leur décision ».

C'est à partir de ces éléments que doivent être appréciés les problèmes pouvant surgir en cas de transfert des contrats de travail d'une entreprise à une autre. Que se passe-t-il lorsque les salariés qui arrivent dans une entreprise après fusion ou absorption ont des avantages différents ? Est-ce que les différences de rémunération, dues par exemple à un avantage que possède un salarié arrivant dans l'entreprise absorbante, vont pouvoir être revendiquées par les salariés déjà dans l'entreprise ?

Lorsque chacune des entreprises est régie par une convention collective différente, on n'applique pas le principe « à travail égal, salaire égal » dès lors que la différence procède d'un avantage acquis de l'ancienne entreprise et que le salarié conserve : le maintien de cet avantage acquis ne méconnaît pas le principe et l'employeur n'est pas obligé d'harmoniser l'ensemble des salaires de l'entreprise.

De même, le transfert des contrats de travail par application de l'article L 1224-1 du Code du travail (directive du 14 février 1977, désormais directive 2001/23/ CE du 12 mars 2001) constitue un élément objectif de nature à justifier une différence de traitement entre les salariés transférés et les salariés du cessionnaire (Soc. 11 janvier 2012, n° 1014614, *Bull.* n° 15).

Le problème s'est posé en cas de transfert, non plus légal par application de L 1224-1 du code (directive) mais en cas de transfert des contrats de travail prévu par une convention collective, pour les cas où les conditions d'application de l'article L 1224-1 ne sont pas remplies. Les hypothèses les plus courantes sont celles d'une entreprise qui perd un marché de nettoyage, de sécurité, de restauration ou de traitement de déchets par exemple. Les conventions collectives prévoient alors qu'un nombre substantiel de contrats de travail seront transférés au nouveau prestataire de service.

Jusqu'en 2017, la Cour de cassation a maintenu une différence entre les transferts par l'effet de la loi (article. L1224-1 du Code du travail) et les transferts par l'effet d'une convention collective : l'existence d'une règle conventionnelle imposant un transfert des contrats de travail ne suffisait pas à justifier les différences de traitement constatées entre salariés. C'est ce qu'illustrait notamment un arrêt de 2014 (Soc. 15 janvier 2014, n° 1225402). Dans cette affaire, des salariés, à la suite de la perte du marché par leur employeur, étaient passés au service d'une autre société par application de la convention collective nationale des entreprises de propreté. D'autres salariés de cette société affectés sur ce même chantier avaient, invoquant le principe d'égalité, demandé à bénéficier de la prime de treizième mois dont bénéficiaient les salariés issus de la société sortante au titre de leur contrat maintenu. La cour d'appel avait débouté les salariés de leurs demandes, retenant que le maintien de la prime litigieuse pour les salariés dont le contrat de travail avait été transféré avait pour objet d'assurer des garanties similaires à celles découlant des termes de l'article L. 1224-1 du code du travail bien que les conditions d'application de ce texte ne soient pas remplies. Il en résultait, selon les juges du fond, que l'entreprise ne saurait être contrainte d'étendre les avantages ainsi constatés à tous les salariés de l'entreprise. Pour la cour d'appel, cette situation crée entre les salariés une différence objective, tenant aux circonstances du parcours professionnel propre à chacun, et justifie la différence de traitement constatée. Cette décision avait toutefois été censurée par la cour de cassation, qui avait estimé que « le maintien des contrats de travail des salariés (... ne résultant pas de l'application de la loi et n'étant pas destiné à compenser un préjudice spécifique à cette catégorie de travailleurs, l'inégalité qui en résultait entre salariés accomplissant le même travail pour le même employeur sur le même chantier n'était pas justifiée par des raisons pertinentes et méconnaissait ainsi le principe d'égalité ».

Cette jurisprudence relative aux conséquences d'une reprise du marché au regard du principe d'égalité de traitement avait été maintenue après l'évolution de la jurisprudence issue des arrêts du 27 janvier 2015. Appelée en octobre 2015 à statuer à nouveau en matière de transfert des contrats de travail résultant de l'application d'une convention collective, la Cour de cassation avait maintenu sa position et affirmé que « l'inégalité qui en résultait entre salariés accomplissant le même travail pour le même employeur sur le même chantier n'était pas justifiée par des raisons pertinentes et méconnaissait ainsi le principe d'égalité de traitement » (Soc. 16 septembre 2015, n° 1326788).

Néanmoins, un nouvel arrêt, rendu en 2017 et bénéficiant de la publication la plus étendue qui soit (Soc. 4 octobre 2017 FS-P+B+R+I, n° 1617517) modifiait la donne. Dans cette décision, la Haute juridiction, en visant notamment le huitième alinéa du préambule de la Constitution du 27 octobre 1946 ainsi que le principe d'égalité de traitement, et l'accord d'entreprise de la société Munksjö Label Pack du 7 novembre 2002, avait affirmé dans un attendu de principe que « les différences de traitement entre des salariés appartenant à la même entreprise mais à des établissements distincts, opérées par voie d'accords d'entreprise négociés et signés par les organisations syndicales représentatives au sein de l'entreprise, investies de la défense des droits et intérêts des salariés de l'ensemble de cette entreprise et à l'habilitation desquelles ces derniers participent directement par leur vote, sont présumées justifiées de sorte qu'il appartient à celui qui les conteste de démontrer qu'elles sont étrangères à toute considération de nature professionnelle ».

Tel était le contexte dans lequel la Cour de cassation s'est prononcée en novembre 2017 dans une affaire concernant à nouveau un transfert de contrats de travail résultant de l'application des dispositions d'une convention collective.

Cour de cassation, chambre sociale, arrêt du 30 novembre 2017, n° 16-20532, publié au Bulletin

Vu le principe d'égalité de traitement et l'accord du 29 mars 1990 annexé à la convention collective nationale des entreprises de propreté et services associés du 26 juillet 2011

Attendu, d'abord, que l'évolution générale de la législation du travail en matière de négociation collective et de la jurisprudence en ce qui concerne le principe d'égalité de traitement à l'égard des accords collectifs conduit à apprécier différemment la portée de ce principe à propos du transfert des contrats de travail organisé par voie conventionnelle ;

Attendu, ensuite, que la différence de traitement entre les salariés dont le contrat de travail a été transféré en application d'une garantie d'emploi instituée par voie conventionnelle par les organisations syndicales représentatives investies de la défense des droits et intérêts des salariés et à l'habilitation desquelles ces derniers participent directement par leur vote et les salariés de l'employeur entrant, qui résulte de l'obligation à laquelle est tenu ce dernier de maintenir au bénéfice des salariés transférés les droits qui leur étaient reconnus chez leur ancien employeur au jour du transfert, n'est pas étrangère à toute considération de nature professionnelle et se trouve dès lors justifiée au regard du principe d'égalité de traitement ;

Attendu, selon les jugements attaqués, qu'en application de l'accord du 29 mars 1990 annexé à la convention collective nationale des entreprises de propreté et services associés du 26 juillet 2011, la société AAF La Providence II, attributaire depuis le 1er janvier 2010 du marché de nettoyage du site « banque de France », a repris à son service différents salariés affectés sur ce site à la suite de la perte du marché par leur employeur ; que, s'estimant victimes d'une inégalité de traitement en ce que certains salariés de la société AAF La Providence II, issus d'un transfert antérieur, bénéficiaient d'un treizième mois en raison de la règle imposant le maintien de leur rémunération lors de la reprise du marché, M. Amégniagbo et vingt-six autres salariés affectés sur ce site ont saisi le conseil de prud'hommes aux fins d'obtenir le paiement d'une prime de treizième mois pour la période située entre 2010 et 2014 ;

Attendu que pour condamner la société AAF La Providence II à payer à chaque salarié une somme à titre de prime de treizième mois, les jugements retiennent que les différents salariés demandeurs accomplissent le même travail pour le même employeur sur le même chantier, s'agissant tant des salariés dont le contrat de travail a été transféré lorsque le marché a fait l'objet d'un changement de prestataire au 1er janvier 2010 que des salariés faisant déjà partie des effectifs de la société AAF La Providence II à cette date, et que l'employeur ne démontre pas l'existence d'une raison objective et pertinente justifiant la différence de rémunération liée à la nécessité de compenser un préjudice spécifique à une catégorie de travailleurs ;

Qu'en statuant ainsi, le conseil de prud'hommes a violé le principe et le texte susvisés.

FAITS

La société La Providence est une entreprise de nettoyage qui relève de la convention collective des entreprises de propreté et services associés du 26 juillet 2011, laquelle prévoit un dispositif conventionnel de transfert des contrats de travail en cas de perte de marché dès lors que les salariés remplissent certaines conditions de présence dans l'entreprise et sur le marché perdu. La convention prévoit, en cas de transfert, le maintien de la rémunération.

La société est prestataire, depuis 2010, du marché de nettoyage du site dit « la Banque de France », dans lequel elle a succédé à une autre entreprise, la société Abilis. Elle avait alors repris des salariés provenant de cette société.

Les travailleurs anciennement salariés de la société Abilis, qui se trouvaient sur le site et qui avaient été transférés à la société La Providence, prétendant être victimes d'une inégalité de traitement vis-à-vis de salariés de la société La Providence provenant d'un transfert antérieur. Ces derniers bénéficient en effet du paiement d'un 13e mois de salaire.

Les salariés anciennement liés à Abilis ont donc saisi le conseil de prud'hommes de Paris pour obtenir le paiement de cette prime de 13e mois.

QUESTION JURIDIQUE

Compte-tenu du principe d'égalité de traitement dont nous avons retracé rapidement l'application par la jurisprudence, les salariés pouvaient-ils ou non bénéficier de cette prime ? Si le transfert était intervenu en application de l'article L 1224-1 du code, l'employeur n'aurait pas été tenu d'harmoniser les salaires. Mais si le maintien des contrats de travail ne résulte pas de l'application de la loi mais des dispositions de la convention collective, l'employeur était jusque-là tenu d'accorder l'avantage que possédaient les salariés entrants (ici la prime de 13e mois). La seule possibilité pour justifier une différence de traitement, en matière de transfert conventionnel, était d'établir que l'avantage dont bénéficiaient certains salariés était destiné à compenser un préjudice spécifique. Et la Cour de cassation n'admettait pas que le fait d'accepter un changement d'employeur soit une raison objective et pertinente de nature à justifier une différence de traitement. Cette solution allait-elle perdurer après les arrêts d'octobre 2017 relatifs à des différences de traitement entre salariés d'une même entreprise mais appartenant à des établissements distincts ?

PROCÉDURE

Par jugements du 13 mai 2016, rendus en formation de départage (présidée par un magistrat professionnel), le conseil de prud'hommes, appliquant la jurisprudence de la chambre sociale, a fait droit aux demandes des salariés et condamné la société La Providence à leur payer l'indemnité de 13e mois. Le conseil avait constaté que les différents salariés accomplissaient le même travail pour le même employeur sur le même chantier, s'agissant tant des salariés dont le contrat de travail a été transféré lorsque le marché a fait l'objet d'un changement de prestataire au 1er janvier 2010 que des salariés faisant déjà partie des effectifs de la société à cette date. Le conseil ajoutait que l'employeur ne démontrait pas l'existence d'une raison objective et pertinente justifiant la différence de rémunération liée à la nécessité de compenser un préjudice spécifique à une catégorie de travailleurs. Il en avait déduit que la société La providence avait méconnu le principe d'égalité de traitement en n'accordant le bénéfice de la prime de treizième mois qu'à une partie des salariés concernés.

RAISONNEMENT JURIDIQUE

Rompant avec l'analyse qu'elle avait jusqu'ici retenue, la chambre sociale de la Cour de cassation censure la décision des juges du fond. Elle affirme en effet que la différence de traitement entre les salariés dont le contrat de travail a été transféré en application d'une garantie d'emploi instituée par voie conventionnelle n'est pas étrangère à toute considération de nature professionnelle et se trouve dès lors justifiée au regard du principe d'égalité de traitement.

L'attendu de principe de la Cour explique ce revirement : il est fondé sur la valorisation donnée aux conventions et accords collectifs signés par les organisations syndicales représentatives, dont la représentativité a été renforcée du fait de la loi n° 2008-739 du 20 août 2008 de rénovation de la démocratie sociale, qui fait primer le critère d'audience des syndicats. La Cour de cassation considère ainsi qu'il existe une délégation du législateur envers les partenaires sociaux dans la mise en œuvre du principe d'égalité et que les différences consécutives à un transfert prévu par une convention collective (signée par des syndicats représentatifs au sens de la loi de 2008), sont présumées légitimes.

La Cour retient donc que les différences reposent sur des considérations de nature professionnelle et qu'elles ne peuvent être contestées au nom de l'égalité.

Mise en perspective

Par cette décision, la Cour est parvenue à une harmonisation du principe d'égalité de traitement en cas de transfert des contrats de travail, soit par application de la loi (L 1224-1 du code du travail), soit du fait d'un texte conventionnel : il est vrai qu'il était difficile d'expliquer la différence de solution qui pouvait exister entre ces deux types de transfert, ce d'autant que le droit communautaire accepte plus facilement l'application de la directive transfert que la jurisprudence française en cas de perte de marchés de services.

Le législateur a d'ailleurs modifié l'article L 1224-3-2 du code du travail par les ordonnances Macron adoptées le 22 septembre 2017, lequel dispose que « lorsqu'un accord de branche étendu prévoit et organise la poursuite des contrats de travail en cas de succession d'entreprises dans l'exécution d'un marché, les salariés du nouveau prestataire ne peuvent invoquer utilement les différences de rémunération résultant d'avantages obtenus avant le changement de prestataire, par les salariés dont les contrats de travail ont été poursuivis ».

Il est certain que la force nouvelle donnée aux accords collectifs depuis la loi de 2008, tend à restreindre la portée du principe d'égalité de traitement.

Cette orientation a été confirmée par des arrêts ultérieurs (Soc. 28 février 2018, n° 1526260).

ÉGALITÉ DE TRAITEMENT EN CAS DE TRANSFERT DES CONTRATS DE TRAVAIL (ALLEMAGNE)

Daniele Reber

L'essentiel

Les partenaires des conventions collectives de la branche (*Tarifvertragsparteien*) sont liés par principe d'égalité de traitement, dans le sens qu'ils ne peuvent pas créer de différences sans cause réelle et objective.

Le principe d'égalité de traitement s'applique surtout pour l'octroi volontaire d'avantages par l'employeur. Il présuppose alors une décision de l'employeur. Le principe ne s'applique pas si l'employeur exécute seulement des normes préexistantes.

La différence de traitement entre salariés de deux établissements du même employeur peut être justifiée, s'ils existent des raisons valables. Des résultats économiques différents peuvent constituer des raisons légitimes de différencier. Cette règle est valable tant pour la rémunération que pour des versements effectués par l'employeur ou pour la détermination du volume des congés payés.

Cette différence de traitement peut s'exprimer surtout dans des conventions collectives.

Contexte

Le principe d'égalité de traitement est un pilier central du droit du travail qui est en outre protégé par le droit constitutionnel[1] (et bien entendu également par le droit de l'Union[2]). Il découle du principe général d'égalité et impose à l'employeur, lors de l'application d'une règle qu'il a lui-même instaurée, de traiter de manière égale ses salariés ou des groupes de ses salariés placés dans une situation comparable. Il est toujours applicable lorsqu'un employeur octroie des prestations selon un principe défini, identifiable et général, en se fondant sur une réglementation abstraite et en

---

[1] Article 3 Grundgesetz (Loi fondamentale).

[2] Article 20 de la Charte des droits fondamentaux.

fixant certaines conditions ou un certain objectif[3]. Une différence de traitement de situations comparables n'est cependant pas exclue si des raisons objectives le justifient. De ce fait, l'application du principe d'égalité de traitement soulève souvent des questions qui nécessitent d'être examinées de manière différenciée. Cela vaut également en ce qui concerne les accords d'entreprise.

Principe d'égalité de traitement, transfert d'entreprise et application des règles

Cour fédérale du travail, arrêt du 31 août 2005 – 5 AZR 517/04

[Paragraphe 17] Si, après avoir repris plusieurs établissements, l'employeur continue à verser aux salariés repris la rémunération qu'ils recevaient de leur ancien employeur respectif, cela ne constitue pas une violation du principe de l'égalité de traitement.

FAITS

Le demandeur est secrétaire syndical au sein de la *Vereinte Dienstleistungsgewerkschaft ver.di* (Syndicat unifié des services). Avant la fusion des cinq syndicats individuels (DAG, DPG, HBV, IG Medien, ÖTV) dans ver.di, le demandeur était employé comme secrétaire syndical au sein de la DAG (Syndicat allemand des employés). Après la fondation de ver.di, les structures existantes des syndicats individuels ont été dissoutes et de nouvelles structures ont été mises en place. Ver.di a appliqué les dispositions des accords collectifs d'établissement qui avaient été conclus respectivement par les anciens syndicats individuels aux relations de travail de ses salariés. Cela a eu notamment pour conséquence que le demandeur, qui était auparavant employé au sein de la DAG, perçoit désormais une rémunération de 372,00 euros inférieure à celle d'un secrétaire syndical employé auparavant à la HBV (Syndicat du commerce, des banques et des assurances). Le demandeur revendique le même salaire que celui d'un salarié de la HBV en se fondant sur le principe d'égalité de traitement.

QUESTION JURIDIQUE

Est-ce que le principe du traitement égal est applicable dans ce cas-là ? Si oui, existe-t-il des raisons objectives pour permettre une différenciation ? L'employeur est-il obligé de réajuster les salaires après un certain délai ?

PROCÉDURE

Le tribunal de travail et la Cour d'appel avaient rejeté la demande. La Cour fédérale a confirmé ces décisions.

---

[3] Jurisprudence constante du BAG (Cour fédérale du travail). Voir BAG du 11/7/2017 – 3 AZR 691/16.

RAISONNEMENT JURIDIQUE

La Cour fédérale du travail a considéré la demande comme non fondée. Lorsque, à la suite d'un transfert d'entreprise, les contrats de travail passent du cédant à l'acquéreur et que l'acquéreur accorde aux salariés repris les conditions de travail convenues avec l'ancien employeur ou issues d'un accord d'entreprise conclu au sein de l'ancien établissement, les salariés repris ne peuvent se prévaloir du principe d'égalité de traitement et revendiquer une adaptation de leurs conditions de travail aux meilleures conditions de travail en vigueur au sein de l'entreprise de l'acquéreur.

Cette considération repose sur le constat que le principe d'égalité de traitement défini par le droit du travail ne s'applique que dans le cas d'un acte d'aménagement de l'employeur, et non dans le cas d'une simple application – même présumée – de règles[4]. Dans ce cas, l'employeur ne prend une décision « distributive » que s'il octroie (ou continue d'octroyer) des prestations tout en ayant connaissance d'une base juridique invalide ou s'il participe, en ayant connaissance du caractère invalide de la base juridique, à leur justification pour établir une obligation de prestation. Ces conditions ne sont pas réunies lorsque l'employeur ne fait qu'appliquer des prescriptions légales en octroyant ou en refusant des prestations.

Ce point de vue joue un rôle notamment après un transfert d'entreprise. En effet, lorsqu'une entreprise ou une partie d'entreprise est intégrée dans une entreprise déjà existante, il n'est pas rare que les conditions de travail des salariés repris diffèrent de celles des salariés déjà présents dans l'entreprise. La différence de traitement qui en résulte n'est cependant pas instaurée par l'employeur. Le simple maintien de plusieurs systèmes de rémunération pour une durée plus ou moins longue, voire illimitée, ne constitue pas une mesure unilatérale de l'employeur.

Principe d'égalité de traitement et différents établissements d'une même entreprise

L'« employeur », c'est-à-dire la personne physique ou morale de l'exploitant, constitue le point de référence du principe d'égalité de traitement. L'employeur a la compétence de prendre une décision d'aménagement concernant le traitement égal ou inégal des salariés. Un « employeur » peut cependant gérer plusieurs établissements, notamment lorsqu'il reprend d'autres établissements déjà existants. La question se pose alors de savoir s'il doit traiter de manière égale les salariés des différents établissements.

[4] BAG du 11/7/2017 – 3 AZR 691/16.

Cour fédérale du travail, arrêt du 3 décembre 2008 – 5 AZR 74/08

[Paragraphe 17] Le principe de l'égalité de traitement en droit du travail interdit les différenciations injustifiées entre salariés se trouvant dans une situation comparable, ainsi que les différenciations injustifiées entre groupes de salariés. (...) Dans le domaine de la rémunération, le principe de l'égalité de traitement ne s'applique que dans une mesure limitée, car le principe de la liberté contractuelle prévaut pour les salaires et les traitements convenus individuellement. Le principe de l'égalité de traitement intervient toutefois si l'employeur accorde des prestations sur la base d'un règlement général, notamment s'il fixe certaines conditions ou exigences. Il ne peut exclure les salariés d'un tel règlement que pour des raisons objectives. Il faut d'abord déterminer l'objectif de la mesure considérée, puis évaluer si le groupe de personnes exclues de la mesure bénéficiaire se trouve à juste titre en dehors de l'objectif général.

[Paragraphe 18] Le principe de l'égalité de traitement en droit du travail oblige l'employeur à l'égard de ses employés. En tout état de cause, si une décision de répartition prise par l'employeur ne se limite pas à un seul établissement, mais concerne plusieurs voire tous les établissements d'entreprise, l'égalité de traitement doit également être assurée entre les établissements. Une distinction entre les différents établissements n'est autorisée que si des raisons objectives le justifient. Les particularités de l'entreprise et des établissements doivent être prises en compte.

[Paragraphe 19] Si une différenciation selon les groupes de salariés est établie, l'employeur doit divulguer les raisons de cette différenciation et les présenter de manière qu'il soit possible d'évaluer si la différenciation correspond à des critères objectifs. Si les caractéristiques distinctives ne sont pas facilement discernables et que l'employeur n'explique pas ses aspects de différenciation ou si le traitement différent n'est pas justifié par l'objectif de la prestation, le groupe de salariés défavorisés peut exiger d'être traité conformément au groupe de salariés bénéficiaires. Ces principes s'appliquent également si l'employeur forme des groupes entre les établissements, c'est-à-dire qu'il différencie les établissements en exemptant, par exemple, certains d'entre eux des services généraux.

FAITS

L'employeur fait partie d'un groupe spécialisé dans les services de livraison de colis et de logistique opérant à l'échelle mondiale. Celui-ci emploie environ 15 000 salariés répartis dans 72 établissements en Allemagne. Il a augmenté de 2,1 % les salaires de quasi tous les salariés à compter du 1er septembre 2005. D'autres augmentations ont été fixées pour les établissements situés à A, C, E, H, K et M. Seuls les quelque 120 salariés de l'établissement G n'ont bénéficié d'aucune augmentation de salaire. Le demandeur était employé comme livreur de colis au sein de l'établissement

G. Il revendique une augmentation de salaire en invoquant le principe d'égalité de traitement. L'employeur objecte que le principe d'égalité de traitement ne vaut qu'au niveau d'un établissement et que, par ailleurs, les coûts encourus par la filiale G pour chaque colis transporté seraient les plus élevés au niveau national.

RAISONNEMENT JURIDIQUE

La Cour fédérale du travail a considéré que le principe d'égalité de traitement défini par le droit du travail engage l'employeur vis-à-vis de ses salariés. Du moins, lorsqu'une décision « distributive » de l'employeur ne concerne pas seulement un établissement, mais englobe tous les établissements ou plusieurs établissements de l'entreprise, l'égalité de traitement doit également être assurée dans l'ensemble de ceux-ci. Une différenciation entre les différents établissements n'est admise que si des raisons objectives le justifient. Les particularités de l'entreprise et des établissements doivent toutefois être prises en considération. Si une différenciation entre des groupes de salariés est établie, l'employeur doit exposer les raisons de cette différenciation, de sorte qu'il soit possible d'évaluer si la différenciation correspond à des critères objectifs. Lorsqu'un employeur procède volontairement à des augmentations de salaire, il a le droit de faire une distinction entre les différents établissements en fonction de leur performance économique et du niveau de salaire en vigueur. Il peut lui-même apprécier ces critères ainsi que d'autres aspects raisonnables, dès lors qu'il n'agit pas de manière arbitraire. De même, en cas de structures analogues et de conditions-cadres similaires des établissements, il appartient avant tout à l'employeur d'évaluer la performance économique réalisée et de déterminer l'objectif à atteindre. En l'espèce, la Cour fédérale du travail a renvoyé le litige devant la Cour d'appel du travail, laquelle devait examiner la pertinence des arguments fournis par l'employeur en justification de l'inégalité de traitement.

Cour d'appel du travail de Berlin-Brandebourg, arrêt du 10 octobre 2017 – 7 Sa 694/17

FAITS

Le demandeur réclame un congé payé supplémentaire de 14 jours. Il est employé comme croupier au sein de la Société Casino de Berlin, laquelle entretient deux établissements à Berlin, l'un situé Potsdamer Platz, dans l'ancienne partie ouest de Berlin, l'autre Alexanderplatz, dans l'ancienne partie est. Une convention collective pour les casinos s'appliquait à son contrat de travail. En 2014, la Société Casino a conclu une nouvelle convention collective pour les casinos (Convention 2014) qui exclut, dans ses dispositions relatives au personnel, les salariés de l'établissement situé Alexanderplatz ; cette convention prévoit un congé payé supplémentaire de

14 jours. En 2015, la société a conclu une autre convention collective qui concerne uniquement les salariés de l'établissement d'Alexanderplatz ; celle-ci ne prévoit aucun congé payé supplémentaire. Le demandeur, qui était et est toujours employé au sein de l'établissement d'Alexanderplatz, revendique les 14 jours de congé payé supplémentaires en se fondant sur le principe d'égalité de traitement.

RAISONNEMENT JURIDIQUE

La Cour d'appel du travail a rejeté la demande en invoquant le fait que les parties à la convention collective étaient, elles aussi, liées par le principe d'égalité de traitement. Celui-ci est l'expression de l'idée de justice dans la Loi fondamentale et un principe juridique essentiel. Il vise à garantir l'égalité de traitement entre des personnes placées dans des situations comparables et à exclure l'élaboration de règles contraires au principe d'égalité[5]. Il doit également être respecté lors de la conclusion de conventions collectives. Néanmoins, les parties à la convention collective disposent d'une marge d'appréciation quant à l'octroi et à la distribution d'avantages aux salariés. La distribution ne doit pas être « la plus juste » qui soit, mais elle doit simplement être objective et raisonnable. En l'espèce, il y avait lieu de penser que c'était le cas. Les chiffres d'affaires de l'établissement situé Alexanderplatz étaient considérablement inférieurs à ceux de l'établissement de Potsdamer Platz. À cet égard, la jurisprudence a reconnu que le fait d'octroyer des prestations supplémentaires en fonction du succès économique des différents établissements et de créer ainsi une concurrence censée stimuler la performance au travail pouvait constituer une raison objective et ainsi justifier une inégalité de traitement entre les salariés des deux établissements.

Mise en perspective

Comme il a été précédemment démontré, le principe d'égalité de traitement est un élément essentiel du droit du travail. Il n'est toutefois pas applicable de manière « schématique » mais nécessite un examen différencié.

Il s'agit toujours en premier lieu de déterminer avec exactitude si l'on est effectivement en présence d'une situation similaire. C'est ce que doit exposer avec précision et prouver le salarié qui fait valoir un droit en se fondant sur le principe d'égalité de traitement. Dans la pratique juridictionnelle, une série de cas échouent déjà durant cette étape d'examen des faits.

Par ailleurs, le principe d'égalité de traitement ne s'applique que là où il y a une décision d'aménagement de l'employeur par laquelle celui-ci

---

[5] BAG du 20/2/2019 – 7 ABR 40/17.

souhaite octroyer des prestations. Il n'entre pas en ligne de compte dans tous les cas où l'employeur ne fait qu'« appliquer » des dispositions existantes.

Si la décision « distributive » de l'employeur ne concerne pas seulement un établissement, mais englobe tous les établissements ou plusieurs établissements de l'entreprise, le principe d'égalité de traitement prévu par le droit du travail doit alors être apprécié au niveau de toute l'entreprise. Dès lors, une différenciation entre les différents établissements n'est admise que si des raisons objectives le justifient. La jurisprudence laisse néanmoins à l'employeur une large marge d'appréciation.

Ce dernier aspect reflète une réserve tout à fait fondamentale du principe d'égalité de traitement en droit du travail : une différence de traitement entre des salariés (même comparables) est admise lorsque des raisons objectives le justifient.

LES OUTILS D'ANALYSE DE LA COMPARAISON : L'ÉGALITÉ ENTRE SALARIÉS À TEMPS PARTIEL ET SALARIÉS À TEMPS PLEIN (FRANCE)

Marie-Cécile Escande-Varniol

L'essentiel

Le travail à temps partiel donne lieu en France à des dispositions légales très précises, ce qui laisse peu de marge de manœuvre à l'interprétation judiciaire. Le principe d'égalité entre travailleurs à temps plein et travailleurs à temps partiel, inscrit dans la directive européenne de 1997, est mis en œuvre par la loi et systématiquement rappelé par la Cour de cassation. En matière d'égalité de rémunération, deux questions peuvent être relevées : celle de la majoration des heures complémentaires et celle de la proratisation (ou non) de certaines primes.

Sur le premier point (Soc. 7 décembre 2010, n° 09-42315, *Bull. V* n° 282), malgré diverses réformes législatives, la jurisprudence reste constante : le salarié à temps partiel a droit à une indemnisation des heures complémentaires dont le montant varie selon leur volume. La marge d'interprétation des juges était ici limitée à la qualification des avenants au contrat de travail.

Sur le second point (Soc. 7 septembre 2017, n° 16-19528, Soc. 17 juin 2009, n° 08-41077, *Bull. V* n° 155), l'enjeu est la qualification de certains éléments rémunératoires complémentaires du salaire de base. Si les sommes versées sont assimilables à du salaire, elles sont soumises au principe de proportionnalité, tandis que, s'il s'agit de primes forfaitaires, leur montant doit être identique pour tous les salariés, qu'ils soient à plein temps ou à temps partiel. Ces avantages sont souvent issus des accords et conventions collectives dont la rédaction nécessite parfois une interprétation jurisprudentielle.

Contexte légal

Le contrat de travail à temps partiel, inscrit dans le code du travail depuis le 18 janvier 1981, a donné lieu à une législation abondante, précise et souvent remaniée. Profondément réformé par la loi du 19 janvier 2000, le travail à temps partiel continue à donner lieu à de fréquentes modifications visant surtout à accroître la flexibilité de la disponibilité du salarié et à décentraliser la négociation collective pour favoriser la négociation au niveau de l'entreprise. Le travail à temps partiel est désormais codifié aux articles L. 3123-1 et suivants du code du travail, selon le nouvel ordonnancement de 2016 : règles d'ordre public, champ de la négociation collective, règles supplétives. On rencontre des règles qui intéressent notre sujet dans ces trois catégories.

Pour se limiter aux questions relatives à la rémunération, les principes d'égalité des droits et de proportionnalité du salaire entre salariés à temps plein et salariés à temps partiel, exigés par le droit européen, sont inscrits dans la loi :

Art. L. 3123-5 :

« Le salarié à temps partiel bénéficie des droits reconnus au salarié à temps complet par la loi, les conventions et les accords d'entreprise ou d'établissement sous réserve, en ce qui concerne les droits conventionnels, de modalités spécifiques prévues par une convention ou un accord collectif (...)

Compte tenu de la durée de son travail et de son ancienneté dans l'entreprise, la rémunération du salarié à temps partiel est proportionnelle à celle du salarié qui, à qualification égale, occupe à temps complet un emploi équivalent dans l'établissement ou l'entreprise. »

Article L. 3123-9 :

« Les heures complémentaires ne peuvent avoir pour effet de porter la durée de travail accomplie par un salarié à temps partiel au niveau de la durée légale du travail ou, si elle est inférieure, au niveau de la durée de travail fixée conventionnellement. »

Heures complémentaires, paiement du supplément

La durée du travail d'un salarié à temps partiel ne pouvant en aucun cas atteindre ou dépasser durablement celle du travail à temps complet, les heures dépassant la durée prévue au contrat de travail à temps partiel sont des heures complémentaires et ne suivent donc pas le régime des heures supplémentaires qui ne concerne que les salariés à temps complet.

Cependant, l'article L. 3123-8 précise : « Chacune des heures complémentaires accomplies donne lieu à une majoration de salaire. »

Depuis 2000, les heures complémentaires effectuées au-delà du 1/10e de la durée prévue au contrat de travail, ouvrent droit à une majoration au taux de 25 %. Ces dépassements doivent être autorisés par une convention ou un accord collectif, dans la limite du 1/3 de la durée hebdomadaire prévue dans le contrat.

Pendant longtemps, aucun supplément pour les heures complémentaires n'était légalement obligatoire dans la limite d'un dixième des heures contractuelles. Jusqu'au 1er janvier 2014, les heures complémentaires accomplies dans la limite légale de 10 % devaient, sauf dispositions conventionnelles contraires, être considérées comme des heures normales c'est-à-dire qu'elles étaient rémunérées au taux prévu par le contrat. Mais depuis le 1er janvier 2014, elles ouvrent droit à une majoration de 10 %.

La loi du 8 août 2016 (loi n° 2016-1088) est venue bouleverser l'ordonnancement du code du travail, mais au final les règles restent les mêmes : la majoration de salaire est une règle d'ordre public ; les conventions collectives de branche étendues peuvent aménager cette majoration (article L.3123-21) ; en l'absence de convention de branche étendue, s'applique l'article L. 3123-29 qui reprend les dispositions de la loi de 2013 (« à défaut de stipulation conventionnelle prévues à l'article L. 3123-21, le taux de majoration des heures complémentaires est de 10 % pour chacune des heures complémentaires accomplies dans la limite du dixième des heures prévues au contrat de travail et de 25 % pour chacune des heures accomplies entre le dixième et le tiers des heures prévues au contrat de travail »).

Avec des dispositions aussi précises, on comprendra que la marge d'interprétation est mince. Cependant, les juges ont eu à se prononcer sur une pratique professionnelle courante : celle des avenants à répétition qui permettent d'augmenter le nombre d'heures prévues au contrat pour un temps limité. Ce faisant les employeurs pensaient échapper à la majoration de salaire, considérant que l'avenant se substituait au contrat. Mais la Cour de cassation en a décidé autrement.

Cour de cassation, chambre sociale, arrêt du 7 décembre 2010, n° 09-42315, Bull. V n° 282 (dans le même sens, Soc. 21 septembre 2016, n° 15-15413 ; Soc 8 novembre 2017, n° 16-16080).

(....)

Mais attendu que les articles L. 3123-14 4°, L. 3123-17 et L. 3123-18 du code du travail, qui constituent des dispositions d'ordre public auxquels il ne peut être dérogé, ont pour objet de limiter le nombre d'heures que peut effectuer un salarié à temps partiel au-delà de la durée prévue à son contrat ; qu'il en résulte que toutes les heures effectuées au-delà de cette durée, qu'elles soient imposées par l'employeur ou qu'elles soient prévues par avenant au contrat de travail à temps partiel en application d'un accord collectif, sont des heures complémentaires ;

Et attendu que le conseil de prud'hommes, qui a exactement qualifié toutes les heures effectuées au-delà de la durée du travail inscrite au contrat de la salariée d'heures complémentaires, en a déduit à bon droit que toutes celles qui avaient été effectuées au-delà de la limite d'un dixième de la durée prévue au contrat, devaient supporter la majoration de 25 % prévue par l'article L. 3123-19 du code du travail ; que le moyen n'est pas fondé ;

PAR CES MOTIFS : REJETTE le pourvoi ;

FAITS

Dans l'arrêt de 2010, Mme X… a été engagée en qualité d'agent de service le 1er avril 2003 par la société Renosol Sud-Est aux droits de laquelle vient la société Véolia propreté nettoyage et multiservices Sud-Est (VPNM) ; elle a accepté plusieurs avenants temporaires à son contrat de travail à temps partiel qui augmentaient son temps de travail. Après la rupture de son contrat, elle a saisi la juridiction prud'homale d'une demande de paiement d'un rappel de salaire au titre de la majoration de 25 % des heures complémentaires effectuées au-delà du dixième de la durée du travail prévue à son contrat, conformément à l'article L. 3123-19 du code du travail.

L'arrêt du 21 septembre 2016 concerne des faits identiques, concernant également une salariée d'une entreprise de nettoyage.

L'arrêt du 8 novembre 2017 concerne une médecin-conseil de la caisse de sécurité sociale qui assurait des remplacements en plus de ses heures habituelles de travail à temps partiel.

Dans tous les cas ces salariés acceptaient de faire des heures complémentaires en signant des avenants.

QUESTION JURIDIQUE

Le fait de signer un avenant au contrat de travail à temps partiel augmente-il la durée de travail prévue au contrat initial ? Autrement dit, quelle est la base à prendre en compte pour calculer la majoration pour heures complémentaires ?

PROCÉDURE

La première décision émane du Conseil de prud'hommes de Clermont-Ferrand (11 décembre 2007) et se termine par un rejet de la demande de la société qui avait été condamnée à payer les majorations de salaire. Les deux autres arrêts viennent de cours d'appel (Bordeaux et Paris) ; ces juridictions considéraient que les avenants valaient acceptation d'une augmentation de la durée du travail et n'ouvraient donc pas droit à la majoration de salaire prévue par la loi ou la convention collective. Les cours d'appel ont vu leurs décisions cassées. La bonne interprétation, selon la Cour de cassation était celle du Conseil des Prud'hommes de Clermont-Ferrand.

RAISONNEMENT JURIDIQUE

Dans les trois décisions, la Cour de cassation motive sa décision en soulignant que « les articles L. 3123-14 4°, L. 3123-17 et L. 3123-18 du code du travail, constituent des dispositions d'ordre public auxquels il ne peut être dérogé, ils ont pour objet de limiter le nombre d'heures que peut effectuer un salarié à temps partiel au-delà de la durée prévue à son contrat ; qu'il en résulte que toutes les heures effectuées au-delà de cette durée, qu'elles soient imposées par l'employeur ou qu'elles soient prévues par avenant au contrat de travail à temps partiel en application d'un accord collectif, sont des heures complémentaires ».

La chambre sociale de la Cour de cassation préfère ici s'en remettre à la finalité des textes plus qu'à un raisonnement purement civiliste. En effet, du point de vue du droit civil, l'avenant apporte modification au contrat consentie par les parties. Mais le réalisme du droit du travail permet de limiter une pratique quasi frauduleuse des employeurs dans un rapport contractuel très déséquilibré. La femme de ménage est-elle réellement en capacité de refuser de signer l'avenant qui la prive de fait de ses suppléments de salaire ?

Il est difficile de parler ici d'égalité car on est plutôt au contraire dans la spécificité du contrat de travail à temps partiel. Cependant, dans les deux cas, un volume d'heures de travail est prévu au contrat et l'employeur ne peut le faire varier à sa guide (ou par avenant) afin d'échapper aux règles d'ordre public qui commandent de majorer les heures supplémentaires ou complémentaires. On ajoutera que la majoration de 25 % prévue au-delà du dépassement de 10 % des heures complémentaires correspond à la majoration ordinaire des heures supplémentaires des salariés à temps complet. En effet, pour les salariés à temps complet, toute heure au-delà de la durée légale ou conventionnelle est une heure supplémentaire. Aucun avenant ne pourrait modifier cette situation. En revanche, les salariés à temps partiel sont beaucoup plus vulnérables, exposés à ce système des avenants qui fait changer la durée du contrat au grès des besoins de l'entreprise et sans compensation si le juge ne s'en mêle pas. L'interprétation de la Cour de cassation est donc la bienvenue pour mettre un terme à des pratiques flirtant avec la fraude.

Principe de proportionnalité : Salaire et primes forfaitaires

Conformément au code du travail et à la directive 97/81/CE du conseil du 15 décembre 1997 concernant l'accord-cadre sur le travail à temps partiel, « lorsque c'est approprié, le principe du *prorata temporis* s'applique » (Clause 4, § 2). Le principe de non-discrimination, qui s'analyse ici plutôt comme une application de l'égalité de traitement entre travailleurs à temps partiel et travailleurs à temps complet, passe par la règle de proportionnalité. Cependant, ce principe se révèle parfois complexe dans son application, face à des conventions collectives dont la rédaction nécessite une interprétation propre. La question centrale ici relève de la qualification de la somme considérée. S'agissant d'avantages rémunératoires, doivent-ils profiter aux salariés de manière forfaitaire ou bien doivent-ils donner lieu à une règle de proportionnalité ?

Proportionnalité d'un avantage salarial

Cour de cassation, chambre sociale, arrêt du 7 septembre 2017, n° 16-19528 Publié au Bulletin

Vu les articles L. 3123-10 du code du travail, dans sa rédaction alors applicable, 12 de la convention collective nationale des avocats et de leur personnel du 20 février 1979 et l'avenant n° 65 du 26 janvier 2001 relatif au complément de salaire versé par l'ENADEP ;

Attendu, d'abord, aux termes du premier de ces textes, que compte tenu de la durée de son travail et de son ancienneté dans l'entreprise, la rémunération du salarié à temps partiel est proportionnelle à celle du salarié qui, à qualification égale, occupe à temps complet un emploi équivalent dans l'établissement ou l'entreprise ;

Attendu, ensuite, que, selon le dernier de ces textes, il est accordé à tout salarié ayant satisfait à l'épreuve de contrôle des connaissances de fin de 1er cycle, un premier complément de salaire mensuel équivalent à 6 fois la valeur du point conventionnel, à tout salarié ayant satisfait à l'épreuve de contrôle des connaissances de fin de 2e cycle, un second complément de salaire mensuel équivalent à 10 fois la valeur du point conventionnel et à tout salarié ayant satisfait à l'épreuve de contrôle des connaissances de fin de 3e cycle, un troisième complément de salaire équivalent à 14 fois la valeur du point conventionnel ; que les points ENADEP ne modifient pas le coefficient de classification attribué au salarié, le complément de salaire s'ajoutant au salaire de base .

FAITS

La convention collective des cabinets d'avocats prévoit une bonification de l'indice de rémunération en fonction du niveau de diplôme des personnels des cabinets. Après son licenciement, une secrétaire qui avait exercé à temps partiel, réclamait, entre autres, le versement de sommes correspondant à la différence entre la rémunération qu'elle avait effectivement perçue et celle qu'elle considérait lui être due au titre de la bonification. Elle plaidait que cet avantage devait être identique entre salariés à temps partiel et salarié à temps plein.

QUESTION JURIDIQUE

Un avantage rémunératoire, accordé pour un motif indépendant de l'exécution de la prestation de travail doit-il être versé à tous les travailleurs, quelle que soit la durée de leur temps de travail, au titre de l'égalité de traitement entre les salariés, ou bien peut-il se voir appliquer une règle de proportionnalité en fonction du temps de travail effectué ?

PROCÉDURE

La cour d'appel a donné raison à la salariée et a condamné l'employeur à verser un complément de salaire au titre de l'avantage lié aux diplômes. La cour considère que cet avantage a la nature d'un élément du salaire de base auquel il doit s'ajouter et que cet élément est le même pour tous les salariés dès lors que la condition liée uniquement aux diplômes est constatée.

Mais ce raisonnement donne lieu à cassation.

RAISONNEMENT JURIDIQUE

La cassation est prononcée sur le fondement de l'article L. 3123-10 (remplacé par L. 3123-9) du code du travail et de la convention collective nationale des avocats.

La chambre sociale, considère que *les dispositions conventionnelles ne comportant pas de mention contraire au principe de proportionnalité posé par l'article L. 3123-10 du code du travail*, celui-ci aurait dû être appliqué. Autrement dit, dans le silence de la convention qui instaure un avantage rémunératoire lié au salaire, le principe de proportionnalité doit s'appliquer.

La Cour de cassation confirme ici une interprétation constante qui considère qu'il faut faire une application générale du principe de proportionnalité, et qu'il ne peut y avoir d'exceptions que si elles sont expressément prévues par une convention collective.

Caractère forfaitaire de l'avantage

Cour de cassation, chambre sociale, arrêt du 17 juin 2009, n° 08-41077, Bull. V n° 155

Cour de cassation, chambre sociale, arrêt du 15 septembre 2010 n° 08-45050, publié au Bulletin

Cour de cassation, chambre sociale, arrêt du 11 avril 2018 n° 15-23757 15-23758 15-23759 15-23760

Vu les articles L. 212-4-5, alinéa 1, devenu L. 3123-11, L. 135-2, devenu L. 2254-1, du code du travail et les articles 15 et 16 de l'accord collectif national du 19 décembre 1985 sur la classification des emplois et des établissements ;

Attendu, selon le premier de ces textes, que le salarié à temps partiel bénéficie des droits reconnus au salarié à temps complet par la loi, les conventions et les accords collectifs d'entreprise ou d'établissement sous réserve, en ce qui concerne les droits conventionnels, de modalités spécifiques prévues par une convention ou un accord collectif de travail ; que selon le deuxième, lorsqu'un employeur est lié par les clauses d'une convention collective ou d'un accord, ces clauses s'appliquent aux contrats de travail conclus avec lui, sauf dispositions plus favorables ; que selon les deux derniers, sont attribuées dans le réseau des caisses d'épargne une prime de durée d'expérience aux salariés ayant au moins trois ans d'expérience et une prime familiale aux salariés chefs de famille ;

Attendu que pour rejeter la demande des salariées en paiement intégral des primes litigieuses, l'arrêt retient notamment que l'absence de dispositions spécifiques dans ledit accord applicables aux salariés travaillant à temps partiel ne permet pas d'exclure la règle de la proportionnalité prévue par l'article L. 212-4-5 du code du travail et que dans ces conditions l'accord d'entreprise relatif à la mise en place du temps partiel signé le 19 mai 1992 mentionne valablement que tous les éléments de rémunération sont proportionnels au temps de travail inscrit au contrat ;

Qu'en statuant ainsi, alors qu'il résultait des dispositions des articles 15 et 16 de l'Accord collectif national susvisé que la prime d'expérience et ***la prime familiale avaient un caractère forfaitaire pour tous les salariés****, la cour d'appel a violé les textes susvisés ;*

FAITS

Ces trois arrêts portent sur des faits identiques. La convention collective des Caisses d'épargne (banques) prévoit une prime de vacances et une prime de « complément familial » versée en fonction du nombre d'enfants des agents. Les clauses qui prévoient l'octroi de ces primes ne sont pas claires sur les modalités de versement de ces primes aux salariés à temps partiel.

QUESTION JURIDIQUE

Doit-on faire application du principe de proportionnalité pour le versement de primes qui sont sans lien avec l'exécution de la prestation de travail, mais sont octroyées à raison de la situation de famille du salarié ?

PROCÉDURE

Les arrêts de 2009 et 2018 sont des arrêts de cassation. Dans les deux cas, les juges de la cour d'appel avaient considéré que les primes devaient donner lieu à application d'une règle de proportionnalité. Ce principe est d'application générale et en l'absence de précision dans la convention collective, rien ne s'opposait à l'application de cette règle. Les salariés à temps partiel devaient avoir droit à une proportion de ces primes en fonction de leur temps de travail effectif. En revanche, le pourvoi qui donne lieu l'arrêt de 2010, suivant sans doute la décision rendue par la Cour de cassation en 2009, a considéré que ces primes ont un caractère forfaitaire et qu'elles doivent être accordées en totalité aux salariés qui remplissent les conditions d'octroi, indépendamment de la durée de leur temps de travail.

RAISONNEMENT JURIDIQUE

La Cour de cassation considère qu'il ressort des termes de la convention collective que ces primes ont un caractère forfaitaire. À ce titre, elles doivent bénéficier également à tous les salariés qui remplissent les conditions d'ancienneté ou de nombre d'enfants. Le raisonnement suivi par la Cour de cassation s'intéresse plus à la cause de la prime qu'à une interprétation textuelle d'une convention collective assez laconique sur le caractère forfaitaire ou proportionnel de son versement.

Mise en perspective

Les cassations à répétition sur la question du versement d'avantages rémunératoires aux salariés à temps partiel peuvent surprendre. Les cours d'appel font-elles de la résistance, ou bien le sujet est-il plus complexe qu'il n'y paraît ? Nous pencherons pour la deuxième hypothèse. On en veut pour preuve une autre décision de la Cour de cassation du 2 juillet 2014 (n° 13-14972P) qui concernait la convention collective du Crédit agricole (autre banque, très comparable à la situation des Caisses d'épargne), dans laquelle elle juge qu'« après avoir retenu que le supplément familial conventionnel constituait un élément de salaire soumis au principe de proportionnalité en vertu de l'article L.3123-10 du code du travail, rappelé par l'article 13 de l'accord d'entreprise sur le travail à temps partiel, et que l'article 31 de la convention collective ne comportait pas de mention contraire à ce principe, la cour d'appel en a déduit à bon droit qu'il y avait lieu à proratisation d'un tel avantage pour les salariés travaillant à temps partiel ; que le moyen n'est pas fondé ».

La subtilité semble résider dans le couplage avec le salaire ou pas. Si l'avantage rémunératoire est indexé sur le salaire (cas du supplément familial du Crédit agricole), il doit être proratisé pour les salariés à temps partiel. Mais si l'avantage a un caractère forfaitaire, exprès ou de fait (la même somme pour tous quel que soit le niveau de salaire), il n'y a pas lieu à proratisation.

Il faut donc appliquer un principe d'égalité si la somme octroyée est forfaitaire, seulement soumise à des conditions objectives d'octroi, alors que l'on fera application de la règle de proportionnalité dans l'octroi de l'avantage en fonction du temps effectif de travail si celui-ci est un élément du salaire qui varie selon les mêmes critères (indexation de l'avantage sur le salaire).

Les outils d'analyse de la comparaison : L'égalité entre salariés à temps partiel et salariés à temps plein (Allemagne)

Mathias Maul-Sartori

L'essentiel

En Allemagne, mises à part les dispositions légales dispersées et détaillées qui concernent le droit à une réduction du temps de travail, la législation visant le travail à temps partiel est plutôt concise. Le principe de non-discrimination y est central.

Ce principe interdit les traitements inégaux qui ne sont pas justifiés.

Pour voir s'il y a traitement inégal, il faut procéder à une comparaison pour chacun des éléments de la rémunération. Ainsi, on constate un traitement inégal si les salariés à temps partiel ne peuvent toucher les majorations de salaire pour heures supplémentaires qu'à condition de travailler plus que la durée normale de travail. Dans un tel cas, la durée supplémentaire dont dépend le droit à la majoration de salaire est proportionnellement plus élevée pour les salariés à temps partiel que pour les salariés à temps complet. Avant d'avoir droit aux majorations, ils doivent travailler toutes les heures représentant la différence entre le temps de travail convenu et la durée normale de travail à temps complet.

La justification d'un traitement inégal dépend de l'objectif de la prestation. Un traitement inégal des salariés à temps partiel n'est justifié que si sa cause se laisse déduire de la relation entre l'objectif de la prestation et la durée de travail convenue. Si les majorations récompensent le fait que le salarié doit exceptionnellement travailler plus que convenu et – de ce fait – ne peut profiter de son temps libre comme prévu, les salariés à temps partiel doivent profiter de la majoration salariale. Dans un tel cas, la contrainte supplémentaire est la même que les salariés soient à temps complet ou à temps partiel. Ces derniers doivent donc profiter des majorations dès qu'ils travaillent plus que la durée de travail convenue.

La proportionnalité de la rémunération au volume de travail accompli est le corollaire de la non-discrimination. Les deux s'analysent comme application de l'égalité de traitement. La proratisation permet d'éviter un traitement inégal des salariés à temps complet. Ce principe de proratisation est à appliquer même si la prime faisant partie de la rémunération est accordée pour satisfaire un besoin qui pour le salarié à temps partiel est égal au besoin du salarié à temps complet.

Contexte

En droit allemand, le principe de non-discrimination en faveur des salariés à temps partiel a été reconnu par une loi de 1985. Le paragraphe 2 de la « Loi pour promouvoir l'emploi » interdisait à l'employeur de traiter les salariés à temps partiel de manière inégale, à moins que ce traitement soit justifié par de raisons objectives. Le législateur a voulu promouvoir le travail à temps partiel en garantissant aux salariés à temps partiel la même protection qu'aux salariés à temps complet (cf. BT-Drs. 10/2102, p. 16).

Aujourd'hui, ledit principe figure au paragraphe 4 alinéa 1 de la « Loi sur le travail à temps partiel et les contrats à durée déterminée » (*Teilzeit – und Befristungsgesetz – TzBfG*). Le texte énonce qu'« un travailleur à temps partiel ne doit pas être traité du fait du travail à temps partiel d'une manière moins favorable qu'un travailleur à temps plein comparable, à moins qu'il n'existe des raisons objectives justifiant un traitement différent. Le travailleur à temps partiel doit obtenir une rémunération ou une autre prestation à titre onéreux divisible dont l'étendue doit au moins correspondre à la quote-part de sa durée du travail par rapport à celle d'un travailleur à temps plein comparable » (traduction par la CJUE, arrêt du 13 juillet 2017, C-354/16 *Kleinsteuber*, point 9).

La réforme a été motivée par le souci de transposer le droit de l'Union. Pour celui-ci, l'interdiction de discrimination en raison du travail à temps partiel accompagné par le principe du *prorata temporis* forme la disposition centrale de la directive travail à temps partiel (directive 97/81/CE concernant l'accord-cadre sur le travail à temps partiel conclu par l'UNICE, le CEEP et la CES, clause 4 de l'annexe). C'est précisément cette proratisation, que le législateur allemand de l'époque a voulu expressément reconnaitre pour s'adapter au droit de l'Union (BT-Drs. 14/4374, p. 11s).

Pour illustrer l'application du principe de non-discrimination en faveur des salariés à temps partiel et de la proratisation, nous avons choisi deux arrêts de la Cour fédérale du travail, qui traitent de situations proches des situations traitées par les arrêts présentés de la Cour de cassation française.

Heures complémentaires et majorations

En droit allemand, il n'existe pas de législation réglant les majorations dues pour les heures complémentaires ou supplémentaires. Toutefois, la question des heures supplémentaires est souvent abordée par la négociation collective. On trouve une multitude de conventions collectives imposant des majorations. Parfois ces clauses sont équivoques et il n'est pas facile de savoir si elles s'étendent aussi aux heures complémentaires accomplies par le salarié à temps partiel au-delà de la durée de travail convenue dans son contrat.

Cour fédérale du travail, arrêt du 23 mars 2017 – 6 AZR 161/16

[Paragraphe 44] Selon l'article 4, paragraphe 1, première phrase, de la moi sur le travail à temps partiel et à durée déterminée (Teilzeit – und Befristungsgesetz – TzBfG), un salarié à temps partiel ne peut être traité moins favorablement qu'un salarié comparable à temps plein en raison d'un travail à temps partiel, sauf si des raisons objectives justifient un traitement différent. Un salarié à temps partiel se voit accorder une rémunération ou un autre avantage pécuniaire divisible conformément à l'article 4, paragraphe 1, deuxième phrase, de la TzBfG, au moins dans la mesure qui correspond à la proportion de son temps de travail par rapport au temps de travail d'un salarié à temps plein comparable. § L'article 4, paragraphe 1, deuxième phrase, de la TzBfG précise l'interdiction générale de discrimination dans le domaine de la rémunération ou de tout autre paiement en nature divisible. Les règlements des conventions collectives doivent également être compatibles avec l'article 4 de la TzBfG.

[Paragraphe 52] (...) Selon les dispositions de la TVöD-K (convention collective du secteur public – catégorie hôpitaux), les heures supplémentaires sont les heures travaillées sur ordre de l'employeur qui dépassent le temps de travail des employés à plein temps (§ 6,1 phrase 1 du TVöD-K) pour la semaine selon le plan de service ou les heures de travail habituelles et qui ne sont pas compensées à la fin de la semaine civile suivante. Selon une opinion répandue, les salariés à temps partiel sont donc légalement exclus des primes s'ils dépassent simplement leur quota de temps partiel. À ce titre, il faut prendre en considération la jurisprudence de la Cour de justice de l'Union européenne (voir CJCE 15 décembre 1994 – C-399/92, C-409/92, C-425/92, C-34/93, C-50/93 et C-78/93 – [Helmig et autres] Recueil 1994, p. I –5727) et celle de la Cour fédérale du travail (BAG 25 juillet 1996 - 6 AZR 138/94) concernant la compatibilité d'une telle exclusion avec, d'une part, les dispositions relatives à l'égalité de rémunération de l'article 119 du traité CEE de l'époque et l'article 1 de la directive 75/117/CEE (JO CE L 45 du 19 février 1975 p. 19) et, d'autre part, avec l'article 3 de la Loi fondamentale. Dans ces décisions, il a été tenu compte du fait que les employés à temps partiel recevaient la même rémunération totale pour le même nombre d'heures travaillées que les employés à temps plein, sur la base de dispositions dont le contenu était comparable à celui de l'article 7.6 du TVöD-K. Si un salarié à temps partiel ayant un temps de travail contractuel de 18 heures effectue une 19e heure, il reçoit pour cela la même rémunération qu'un salarié à temps plein. S'il effectue des heures supplémentaires telles que définies dans la convention

collective, il est rémunéré comme un employé à temps plein. Dans la mesure où le BAG devait déjà examiner la compatibilité avec le § 4, alinéa 1, TzBfG dans une décision de 2004, il s'est uniquement référé à la jurisprudence relative aux dispositions en matière d'égalité de rémunération

[Paragraphe 53] Une appréciation supplémentaire doit être effectuée au titre de l'article 4, paragraphe 1, de la TzBfG (loi sur le travail à temps partiel et à durée déterminée) et de l'article 4, numéros 1 et 2 de l'accord-cadre sur le travail à temps. Dans l'intervalle, la CJCE s'est écartée de son examen antérieur des règles d'égalité de rémunération. Retenir que les employés à temps partiel et à temps plein ne reçoivent pas de primes en cas d'heures supplémentaires dès lors que les heures de travail d'un employé à temps plein n'ont pas été dépassées est trop restrictif. Les limites de charge pour les employés à temps plein et à temps partiel semblent être fixées de manière identique. Or, cette égalité de traitement formelle par rapport à la rémunération totale entraîne une inégalité de traitement. Elle ne tient pas compte du fait qu'une exception pour les employés à temps partiel en cas de dépassement de leur quota de travail à temps partiel et d'insuffisance du temps de travail normal des employés à temps plein, conformément à l'article 7, paragraphe 6, du TVöD-K pour la composante de rémunération « supplément pour heures supplémentaires » aurait des effets directs et défavorables sur la relation entre les performances et la rémunération des employés à temps partiel. L'élément de rémunération de la prime d'heures supplémentaires doit être considéré isolément (cf. CJCE 27 mai 2004 – C-285/02 – [Elsner-Lakeberg] n° marginal 15, Rec. 2004, I-5861). Si les articles 7.7 et 7.8 du TVöD-K étaient interprétés de manière restrictive, un employé à temps plein recevrait une prime d'heures supplémentaires dès la première heure qui dépasse la durée hebdomadaire normale de travail. Un employé à temps partiel, en revanche, devrait d'abord travailler la totalité de la différence par rapport aux heures de travail à temps plein en plus de son quota à temps partiel afin de recevoir une prime d'heures supplémentaires pour l'heure suivante. Cela s'accompagnerait d'une charge plus élevée pour les employés à temps partiel par rapport aux employés à temps plein en raison de leur quota d'heures à effectuer à temps partiel (voir CJCE 27 mai 2004 – C-285/02 – [Elsner-Lakeberg]) Il s'agirait d'une discrimination directe à l'encontre des salariés à temps partiel.

FAITS

Le salarié à temps partiel est infirmier à l'hôpital. Il y travaille en équipes tournantes. À la relation de travail s'applique la convention collective pour la fonction publique. En principe, cette convention collective réserve les majorations pour heures supplémentaires aux heures accomplies au-delà de la durée normale de travail par semaine fixée par la convention à 39 heures. Toutefois, il y a une disposition particulière s'appliquant au travail posté et au travail en équipes tournantes, dont le libellé est ambigu. À plusieurs reprises le salarié a accompli des heures de travail dépassant la durée de travail convenue dans son contrat. Par la suite, ces heures de travail sont compensées par du temps libre. Le salarié réclamait leur majoration et a engagé une action.

QUESTION JURIDIQUE

Est-ce que des majorations pour heures supplémentaires ne s'appliquent qu'aux heures de travail dépassant la durée normale de travail ou est-ce qu'elles sont également dues pour les heures de travail complémentaires accomplies par un salarié à temps partiel au-delà de sa durée normale de travail convenue dans le contrat de travail ?

PROCÉDURE

Le tribunal du travail a fait droit à la demande. Statuant sur l'appel, la Cour régionale a rejeté la demande à l'exception des majorations réclamées s'appliquant aux heures dépassant la durée normale de travail par semaine. Statuant sur le pourvoi en révision, la Cour fédérale rétablit la décision du tribunal du travail. Les majorations réclamées sont dues pour toutes les heures complémentaires accomplies au-delà de la durée contractuellement convenue.

RAISONNEMENT JURIDIQUE

La convention collective applicable envisage différentes hypothèses. De manière générale, les heures de travail supplémentaires sont majorées quand la durée normale de travail par semaine est dépassée sans qu'une compensation en repos soit intervenue avant la fin de la semaine suivante. Dans certains cas, les heures supplémentaires concernent des horaires de travail spéciaux y compris le travail posté et le travail en équipes tournantes. Sur ce point, la convention collective est – selon les mots de la Cour fédérale du travail – « peu compréhensible ». Il y a une référence aux 39 heures de travail, dont on ne sait pas, si elle fait référence seulement aux heures de travail prévues par le planning, ou si elle concerne aussi les heures imposées en dehors du planning.

La Cour fédérale du travail procède à une interprétation allant dans le premier sens et, de ce fait, elle intègre les heures complémentaires dans les heures qui sont à majorer. Au-delà des arguments se référant à la convention collective, la Cour se fonde sur le principe de non-discrimination en faveur des salariés à temps partiel reconnu par le § 4 alinéa 1 de la loi sur le travail à temps partiel et les contrats à durée déterminée. Elle est d'avis, qu'une interprétation de la clause conventionnelle qui exclurait les heures de travail accomplies au-delà de la durée de travail convenue des majorations de salaire, serait contraire à cette loi.

Une discrimination suppose un traitement inégal et l'absence d'une justification.

En ce qui concerne le traitement inégal, la Cour rappelle un débat ancien. Est-ce que les majorations réservées aux heures supplémentaires opèrent un traitement inégal, bien que, pour des heures de travail identiques, salariés à temps complet et salariés à temps partiel reçoivent le même montant de salaire, à savoir, pour les heures au-dessous de la durée normale de travail, le salaire horaire et, pour les heures dépassant ce seuil, le salaire horaire et la majoration en plus ? À ce sujet, la Cour fédérale se réfère à la jurisprudence *Helmig* de la CJUE (15 décembre 1994 – C-399/92). Cette jurisprudence nie un traitement inégal des salariés à temps partiel pour des majorations réservées au dépassement de la durée normale de travail.

Toutefois, la Cour fédérale estime que cette jurisprudence ainsi que sa propre jurisprudence allant dans le même sens ne sont plus pertinentes. Ces décisions ont été rendues en application de l'interdiction des discriminations indirectes en raison du sexe. L'interdiction de discriminer les salariés à temps partiel exige un autre raisonnement. Le principe de non-discrimination doit être appliqué à chacun des éléments de la rémunération. La rémunération au titre des heures supplémentaires est à comparer séparément de la rémunération au titre de l'horaire normal. Cette comparaison par éléments a été préconisée par une décision ultérieure de la CJUE, où celle-ci a conclu, qu'il y a traitement inégal des enseignants à temps partiel, si le nombre d'heures de cours supplémentaires qui donne droit à une rémunération supplémentaire n'est pas réduit de manière proportionnelle à leur temps de travail (27 mai 2004 – C-285/02 *Elsner-Lakeberg*, points 15, 17).

La Cour fédérale applique cette jurisprudence au cas en question. Pour examiner s'il y a eu un traitement inégal, la comparaison globale de la rémunération ne suffit pas. L'égalité doit être vérifiée pour chacun des éléments de la rémunération. La possibilité de gagner des majorations de salaire en travaillant plus que la durée normale de travail (temps plein), si elle s'applique à tous les salariés, à temps complet ou à temps partiel, n'est un traitement égal que d'un point de vue formel. Le nombre d'heures à travailler pour avoir droit aux majorations représente un effort plus important pour les salariés à temps partiel que pour les salariés à temps plein. Le salarié à temps complet ne doit travailler qu'une heure de plus que son temps de travail ordinaire pour y avoir droit. Par contre, le salarié à temps partiel doit effectuer l'ensemble des heures représentant la différence entre le temps de travail convenu et la durée normale de travail, avant de pouvoir toucher les majorations de salaire.

Ce traitement inégal n'est pas justifié. Le contrôle de la justification doit partir de l'objectif de la prestation, c'est-à-dire de la cause du supplément de rémunération. Cet objectif est à chercher dans la convention collective. Un traitement inégal des salariés à temps partiel n'est justifié que si sa cause se laisse déduire de la relation entre l'objectif de la prestation et le volume du travail convenu.

Les majorations en question récompensent le fait que, de manière imprévue, le salarié doit travailler plus que convenu et – de ce fait – ne peut plus réaliser ses projets personnels relatifs au repos. Cette restriction s'applique indifféremment aux salariés à temps complet et aux salariés à temps partiel. Sous cet aspect, les majorations sont comparables aux primes de travail posté, qui sont également destinées à compenser les effets de l'horaire de travail sur le rythme de vie et dont les salariés à temps partiel ne peuvent pas non plus être exclus.

Principe de proportionnalité : primes

Pour les primes payées en supplément du salaire comme les primes de performance, les primes de présence ou encore les primes de panier, c'est également la négociation collective qui – dans la plupart des cas – en est à l'origine. Toutefois, elles peuvent aussi avoir leur fondement juridique dans le contrat individuel, dans les usages ou encore dans d'autres instruments. Mais comment les appliquer aux salariés à temps partiel, si la réglementation en question ne tient pas compte d'eux ou même les exclut de la prime ?

Cour fédérale du travail, arrêt du 26 septembre 2001 – 10 AZR 714/00 (faits simplifiés)

[Paragraphe 30] Le tribunal régional du travail a également supposé, à juste titre, que le plaignant était désavantagé « en raison du travail à temps partiel ». Il y a toujours une inégalité de traitement « en raison du travail à temps partiel » si la durée du temps de travail est le critère sur lequel repose la différenciation en fonction des différentes conditions de travail (...) La réglementation sur l'horaire flexible permet aux salariés à temps plein et aux salariés à temps partiel, pour lesquels le temps de travail « complet » est convenu certains jours, de travailler le même nombre d'heures le même jour de travail dans la même situation horaire, tout comme peut le faire le plaignant qui a les trois quarts d'un emploi à temps plein. Toutefois, contrairement aux deux premiers groupes, le demandeur n'a pas droit à une indemnité de repas. Par rapport aux salariés à temps plein, la durée du temps de travail est donc le point de départ de la différenciation (...)

[Paragraphe 34] Une différence de traitement des salariés à temps partiel ne peut être justifiée que si la raison de cette différence peut être déduite du rapport entre la finalité de la prestation en cause et le volume de travail convenu.

FAITS

La salariée travaille au tribunal du travail comme employée administrative. Elle est salariée à temps partiel (3/4 de la durée normale de travail). Le « Bundesland », qui est son employeur, accorde à la plupart de ses salariés une subvention de 160 DM par année pour pouvoir manger à la cantine à midi. Pourtant, cette subvention est réservée aux salariés à temps complet. La salariée réclame le versement de la subvention pour les deux dernières années.

QUESTION JURIDIQUE

Est-ce que les salariés à temps partiel peuvent être exclus des primes de panier ? Est-ce que de telles primes sont à diminuer proportionnellement au volume de travail ?

PROCÉDURE

Tribunal de travail et Cour d'appel donnent droit à la demande. Statuant sur le pourvoi en révision formé par l'employeur, la Cour fédérale corrige la décision en diminuant la somme accordée de 320 à 240 DM.

RAISONNEMENT JURIDIQUE

La salariée a droit à la subvention en question. L'exclusion des salariés à temps partiel est contraire au principe de non-discrimination en faveur des salariés à temps partiel reconnu par la loi.

La réglementation interne de l'employeur qui est à l'origine de l'exclusion opère un traitement inégal des salariés à temps partiel. Ce traitement inégal n'est pas justifié.

Le raisonnement de la Cour part de la formule déjà présentée : un traitement inégal des salariés à temps partiel est seulement justifié, si sa cause se laisse déduire de la relation entre l'objectif de la prestation et le volume de travail convenu.

L'objectif de la subvention est d'accorder une aide financière « pour pouvoir participer au repas de midi. » Il s'agit d'un forfait. Pour pouvoir y prétendre, le salarié ne doit démontrer ni qu'il a effectivement participé aux repas ni qu'aux jours en question il a travaillé un certain nombre d'heures. La subvention est plutôt accordée sur la base d'une participation présumée aux repas de midi. Il en résulte, qu'au cas où la durée quotidienne de travail laisse présumer une activité entourant la pause de midi et ainsi un repas à la cantine, les salariés à temps partiel doivent être inclus. La durée de travail quotidienne de la demanderesse d'environ 6 heures laisse présumer un repas à la cantine. Alors elle ne peut pas être exclue de la subvention.

Toutefois, la salariée ne peut réclamer que la partie de la subvention correspondant à son temps de travail. C'est un principe général, que pour les salariés à temps partiel le montant du salaire correspond au volume de travail. Ce principe s'applique également aux éléments de rémunération qui ont un objectif spécial ou qui sont payés pour une raison particulière. Même si le besoin du salarié à temps partiel est égal au besoin d'un salarié à temps complet, des éléments rémunératoires comme la retraite supplémentaire d'entreprise ou l'aide financière en cas de maladie de longue durée ne sont accordés que *prorata temporis*.

Mise en perspective

Les deux arrêts mettent en évidence les problèmes que les tribunaux du travail en Allemagne rencontrent en appliquant le principe de non-discrimination en faveur des salariés à temps partiel.

Le raisonnement du premier arrêt met l'accent sur la constatation d'un traitement inégal. Sa portée n'est pas encore tout à fait claire (v., Rambach, *ZTR* 2017, 635, 640). Il y a une multitude d'arrêts de la Cour fédérale du travail qui suivent la jurisprudence *Helmig* et ne voient pas de traitement inégal si des majorations sont réservées au dépassement de la durée normale de travail. Peu après que l'arrêt présenté a été rendu, une autre chambre (*Sénat*) de la Cour fédérale du travail a poursuivi la jurisprudence antérieure, sans mentionner l'arrêt présenté (26 avril 2017 - 10 AZR 589/15). Depuis, cette chambre s'est ralliée à la nouvelle jurisprudence relative à la comparaison par élément de rémunération. Elle a jugé qu'une clause contenue dans une autre convention collective réservant les majorations aux heures dépassant la durée normale de travail est contraire à l'interdiction de discrimination en raison d'un travail à temps partiel (19 décembre 2018 - 10 AZR 231/18).

De la nouvelle approche ne résulterait pas toujours l'obligation de majorer les heures complémentaires. Dans son raisonnement, la Cour fédérale du travail reconnait qu'il peut y avoir des objectifs justifiant la réservation des majorations au dépassement de la durée normale de travail. Il y est cité une jurisprudence selon laquelle le traitement inégal des salariés à temps partiel est justifié, si la majoration veut compenser les effets pénibles d'un travail au-delà de la durée normale de travail et en même temps restreindre le recours par l'employeur à des heures supplémentaires.

Mais la nouvelle approche a pour effet, que les majorations réservées au dépassement de la durée normale ne sont plus à l'abri d'un contrôle par les juges. Puisqu'elles opèrent un traitement inégal, c'est l'objectif de la majoration qui détermine leur conformité au principe de non-discrimination des salariés à temps partiel. Le contrôle judiciaire s'opère au cas par cas pour contrôler que l'objectif poursuivi justifie l'exclusion des salariés à temps partiel. En l'absence d'une telle justification, il faut conclure à la nullité de l'exclusion des salariés à temps partiel et – en conséquence – à un droit à la majoration. À moyen terme, il y aura des conséquences sur la négociation collective. Ce sera aux partenaires sociaux de réagir et de clarifier les objectifs des majorations réglées par la norme collective et d'adapter leur champ d'application.

Pourtant, il n'est pas encore certain que la marge de manœuvre laissée aux partenaires sociaux soit durable. Vu la critique suscitée par le revirement de jurisprudence opéré, la Cour fédérale du travail vient d'impliquer la CJUE. Au titre de la directive travail à temps partiel, elle l'a saisi de deux questions préliminaires traitant à la fois de l'existence d'un traitement inégal et de la possibilité de le justifier par le souci de vouloir compenser les effets pénibles d'un travail au-delà de la durée normale de travail (BAG 11 novembre 2020 - 10 AZR 185/20). Ainsi, c'est à la CJUE de déterminer si les partenaires sociaux peuvent réserver les majorations des heures de travail dépassant la durée normale de travail ou s'ils doivent étendre cet avantage aux salariés à temps partiel travaillant au-delà de la durée de travail contractuellement stipulée.

Le deuxième arrêt démontre à quel point le principe de la proratisation est solidement ancré dans la jurisprudence. Les circonstances de l'affaire auraient suggéré de ne pas l'appliquer. La réglementation interne n'envisageait pas de règles de réduction relatives au volume du travail. La nullité de l'exclusion des salariés à temps partiel entraîne l'application pure et simple et aurait conduit au paiement de la prime en totalité. Il peut être fait le même constat que pour l'objectif de la prime. La similitude du besoin des salariés à temps partiel aurait été compatible avec un renoncement à la proratisation.

Malgré tout, la Cour opte pour une réduction. En suivant une jurisprudence de la Cour constitutionnelle (cf. *Bundesverfassungsgericht,* 27 novembre 1997 - 1 BvL 12/91), elle élève la proportionnalité du salaire au rang des principes généraux. Constitue un principe général la règle imposant que, pour les salariés à temps partiel, le montant du salaire corresponde au volume de travail. Le volume de travail plus faible peut avoir pour conséquence une différence quantitative sur la rémunération, mais non pas une différence qualitative. Le non-respect de cette exigence peut constituer une violation du principe de traitement égal, consacré par l'article 3 de la loi fondamentale.

La proratisation est le corollaire de cet encadrement. Elle est une manifestation du principe de proportionnalité nécessaire pour se conformer au principe d'égalité. Son omission aurait pour conséquence que le salarié à temps partiel serait favorisé. Un tel traitement inégal devrait également être justifié à l'égard du principe de traitement égal rendu obligatoire tant par l'article 3 de la loi fondamentale que par les articles 20 et 51 alinéa 1 de la Charte des droits fondamentaux de l'Union européenne. Ainsi, l'interdiction de discriminer les salariés à temps partiel ne se traduit pas par une autorisation générale d'accorder tous les avantages. La justification d'un traitement préférentiel peut résulter des considérations comme le souhait d'arriver à une simplification administrative. Pourtant, la justification devrait être établie au regard de la réglementation en question et de son objectif spécifique.

*

* *

La comparaison entre nos deux ordres juridiques met en relief les particularités de l'application judiciaire du principe de non-discrimination des salariés à temps partiel.

L'impression qui se dégage est que les deux juridictions nationales essaient de prendre en compte la situation concrète des salariés à temps partiel. À cet égard, une égalité purement formelle peut s'avérer insuffisante. C'est ce que démontre la jurisprudence relative aux majorations des heures complémentaires. Le problème n'est pas seulement qu'un volume de travail dépassant la durée normale de travail peut présenter des inconvénients majeurs. Pour les salariés à temps partiel, le volume de travail (ainsi que sa répartition) revêt une importance particulière, puisqu'assez souvent, ils doivent concilier les obligations de travail avec des contraintes familiales ou résultant d'une autre relation de travail. C'est ce que les tribunaux prennent en compte en limitant les possibilités d'exclure des salariés à temps partiel des mesures qui rendent le recours à des heures de travail complémentaires ou supplémentaires plus cher. Même si, en raison d'un cadre législatif différent, les questions se présentent sous un autre angle. En France, il s'agit de préserver la protection accordée par le législateur aux salariés à temps partiel contre des pratiques quasiment frauduleuses. En Allemagne, c'est l'intégration des salariés à temps partiel dans la protection négociée par les partenaires sociaux qui est à atteindre. Pourtant, l'effet des décisions présentées est comparable. Le volume de travail fixé par le contrat de travail à temps partiel est stabilisé. Si l'employeur souhaite une flexibilité, celle-ci doit profiter à la fois aux salariés à temps complet et aux salariés à temps partiel.

Pour permettre la conformité du régime des salariés à temps partiel à la réglementation relative à la fixation du montant du salaire, c'est le principe de proportionnalité qui – pour les deux ordres juridiques, allemand et français – sert clairement comme règle d'interprétation. Le point de départ est que c'est la quantité de travail qui est rémunérée. Ce principe est étendu à des situations où l'objectif particulier d'une prestation pourrait justifier son octroi intégral aux salariés à temps partiel. Dans ce cas, les considérations ne sont pas identiques. La jurisprudence française semble davantage incliner vers le caractère forfaitaire d'une prestation permettant une exception. Cependant, la proportionnalité de l'avantage au volume de travail convenu est le principe que les deux juridictions appliquent quand il s'agit d'interpréter ou de contrôler des dispositions relatives à l'octroi de primes. L'octroi intégral est l'exception qui doit être justifiée.

SYNTHÈSE DE LA RECHERCHE

Benjamin Dabosville

La recherche a mis en évidence le rôle important de la négociation collective en matière de rémunération et les interrogations quant à son avenir, ses outils et ses objectifs.

Le premier thème a été celui du salaire minimum, le deuxième celui de l'articulation des sources de droit et le troisième celui de l'égalité.

Le salaire minimum

Résumé

L'existence d'un salaire minimum légal est récente en Allemagne, puisqu'il n'est obligatoire que depuis le 1er janvier 2015, alors qu'il existe depuis 1950 en France.

Des différences d'approches demeurent entre les deux pays. S'il est souvent utilisé comme instrument de politique économique par les pouvoirs étatiques en France, il se présente davantage outre-Rhin comme un filet de sécurité pour les salariés non couverts par une convention collective. Ces divergences de logiques sont à prendre en considération pour comprendre comment s'effectue la réévaluation du minimum légal ainsi que pour étudier la jurisprudence relative à la fixation de « l'assiette » du salaire minimum.

Contexte normatif

Le salaire minimum légal est ancien en France, puisqu'il date d'une loi du 11 février 1950[291]. En Allemagne, une loi du 11 janvier 1952 introduisit également la possibilité d'instaurer un salaire minimum par décret, mais ce texte obéissait à une logique très différente. En effet, la procédure prévue par cette loi n'avait vocation à être mise en œuvre qu'à défaut d'accords collectifs. L'intervention de l'État n'était conçue que comme une garantie de dernier recours et l'existence d'une réelle activité conventionnelle était au contraire privilégiée.

---

[291] Article 31x de la loi n° 50-205 du 11 février 1950 relative aux conventions collectives et aux procédures de règlement des conflits collectifs de travail (*JORF* du 12 févr. 1950).

Les débats relatifs à l'instauration en Allemagne d'un salaire minimum légal ne reprirent de la vigueur que dans les années deux mille, en raison tant de la multiplication des bas salaires que de l'incapacité de la négociation collective à y faire face. Ces débats trouvèrent leur issue dans la loi dite MiLoG du 11 août 2014 qui créa le salaire minimum légal (*Mindestlohn*)[292].

Il faut, de surcroit, relever qu'en France comme en Allemagne, l'État s'est donné les moyens de contrôler et de sanctionner les manquements au respect des dispositions légales. L'inspection du travail, en France[293], et le service des douanes, en Allemagne[294], sont compétents pour traquer les irrégularités. Quant à l'employeur, s'il ne verse pas au salarié une somme au moins égale au montant légal, il encourt des sanctions pénales[295].

Fixation du montant du salaire minimum légal et articulation avec la négociation collective

Si les chemins empruntés par la France et l'Allemagne commencèrent à diverger dans les années cinquante, le clivage entre les deux pays s'accentua lorsque, à compter de 1968, les pouvoirs publics français effectuèrent des relèvements significatifs du montant du SMIC[296]. Le rôle des négociations collectives de branche se limita alors à fixer la hiérarchie des salaires[297], avant que ce rôle ne s'étiole lui-même progressivement[298]. De nombreux minima hiérarchiques conventionnels passèrent ainsi sous le niveau du SMIC à mesure que celui-ci était réévalué[299]. Depuis les années quatre-vingt-dix, une attention accrue est certes portée à cette difficulté et l'un des objectifs de la politique de rémunération est d'obtenir, pour le plus grand nombre de branches possible, un premier coefficient de grille situé au moins

---

[292] *Mindestlohngesetz* (« loi portant réglementation d'un salaire minimum général »).

[293] Art. L. 8112-1 C. trav.

[294] MiLoG, § 14 et s.

[295] Art. R. 3233-1 C. trav. et MiLoG, § 21.

[296] J.-P. Faur et D. Demailly, « Le Smic », *in* P. Cahuc, G. Cette et A. Zylberberg, *Salaire minimum et bas revenus : comment concilier justice sociale et efficacité économique ?*, Paris, La documentation Française, 2008, p. 169.

[297] F. Ginsbourger et J.-Y. Potel, « Pratique de la négociation collective de branche de 1981 à 1985 », *Travail et Emploi*, n° 29, 1986, p. 45.

[298] E. Bughin, « L'évolution des rémunérations minimales garanties et du SMIC depuis le 1er janvier 1976 », *Travail et emploi*, n° 4, 1980, p. 69 ; « Négociations collectives et politiques du SMIC, un instrument d'appréciation », *Travail et Emploi* n° 14, 1982, p. 101 ; « Evolution comparée du SMIC et des rémunérations minimales garanties », *Travail et emploi*, n° 20, 1984, p. 41 ; N. Lanfranchi et C. Afsa, « Le rôle normatif de la négociation salariale de branche », *Travail et emploi*, n° 45, 1990, p. 51.

[299] J. Saglio, « La Régulation de branche dans le système français de relations professionnelles », *Travail et Emploi*, n° 47, 1991, p. 28.

au niveau du SMIC[300]. Cette démarche n'a cependant pas inversé les rôles respectifs de la convention collective et de la loi en matière de rémunération.

Au regard de cette expérience, l'une des préoccupations du législateur allemand, lors des débats introduisant le salaire minimum légal, fut de veiller à ce que l'intervention de l'État ne porte pas atteinte au dynamisme de la négociation collective. À cette fin, deux voies ont été suivies. D'une part, la loi introduisant le *Mindestlohn* fut accompagnée d'un ensemble de dispositifs visant à renforcer l'autonomie collective. D'autre part, une procédure particulière de réévaluation fut prévue. Fixé dans la loi du 11 août 2014 à 8,50 euros l'heure, le salaire minimum légal allemand est réévalué tous les deux ans sur proposition d'un organisme mixte, la « Commission sur le salaire minimum », composée essentiellement de membres nommés sur proposition des organisations syndicales et patronales[301]. En pratique, la proposition de la Commission paraît être essentiellement guidée par l'évolution de la négociation collective tarifaire constatée pour les années antérieures[302], comme le montrent les décisions de réévaluations adoptées en 2016[303] et en 2018[304]. La revalorisation du salaire minimum légal s'entend ici comme un mécanisme correcteur destiné à rehausser le salaire des travailleurs n'ayant pas bénéficié des bienfaits de la négociation collective. La décision de réévaluation de 2020 s'en est certes partiellement écartée, mais ce choix s'explique par la nécessité de tenir compte de façon ponctuelle

---

300 G. Cette (dir.), *Salaire minimum interprofessionnel de croissance*, rapport 2017 du groupe d'experts, La documentation française, 2017, p. 36. C. André et T. Breda, « Panorama des salaires conventionnels sur la période 2003-2009 », *Dares analyse*, n° 92, 2011 ; A. Naouas et Ph. Combault, « L'impact des relèvements salariaux de branche sur la dynamique des salaires de base, accentuée pendant la crise, reste modéré », *Dares analyse*, n° 33, 2015.

301 Plus précisément, la commission est composée d'un président et de six membres permanents, trois nommés sur proposition des organisations syndicales et trois nommés sur proposition des organisations patronales. Deux experts scientifiques sont également membres de cette commission, mais ils n'ont qu'un rôle consultatif.

302 *MiLoG* § 9.2.

303 La proposition de réévaluer le montant du salaire minimum légal a été adoptée par la Commission le 28 juin 2016. Reprise telle quelle par le gouvernement, elle est entrée en application le 1er janvier 2017. La Commission sur le salaire minimum, pour motiver sa décision, s'est fondée sur l'évolution des salaires conventionnels constatée par le bureau fédéral des statistiques (*Statistisches Bundesamt Destatis*) et enregistrée dans un indicateur spécifique, le *Tarifindex*. Constatant que, sur la période allant de décembre 2014 à juin 2016, les conventions collectives avaient prévu une hausse des salaires de base (hors prime) de 4 %, les autorités décidèrent d'augmenter le salaire minimum légal d'un pourcentage similaire de 4 % (*mindestlohn-kommission.de*).

304 La proposition de la Commission, adoptée le 26 juin 2018 fut de fixer le Mindestlohn à 9,19 € l'heure au 1er janvier 2019 et à 9,35 € le 1er janvier 2020 (*mindestlohn-kommission.de*).

des circonstances exceptionnelles que constituent l'épidémie de covid-19 et son incidence sur l'économie[305]. Elle ne trahit aucune remise en cause de la conception du salaire minimum légal, même si des débats politiques existent en ce sens[306].

La détermination de l'assiette du salaire minimum légal

Les conventions collectives de branche ou les accords conclus au niveau de l'entreprise prévoient fréquemment le versement au travailleur de sommes venant compléter le « salaire de base », lequel dépend du rendement ou du temps de travail du salarié. S'est donc posée la question de savoir si ces sommes devaient être incluses ou exclues de « l'assiette de vérification ».

Côté français, la jurisprudence évolua sur cette question. Initialement, une conception large de l'assiette de vérification fut retenue par les juges. Puis un rétrécissement s'effectua. Les juges distinguèrent, d'une part, les primes versées en contrepartie du travail fourni et, d'autre part, celles ayant pour but de rémunérer autre chose que la prestation de travail elle-même, par exemple l'assiduité ou l'ancienneté du salarié. Seules les premières sont incluses dans l'assiette de vérification du SMIC, les autres en étant exclues. Cette évolution était en partie due au rôle important joué par les circulaires administratives en la matière. Le pouvoir réglementaire avait certes lui-même énuméré dans un décret du 23 août 1950 certaines sommes à exclure de l'assiette de vérification[307]. Mais, très rapidement, de nombreuses circulaires émanant de l'administration du travail ont non seulement complété cette liste, mais aussi fourni une justification à cette exclusion, mettant l'accent sur la finalité de certaines primes[308]. Deux travailleurs ayant un même salaire de base pourraient en effet avoir une rémunération globale identique, l'un en vertu des primes prévues par l'employeur ou instaurées par accord collectif, l'autre en vertu de l'indemnité différentielle légale lui permettant d'atteindre le minimum légal. Le resserrement de l'assiette de

[305] La proposition de la Commission, adoptée le 30 juin 2020, fut de fixer le Mindestlohn à 9,50 € l'heure au 1er janvier 2021, à 9,60 € au 1er juillet 2021, à 9,82 € au 1er janvier 2022 et à 10,45 € au 1er juillet 2022. Cette progression, d'abord limitée avant d'être plus prononcée à partir de 2022, vise à tenir compte du ralentissement économique anticipé pour le début 2021 avant un net redémarrage escompté à la fin probable de l'épidémie de covid-19 (*mindestlohn-kommission.de*)

[306] Le ministre fédéral du Travail et des Affaires sociales Hubertus Heil a ainsi annoncé dans l'édition du 13 décembre 2020 du journal *Bild am Sonntag* qu'il souhaitait porter rapidement le montant du salaire minimum à 12 € de l'heure.

[307] V, aujourd'hui, l'article D. 3231-6 C. trav.

[308] V. ainsi la circulaire TR 9/54 du 28 octobre 1954 (*JO*, 30 oct. 1954). Il est énoncé à propos des primes d'ancienneté qu'elles ont « pour objet essentiel de récompenser la stabilité des travailleurs dans l'entreprise et ce but ne serait pas atteint si ces primes étaient incluses dans le minimum garanti ».

vérification permit de résoudre cette difficulté et de donner un effet utile à ces primes.

En Allemagne, la Cour fédérale du travail trancha la question dans deux décisions importantes du 25 mai et du 21 décembre 2016[309]. Faisant l'exégèse des dispositions légales et analysant les débats parlementaires, elle affirma que ce salaire minimum vise à « garantir un revenu de subsistance à tout travailleur salarié ». Les juges en déduisirent que l'assiette de vérification comprend tous les éléments de rémunération perçus « en contrepartie du travail effectué » et « fondée sur une règle contraignante et transparente »[310]. Seuls les éléments sans lien avec la prestation de travail du salarié ou versés en exécution d'une exigence légale particulière, telle la prime pour travail de nuit, sont à exclure de cette assiette[311]. Ce raisonnement aboutit à l'adoption d'une assiette large, défavorable aux salariés.

Ces solutions divergentes témoignent d'une différence d'approches. La solution française d'une assiette restreinte a pour conséquence de donner plein effet aux primes prévues par les conventions collectives, les salariés pouvant les cumuler avec leur salaire de base. La solution allemande d'une assiette large prive ces primes de tout effet pour les travailleurs les moins rémunérés. Mais la négociation collective sur le montant du salaire minimum ainsi que sur l'assiette de ce dernier en est d'autant plus vivante. En somme, du point de vue de l'articulation entre salaire minimum légal et dynamisme conventionnel, chacune de ces solutions présente des avantages et des inconvénients.

L'articulation des sources

Résumé

En matière de rémunération, de nombreux avantages trouvent leur source dans un accord collectif. Se pose la question du sort de ces avantages lorsque l'accord qui les a fait naître disparaît ou lorsque la relation de travail sort de son champ d'application.

En France, comme en Allemagne, des mécanismes de survie plus ou moins temporaires ont été prévus. La solution retenue par le législateur français consiste, à défaut de nouvel accord collectif, à faire rentrer ces avantages d'origine conventionnelle dans la sphère du contrat. Jusqu'à récemment, le salarié conservait des « avantages individuels acquis », solution remplacée aujourd'hui par le maintien d'un certain niveau de rémunération. En Allemagne, les avantages conventionnels continuent de

[309] BAG 15 mai 2016, 5 AZR 135/16, Rn 28-29 et BAG 21 déc. 2016, 5 AZR 374/16, Rn 23.

[310] BAG 22 déc. 2016, Rn 23.

[311] BAG 22 déc. 2016, Rn 23. Voir aussi BAG 22 mai 2016, Rn 32.

produire effet, jusqu'à ce qu'un nouvel accord soit conclu. Mais ce nouvel accord peut être un accord collectif ou un accord individuel avec le salarié, ou bien encore un accord contrôlé par le juge via le mécanisme du « licenciement modificateur ».

Le maintien d'avantages conventionnels peut aussi avoir différentes significations. Ainsi, en Allemagne, des clauses du contrat de travail prévoient parfois expressément que la relation entre l'employeur et le salarié sera régie par une convention collective donnée. En cas de transfert de la relation de travail à un autre employeur, la convention collective continuera à s'appliquer, mais il s'agira tantôt d'une mise en œuvre statique, les dispositions conventionnelles étant figées telles qu'elles se présentaient au jour du transfert, tantôt d'une application dynamique, tenant compte des modifications ultérieures au transfert.

Contexte normatif

De nombreux avantages relatifs à la rémunération (primes, majoration de salaire pour les heures supplémentaires…) trouvent leur source dans un accord collectif. Mais la teneur et le caractère obligatoire de ces avantages diffèrent d'un pays à l'autre.

En France, la loi joue traditionnellement un rôle important, en particulier dans la fixation et la mise en œuvre de certaines majorations de salaire. Alors qu'en Allemagne, il n'existe que des durées maximales de travail, la législation française précise le nombre d'heures de travail que doit effectuer le salarié avant que celui-ci ne relève de la législation sur les heures supplémentaires et qu'une majoration soit versée au salarié. De nombreuses primes sont toutefois aussi prévues par voie conventionnelle. Certaines résultent de conventions collectives de branche, que les employeurs sont tenus de suivre soit parce qu'ils sont adhérents de l'association patronale signataire de ces conventions, soit parce que celles-ci ont fait l'objet d'une extension. Enfin, divers avantages trouvent leur source dans un accord d'entreprise.

En Allemagne, les salaires horaires et les primes sont essentiellement fixés par convention collective de branche. Les accords d'entreprises conclus avec des syndicats sont plus marginaux, et la loi a un rôle bien moindre qu'en France. Dans une relation de travail, ces conventions collectives ont une valeur juridique variable d'une situation à une autre. Tantôt, la convention collective est applicable en tant que telle, soit parce que l'employeur et le salarié sont tous les deux membres des organisations signataires, soit parce que cette convention collective a fait l'objet d'une déclaration d'application générale[312]. On parle alors de « convention

---

[312] Cette situation est cependant assez rare, la pratique de l'extension étant moins répandue en Allemagne qu'en France.

collective normative ». Tantôt, la convention collective est rendue applicable en vertu d'une clause du contrat de travail. On parle alors de « convention collective contractuelle ».

En France comme en Allemagne, des mécanismes sont prévus pour garantir aux salariés le maintien de certains avantages lorsque la convention collective qui les porte cesse d'exister ou lorsque la relation de travail sort de son champ d'application « normatif ». Ces mécanismes sont toutefois discutés au regard du besoin avancé de « flexibilité » des entreprises. En France, ces discussions se sont traduites par un changement législatif concernant la durée de validité des conventions collectives. Jusqu'en 2016, elles étaient ordinairement conclues à durée indéterminée. Or le droit français tend, comme le droit allemand, à faire une plus grande place aux conventions collectives à durée déterminée[313].

Cessation des effets d'une convention collective et sort des avantages liés à la rémunération

Le sort des avantages liés à la rémunération en cas d'expiration d'une convention collective se pose soit en cas de survenance du terme d'une convention collective à durée déterminée, soit en cas de dénonciation d'une convention collective à durée indéterminée.

En France, la solution longtemps retenue était que, dans une telle hypothèse, la rémunération devenait un élément contractuel, en tant qu'« avantage individuel acquis ». Cette règle signifiait qu'étaient figés non seulement le niveau de rémunération, mais également sa structure.

Cette solution n'était cependant pas toujours avantageuse pour les salariés, comme l'illustre une série d'arrêts relatifs à une même affaire, portant sur la dénonciation d'une convention collective non suivie de la conclusion d'un nouvel accord[314]. Des arrêts rendus en 2008 avaient retenu la qualification « d'avantage individuel acquis » à propos de la structure de la rémunération. Une décision de 2016 précisa que le montant des primes était figé au jour de cette incorporation dans le contrat de travail, sans suivre les augmentations ultérieures résultant d'avenants conventionnels de revalorisation.

La suppression, par le législateur, de la notion d'avantage individuel acquis au profit d'une règle de maintien de la rémunération met fin à ce débat[315]. Mais cette nouvelle règle risque également de susciter du contentieux, notamment lorsque la rémunération comporte des éléments variant d'une année sur l'autre ou lorsque la rémunération du salarié sur

---

[313] Art. L. 2222-4 C. trav.

[314] Soc. 2 mars 2016, n° 14-16414 ; Soc. 1er juillet 2008, n° 07-40799 et n° 06-44437.

[315] Art. L2261-14 C. trav.

l'année a été affectée par des absences justifiées (exemple : congés pour maladie) ou des facteurs conjoncturels.

En Allemagne, la loi sur les conventions collectives prévoit la continuation des effets normatifs (*Nachwirkung*) d'une convention collective dénoncée ou arrivée à son terme[316]. Les avantages prévus par cette convention collective restent applicables tant qu'un autre accord n'a pas été trouvé. Mais il faut relever que ce nouvel accord peut prendre des formes très diverses. Il n'y a, en ce domaine, pas de parallélisme des formes. Il peut certes être question d'une nouvelle convention collective, mais ce peut être aussi une convention d'entreprise ou un accord individuel avec le salarié. Le « licenciement modificateur » ou « congé-modification » (*Änderungskündigung*) peut aussi faire office d'accord de substitution. La terminologie peut être trompeuse car, en principe, un licenciement est un acte unilatéral de l'employeur. Mais, dans le cas d'un « licenciement modificateur », il est question d'un licenciement assorti d'une proposition de continuation du contrat de travail à de nouvelles conditions. Le salarié peut donner son consentement sous réserve que la modification ait une justification sociale, point sur lequel le juge pourra être appelé à trancher[317]. Cette solution assure la protection du salarié, qui peut faire examiner en justice les raisons de cette modification du contrat, tout en étant assuré de la préservation du lien d'emploi[318].

Transfert d'entreprise et sort de la rémunération conventionnelle

La question du sort des dispositions conventionnelles relatives à la rémunération en cas de transfert d'entreprise a fait l'objet d'une modification législative récente en France. En cas de transfert d'entreprise, le statut collectif applicable dans l'entreprise cédante se trouve « mis en cause ». Deux solutions sont envisageables. Soit un accord d'adaptation a été négocié dans un délai légal et, pour les salariés dont les contrats de travail ont été transférés, il se substituera alors à l'accord collectif qui était jusque-là applicable. Soit il n'y a pas eu d'accord d'adaptation et les salariés transférés continuent de bénéficier de leur statut collectif pendant un délai de quinze mois[319]. Dans ce dernier cas, au-delà du délai légal, le statut collectif du repreneur est applicable mais les salariés ont droit au maintien de la « rémunération versée au cours des douze derniers mois », formule qui remplace l'ancienne règle du maintien des « avantages individuels acquis[320] ». Par ailleurs, le législateur a permis de négocier des accords de

---

316 § 4,5 TVG.

317 § 2 KSchG.

318 Sur le licenciement modificateur, v. M. Henssler, « La modification du contrat de travail – Allemagne », *RDT* 2009 p. 256.

319 Art. L2261-10 C. trav.

320 L2261-14 C. trav.

substitution avant même la réalisation du transfert, soit entre les employeurs concernés et les organisations syndicales représentatives du cédant, soit entre les employeurs et les organisations syndicales présentes dans les deux entreprises[321].

En droit allemand, en cas de transfert d'établissement, la situation est en pratique souvent plus complexe. Il faut distinguer le sort de la « convention collective normative » et celui de la « convention collective contractuelle ».

En application du BGB (*Bürgerliches Gesetzbuch*), équivalent allemand du Code civil, les dispositions d'une convention collective normative deviennent partie intégrante de la relation de travail avec le repreneur[322]. Les salariés bénéficient de ce maintien au moins pendant un an, délai pendant lequel il est en principe impossible de supprimer ou de modifier par contrat les règles d'origine conventionnelle relatives à la rémunération. Cette solution ne s'applique cependant pas s'il existe, chez le repreneur, une autre convention collective qui s'applique de manière normative. Dans cette hypothèse, il n'y a pas de maintien de l'ancienne convention collective normative, ce dont il peut résulter une baisse de la rémunération.

Concernant une convention collective contractuelle, il importe de souligner que les clauses du contrat de travail ne produisent pas toutes les mêmes conséquences. De manière schématique, on peut opposer deux types de clauses. Les unes se réfèrent à une convention collective applicable de manière dite « dynamique », c'est-à-dire incluant ses modifications futures, y compris les hausses de rémunération résultant d'avenants. Les autres renvoient de manière « statique » à la convention collective dans ses dispositions applicables au jour du transfert et excluent la prise en compte d'avenants ultérieurs.

L'égalité en matière de rémunération

Résumé

La formule « à travail égal, salaire égal », bien que parfois utilisée par les syndicats allemands comme stratégie de syndicalisation et comme argument de négociation envers le patronat, ne renvoie pas à une règle en vigueur dans l'ordre juridique allemand. En effet, le droit allemand ne contient qu'un principe général d'égalité de traitement ainsi qu'une prohibition de certains motifs de discrimination. À l'inverse, une telle règle existe en droit français. L'étude du contentieux montre que cette différence ne doit pas être surestimée car la règle « à travail égal salaire égal » est souvent invoquée sans que les demandeurs salariés obtiennent toujours satisfaction. Néanmoins, elle rend plus avantageuse la situation du plaignant français en

[321] Art. L. 2261-14-2 et L. 2261-14-3 C. trav.

[322] § 613a alinéa 1.

cas de contestation d'une inégalité de rémunération entre femmes et hommes.

L'articulation entre liberté et égalité est aussi différente des deux côtés de la frontière. Cette différence est marquée en matière de liberté contractuelle individuelle, laquelle jouit en Allemagne d'un poids beaucoup plus grand qu'en France. Elle est plus réduite en matière de liberté conventionnelle depuis 2015, année au cours de laquelle le juge français décida d'alléger son contrôle sur les différences de traitement ayant une origine conventionnelle.

Contexte normatif

Outre des textes internationaux et européens, relativement nombreux en matière d'égalité entre femmes et hommes[323], tant le droit français que le droit allemand comportent des normes relatives à l'égalité de rémunération.

La France se singularise par l'existence d'une règle de portée générale désignée par la formule « à travail égal, salaire égal[324] », cette exigence d'égalité étant déclinée dans des articles du Code du travail relatifs à des situations spécifiques, comme l'article L3221-2 concernant les femmes et les hommes ou l'article L3123-5 concernant les travailleurs à temps partiel et ceux à temps plein.

En Allemagne, la Cour fédérale du travail a, à l'inverse, expressément affirmé que la règle « à travail égal, salaire égal » n'existe pas dans l'ordre juridique allemand[325], même s'il constitue parfois un mot d'ordre syndical ou une revendication politique. D'autres règles peuvent cependant être mobilisées. Les premières correspondent à l'interdiction des discriminations, y compris en matière salariale, exigence qui se retrouve dans des textes de

---

[323] Article 427 du traité de Versailles, dans sa partie jetant les bases de l'OIT ; Convention n° 100 de l'OIT concernant l'égalité de rémunération entre la main-d'œuvre masculine et la main-d'œuvre féminine pour un travail de valeur égale, adoptée le 29 juin 1951 ; Recommandation n° 90 de l'OIT, adoptée le même jour et portant sur le même thème ; Partie II, article 4 de la charte sociale européenne révisée ; Art. 7 a) 1° du Pacte international relatif aux droits économiques, sociaux et culturels du 16 décembre 1966. Ex-article 119 devenu article 157 du Traité sur le fonctionnement de l'Union européenne. Directive n° 75/117/CEE concernant le rapprochement des législations des États membres relatives à l'application du principe de l'égalité de rémunération entre les travailleurs masculins et les travailleurs féminins (*JOCE* L 45, 19 févr. 1975), reprise par la directive n° 2006/54/CE du 5 juillet 2006 relative à l'égalité de traitement entre les hommes et les femmes en matière d'emploi et de travail, dite directive « Refonte » (*JOUE* L 204, 26 juill. 2006). Voir égal. Art. 23 de la charte des droits fondamentaux de l'Union européenne.

[324] Soc. 29 oct. 1996, n° 92-43680 ; *Bull. civ.* V n° 359.

[325] BAG 21 juin 2000 – 5 AZR 806/98, § 18.

valeur législative[326]. La seconde règle est le principe général d'égalité de traitement dans les relations de travail (*arbeitsrechtlichen Gleichbehandlungsgrundsatz*), principe reconnu depuis plusieurs décennies par les juridictions du travail et dont elles font application en matière de rémunération[327].

Égalité et discrimination

Les notions d'égalité et de discrimination sont proches. Les textes internationaux allient souvent ces deux notions et les plaideurs eux-mêmes les dissocient rarement. Néanmoins, droit français et droit allemand entretiennent un rapport différent avec ce couple particulier.

Le droit français se caractérise par une volonté de différencier nettement égalité de traitement et prohibition des discriminations. La Cour de cassation estime ainsi que les « deux notions reposent (...) sur des fondements différents qui déterminent des régimes juridiques différents[328] ».

Les notions sont davantage entremêlées en droit allemand. Même si le texte transposant la directive sur l'égalité de rémunération entre femmes et hommes est une loi du 16 août 2006 intitulée « loi générale sur l'égalité de traitement (*Allgemeines Gleichbehandlungsgesetz* ou "*AGG*"), celle-ci se caractérise surtout par une énonciation de motifs dont il est interdit de tenir compte dans la prise de décision (origine ethnique, sexe, religion, etc...). Cet entremêlement a des conséquences pratiques importantes. Un travailleur s'estimant victime d'une inégalité de rémunération doit en effet non seulement démontrer que le salarié avec lequel il se compare effectue un travail de valeur égale au sien ainsi que l'inégalité de leurs rémunérations respectives, mais il doit aussi établir l'existence d'un « lien de causalité » entre le traitement moins favorable constaté et ce motif prohibé[329]. Cette exigence rend difficile la mise en œuvre des instruments juridiques permettant, par la voie contentieuse, de lutter contre les inégalités de rémunération entre femmes et hommes et il n'est, par conséquent, guère étonnant que les juges allemands soient moins souvent saisis que leurs homologues français sur ce thème.

Cette situation est d'autant plus regrettable que les inégalités de rémunérations sont plus fortes en Allemagne qu'en France[330]. Encore faut-il nuancer cette critique, car si la règle « à travail égal, salaire égal » est

---

326 AGG § 2 (1) 2 pour le cadre général ; TzBfG § 4. 2 pour le cas particulier des travailleurs à temps partiel.

327 RAG 19 janv. 1938 - 153/37, ARS 33, 172 ff. ; BAG 13 sept. 1956 - 2 AZR 152/54.

328 *Rapport annuel 2008 de la Cour de cassation*, Paris, La documentation Française, p. 84.

329 LAG Baden-Wurtemberg, 21 oct. 2013 – 1 SA 7/13.

330 Office fédérale de statistiques Destatis, 2018 (destatis.de).

souvent invoquée devant les tribunaux en France, les demandeurs sont loin d'obtenir toujours satisfaction. Il faut, enfin, rappeler que les inégalités dans l'accès à certains postes ou métiers demeurent importantes, tant en France qu'en Allemagne.

Égalité et liberté contractuelle individuelle

Lorsqu'il est question de l'égalité entre femmes et hommes, la question de l'articulation entre égalité de traitement dans la rémunération et liberté contractuelle lors de la conclusion du contrat de travail a été tranchée par le droit européen. La Cour de justice estime que la première prévaut sur la seconde[331].

En dehors de cette hypothèse spécifique, le droit européen reste muet et les analyses françaises et allemandes paraissent être radicalement opposées.

En France, même s'il est avancé que la « question de savoir si la capacité de négociation individuelle d'un salarié peut ou non faire échec à une règle d'égalité » resterait une « question ouverte[332] », l'examen du contentieux montre qu'il est possible de mobiliser la règle désignée par la formule « à travail égal, salaire égal » pour contester des différences de traitement d'origine contractuelle[333].

La situation est inverse en Allemagne, puisque la Cour fédérale du travail estime que « le principe de la liberté contractuelle prime sur le principe de l'égalité de traitement en droit du travail[334] ». Il en résulte que le principe d'égalité de traitement dégagée par la jurisprudence n'a vocation à s'appliquer que pour les seuls actes unilatéraux de l'employeur. Dès lors qu'il est question d'un élément de rémunération trouvant sa source dans le contrat, seule la mise en œuvre d'une disposition légale, telle la loi du 14 août 2006, peut faire échec à la liberté contractuelle de l'employeur.

Partant d'une même règle, celle de l'égalité de rémunération entre femmes et hommes, les juges français et allemand sont donc parvenus à une articulation différente entre égalité de traitement et liberté contractuelle. Le juge français en a induit l'existence d'une règle générale dénommée par la formule « à travail égal, salaire égal » qui, même s'il ne l'affirme pas expressément, prime sur la liberté contractuelle. Le juge allemand y a, à l'inverse, vu une exception au principe de liberté contractuelle, lequel ne peut être restreint que par la loi.

---

[331] CJCE 8 avril 1976, *Defrenne II*, n° 43/75, *Rec. CJCE*, p. 455.
[332] *Rapport annuel* 2008, op. cit., p. 89.
[333] Soc. 21 juin 2005, n° 02-42.658,
[334] BAG 4 mai 1962 – 1 AZR 250/61 ; BAG 1er juill. 1999 – 2 AZR 868/98, Rn 20.

Égalité et négociation collective

Concernant le contrôle des avantages d'origine conventionnelle, les droits allemand et français se sont fortement rapprochés depuis le revirement de jurisprudence effectué par la Cour de cassation en 2015.

En Allemagne, du fait de la valeur juridique reconnue à l'autonomie collective, laquelle est garantie par l'article 9 de la Loi fondamentale, les juges examinent diversement les différences de rémunération selon qu'elles trouvent leurs origines dans une décision de l'employeur ou dans un accord collectif[335]. Tandis qu'un contrôle étroit est exercé sur les manifestations du pouvoir unilatéral de l'employeur, une plus grande latitude est laissée aux partenaires sociaux pour mettre en œuvre le principe d'égalité reconnu par l'article 3 de la Loi fondamentale. Comme le rappelle la Cour fédérale du travail, les parties à une convention collective ont une marge d'appréciation au regard des circonstances et des intérêts concernés. Ils n'ont pas l'obligation de choisir la solution la plus appropriée, la plus raisonnable ou la plus équitable[336].

En France, l'intensité du contrôle du juge a fait l'objet de plusieurs hésitations. Après une période d'incertitude, le juge décida en 2009 de soumettre à un contrôle similaire les différences de traitement puisant leur source dans une décision unilatérale de l'employeur et celles issues d'un accord collectif de travail[337]. Un mouvement de reflux s'amorça toutefois et, depuis 2015, la Cour de cassation a amoindri son contrôle, affirmant que les différences établies par voie conventionnelle « sont présumées justifiées[338] ». La portée de cette évolution est toutefois limitée puisque la chambre sociale a, dans un arrêt important de 2019, précisé que cette présomption doit être écartée « dans les domaines où est mis en œuvre le droit de l'Union[339] ».

Le rapprochement entre droit allemand et droit français dessiné dans l'arrêt de 2015 peut en tout cas être discuté. En effet, le cadre juridique de la négociation collective n'est pas le même des deux côtés du Rhin et il est loin d'être acquis que les négociateurs syndicaux soient, en France, autant à même de peser sur les négociations que leurs homologues allemands.

---

[335] BAG 10 mars 1982 – 4 AZR 540/79.

[336] BAG 22 avril 2010— 6 AZR 966/08, Rn. 26 ; BAG 27 mai 2004 – 6 AZR 129/03, Rn. 40 ; BAG 30 juill. 1992 - 6 AZR 11/92, Rn 34. Voir égal., concernant les rapports entre travailleurs à temps partiel et travailleurs à temps plein, BAG 11 déc. 2003 – 6 AZR 64/03.

[337] Soc. 1er juill. 2009, n° 07-42675, *Bull. civ.* V, n° 168

[338] Soc. 27 janv. 2015 (trois arrêts), n° 13-14773, *Bull. civ.* V n° 8 ; n° 13-22179, *Bull. civ.* V n 9 ; n° 13-25437, *Bull. civ.* V n° 10. V. égal. Soc. 8 juin 2016, n° 15-11324, *Bull. civ.* V, n° 130 ; Soc. 3 nov. 2016, n° 15-18444.

[339] Soc. 3 avril 2019, n° 17-11970 P.

TABLE DES MATIÈRES

Structures éditoriales du groupe L'Harmattan

L'Harmattan Italie
Via degli Artisti, 15
10124 Torino
harmattan.italia@gmail.com

L'Harmattan Hongrie
Kossuth l. u. 14-16.
1053 Budapest
harmattan@harmattan.hu

L'Harmattan Sénégal
10 VDN en face Mermoz
BP 45034 Dakar-Fann
senharmattan@gmail.com

L'Harmattan Cameroun
TSINGA/FECAFOOT
BP 11486 Yaoundé
inkoukam@gmail.com

L'Harmattan Burkina Faso
Achille Somé – tengnule@hotmail.fr

L'Harmattan Guinée
Almamya, rue KA 028 OKB Agency
BP 3470 Conakry
harmattanguinee@yahoo.fr

L'Harmattan RDC
185, avenue Nyangwe
Commune de Lingwala – Kinshasa
matangilamusadila@yahoo.fr

L'Harmattan Congo
67, boulevard Denis-Sassou-N'Guesso
BP 2874 Brazzaville
harmattan.congo@yahoo.fr

L'Harmattan Mali
ACI 2000 - Immeuble Mgr Jean Marie Cisse
Bureau 10
BP 145 Bamako-Mali
mali@harmattan.fr

L'Harmattan Togo
Djidjole – Lomé
Maison Amela
face EPP BATOME
ddamela@aol.com

L'Harmattan Côte d'Ivoire
Résidence Karl – Cité des Arts
Abidjan-Cocody
03 BP 1588 Abidjan
espace_harmattan.ci@hotmail.fr

Nos librairies en France

Librairie internationale
16, rue des Écoles
75005 Paris
librairie.internationale@harmattan.fr
01 40 46 79 11
www.librairieharmattan.com

Librairie des savoirs
21, rue des Écoles
75005 Paris
librairie.sh@harmattan.fr
01 46 34 13 71
www.librairieharmattansh.com

Librairie Le Lucernaire
53, rue Notre-Dame-des-Champs
75006 Paris
librairie@lucernaire.fr
01 42 22 67 13

www.ingramcontent.com/pod-product-compliance
Lightning Source LLC
LaVergne TN
LVHW050654051026
849532LV00002B/638
* 9 7 8 2 3 4 3 2 4 5 4 4 7 *